Library of Marxism Studies, Volume 2

马克思主义研究论库
第二辑

国家出版基金项目
NATIONAL PUBLICATION FOUNDATION

苏联时期马克思恩格斯重要著作编纂研究

A Study on the Compilation of Marx and Engels' Important Texts in Soviet Union Period

姚 颖 著

中国人民大学出版社
·北京·

马克思主义研究论库
编委会名单

主编

庄福龄　罗国杰　靳　诺

委员（以姓氏拼音排序）

艾四林　陈先达　程恩富

顾海良　顾钰民　郭建宁

韩　震　郝立新　贺耀敏

侯惠勤　鲁克俭　梅荣政

秦　宣　石仲泉　吴易风

张雷声　郑杭生

出版说明

马克思主义是我们立党立国的根本指导思想，是我们认识世界、改造世界的强大理论武器，加强和推进马克思主义理论研究和建设，具有十分重要的意义。当前，随着中国特色社会主义伟大实践深入推进，新情况、新问题层出不穷，迫切需要我们紧密结合我国国情和时代特征大力推进理论创新，在实践中检验真理、发展真理，研究新情况，分析新矛盾，解决新问题，用发展着的马克思主义指导新的实践。时代变迁呼唤理论创新，实践发展推动理论创新。当代中国的学者，特别是马克思主义学者，要想适应时代要求乃至引领思想潮流，就必须始终以高度的理论自觉与理论自信，不断推进马克思主义中国化、时代化、大众化，不断赋予马克思主义新的生机和活力，使马克思主义焕发出强大的生命力、创造力、感召力，放射出更加灿烂的真理光芒。

为深入推进马克思主义理论研究、马克思主义中国化研究，中国人民大学出版社组织策划了"马克思主义研究论库"丛书。作为一个开放性的论库，该套丛书计划在若干年内集中推出一批国内外有影响的马克思主义研究高端学术著作，通过大批马克思主义研究性著作的出版，回应时代变化提出的新挑战，抓住实践发展提出的新课题，推进国内马克思主义研究，促进国内哲学社会科学的繁荣发展。

我们希望"马克思主义研究论库"的出版，能够受到广大读者的欢迎，为推动国内马克思主义研究和教学做出更大贡献。

中国人民大学出版社

目　录

导言 ······ 1
　一、苏联时期马克思恩格斯重要著作编纂研究概览 ······ 2
　二、主要研究方法 ······ 7
　三、研究框架与基本思路 ······ 11
第一章　苏联时期马克思恩格斯著作编纂机构与文献搜集概况 ······ 14
　一、苏联马列主义研究院的发展历史 ······ 14
　二、苏联时期马克思恩格斯著作编纂工作的杰出领导者 ······ 22
　三、苏联时期马克思恩格斯文献搜集概况 ······ 30
第二章　《马克思恩格斯全集》俄文版编纂研究 ······ 39
　一、《马克思恩格斯全集》俄文1版的编辑与出版 ······ 39
　二、《马克思恩格斯全集》俄文2版的编辑与出版 ······ 54
　三、《马克思恩格斯全集》俄文2版与中文1版的关系 ······ 65
第三章　《马克思恩格斯全集》历史考证版与其他苏联时期马克思恩格斯文献编纂研究 ······ 73
　一、MEGA^{1}的编辑与出版 ······ 74
　二、MEGA^{2}的编辑与出版 ······ 84
　三、苏联时期其他马克思恩格斯文献成果的编辑与出版 ······ 95

— 1

第四章　苏联学者对《1844年经济学哲学手稿》的编辑、研究
　　　　与传播 …………………………………………………… 114
　　一、苏联学者对《1844年经济学哲学手稿》的发现与出版 …… 114
　　二、苏联学者对《1844年经济学哲学手稿》的考证与研究 …… 120
第五章　苏联学者对《德意志意识形态》的编辑、研究与传播…… 134
　　一、苏联学者对《德意志意识形态》的文献学研究………… 135
　　二、苏联学者对《德意志意识形态》的思想解读…………… 148
第六章　《哲学的贫困》俄文版的编辑、出版与传播 …………… 160
　　一、《哲学的贫困》在俄国革命前及苏联时期的流传与出版 …… 160
　　二、苏联学者对《哲学的贫困》的研究………………………… 170
第七章　《共产党宣言》俄文版重要版本的比较研究 …………… 178
　　一、《共产党宣言》在俄国十月革命前的重要版本 ………… 179
　　二、《共产党宣言》俄文160周年纪念版与苏联时期重要版本
　　　　比较…………………………………………………………… 187
第八章　苏联学者对《反杜林论》的编辑、出版与研究………… 197
　　一、《反杜林论》在俄国十月革命前后的出版与传播 ……… 198
　　二、苏联学者对《反杜林论》的解读………………………… 202

结语…………………………………………………………………… 208

附录　马克思主义产生的自我批判………………………………… 215
参考文献……………………………………………………………… 231

导　言

纵观马克思恩格斯著作编纂史，可以发现这是一项不断发展的学术事业。随着20世纪20、30年代马克思恩格斯生前未出版的文献和手稿的逐渐出现，国内外学术界对大量马克思未定稿的编纂及其相关研究引发了各种有价值的争议。诸多争议推动了对马克思恩格斯著作的深入研究，也不断推动马克思主义研究向前发展。时至今日，马克思恩格斯著作编纂工作仍十分重要。它为人们正确理解马克思主义基本理论，以及在新的时代条件下发展马克思主义提供了文本基础和可靠依据，它是马克思主义的源头活水。在马克思恩格斯著作编纂事业的发展过程中，苏联、德国与中国等国家的一代又一代的学者付出了诸多学术努力。特别是苏联时期的马克思恩格斯著作编纂工作尤为重要。在列宁的支持与推动下，俄共（布）举全苏维埃俄国之力开启了系统编纂马克思恩格斯文献的宏大工程，建立了马克思恩格斯研究院，大规模搜集和影印马克思恩格斯文献资料，编译出版了世界首部《马克思恩格斯全集》（俄文1版）和世纪经典之作《马克思恩格斯全集》俄文2版，开创了《马克思恩格斯全集》历史考证版（MEGA）编纂工程等，从而形成了独具特色的马克思恩格斯文献编纂的"苏联模式"。考察苏联时期马克思恩格斯著作编纂的历史，深思这种模式所体现的历史价值和当代影响，对于当前乃至今后中国马列主义经典著作的编译和研究都具有十分重要的借鉴意义。

苏联时期马克思恩格斯重要著作编纂研究

一、苏联时期马克思恩格斯重要著作编纂研究概览

十月革命胜利后，列宁高度重视马克思恩格斯著作的翻译出版和马克思主义基本理论在苏维埃俄国的宣传普及。他认为马克思恩格斯的文献应该"由我们来搜集"，大力推动对马克思恩格斯著作的有组织的搜集、整理和系统编纂工作[①]。1920年12月8日，在列宁的不断过问和主持下，俄共（布）中央委员会做出决议，在莫斯科建立世界上第一座马克思主义博物馆。次年的1月11日，按照俄共（布）中央委员会的决议，马克思主义博物馆改建为马克思恩格斯研究院（Институт К. Маркса и Ф. Энгельса），研究院实乃当时搜集、翻译和出版马克思恩格斯著作的"学术实验室和国际中心"。莫斯科马克思恩格斯研究院先后编译完成两版《马克思恩格斯全集》的俄文版，其中俄文2版成为《马克思恩格斯全集》中文版、德文版、朝鲜文版、罗马尼亚文版等多个语种版本所依据的重要母本。研究院先后两次开启《马克思恩格斯全集》历史考证版（MEGA）的编纂工作，其机关刊物《马克思恩格斯文库》（同时出版俄文版和德文版）和《马克思主义年鉴》发表了大量马克思恩格斯生前未发表的重要手稿。马克思恩格斯研究院汇集和培养了众多马克思恩格斯著作编纂学家，围绕马克思恩格斯重要著作、手稿、

[①] 十月革命前，流亡海外的普列汉诺夫于1883年在日内瓦成立"劳动解放社"，翻译出版马克思恩格斯重要著作，其中包括由普列汉诺夫翻译的《共产党宣言》（1882年）、《关于自由贸易问题的演说》（1885年）、《路德维希·费尔巴哈和德国古典哲学的终结》（1892年），查苏利奇翻译的《社会主义从空想到科学的发展》（1884年、1892年、1902年）、《哲学的贫困》（1886年）、《论俄国的社会问题》（1894年）等，马克思恩格斯本人对这些马克思主义文献俄译本的评价很高。而这些文献的俄译本通过各种途径流传回俄国，为俄国革命者掌握马克思主义理论进行革命斗争提供了思想源泉。从19世纪90年代起，列宁开始在俄国宣传马克思主义。在萨马拉时期，他把《共产党宣言》翻译成俄文，译本以手稿的形式在革命者中流传，但最终没有保存下来。列宁还撰写了《弗里德里希·恩格斯》（1895年）、《马克思学说的历史命运》（1913年）、《马克思主义的三个来源和三个组成部分》（1913年）、《马克思和恩格斯通信集》（1913年年底）、《卡尔·马克思》（1914年）等著作，主编出版了马克思的《法兰西内战》、恩格斯的《行动中的巴枯宁主义者》等著作，向俄国革命者介绍马克思恩格斯的重要著作。这不仅为当时的革命斗争提供了思想的武器，也为后来大规模地翻译和出版马克思恩格斯著作奠定了一定的基础。

导 言

笔记展开缜密的辨认、整理、编辑和研究，相关编纂和研究成果处于当时国际领先水平。1931年，马克思恩格斯研究院同1923年组建的列宁研究院合并为"马克思恩格斯列宁研究院"（Институт Маркса-Энгельса-Ленина），1956年更名为"马克思主义—列宁主义研究院"（Институт марксизма-ленинизма при ЦК КПСС），简称"马列主义研究院"，1991年苏联解体前后又几次更名改组，现在改建为"俄罗斯社会与民族问题独立研究院"（Российский независимый институт социальных и национальных проблем，(РНИСиНП)），仍负责保存马克思恩格斯手稿及影印件。莫斯科马克思恩格斯研究院的历史发展脉络从侧面反映了苏联社会的发展变迁，同时也呈现出苏联各个时期领导人对马克思恩格斯著作编纂工作的重视程度和重点倾向。

应该说，苏联时期的马克思恩格斯著作编纂工作是国家级系统工程。列宁生前对该工作寄予厚望，他认识到这种编纂工作所具有的正本清源的意义，所以在投入财力、人力、物力等方面高瞻远瞩。马克思恩格斯研究院首任院长达维德·梁赞诺夫早在十月革命前就"已经磨炼出独特的工作方法，特别是闻名遐迩的、后来几乎带有传奇色彩的收藏图书和管理图书的激情"，是"搜集资料的能手"[1]。马克思恩格斯研究院成立后，他多次到欧洲搜集并得到1/3的马克思恩格斯手稿原件，影印了最全面的马克思文本复制件，得到马克思恩格斯诸多重要著作的出版权。在他的带领下，马克思恩格斯研究院对马克思恩格斯著作、手稿、笔记及其相关文献，对每份档案、每个书信原件或每个拷贝都进行了认真研究梳理。他们的编纂研究工作缜密而细致，在马克思恩格斯著作的历次出版时间、译本以及版本的成熟度方面得出了诸多有价值的结论，对诸多文本的考证体现出非凡的持久性和生命力。

整体看来，苏联马克思主义学者以马克思主义经典著作版本研究见长。"西方国家的马克思学研究以'解读'见长，研究者思想比较活跃，擅于提出新问题，做出新结论"，但版本考证工夫明显不及前者[2]。无论是对苏联马克思恩格斯的著作编纂工作加以肯定性借鉴还是批判性扬弃，各国马克思恩格斯著作编纂学家都难以绕开其已有成果，《马克思

---

[1] 蒋仁祥. 达·梁赞诺夫和《马克思恩格斯全集》历史考证版第1版. 马克思恩格斯研究，1995 (20).

[2] 鲁克俭. 国外马克思学研究的热点问题. 北京：中央编译出版社，2006：导论2.

恩格斯全集》历史考证版及其相关工作都不能无视苏联时期《马克思恩格斯全集》历史考证版的历史版本。苏联时期的马克思恩格斯著作编纂学家目前仍是马克思恩格斯著作文献研究工作的重要参与者，莫斯科大学教授格·巴加图利亚等学者至今仍在为马克思恩格斯著作编纂研究而努力工作。

但是，对苏联时期马克思恩格斯著作编纂工作中存在的问题也不能忽视。苏联大多数读者对马克思恩格斯重要著作及内容的了解多半是来自苏联教科书中有限的引用。从德波林尝试对辩证唯物主义进行系统阐述，到20世纪中叶米丁等主编《辩证唯物论与历史唯物论》，他们都不同程度地对马克思恩格斯的重要著作思想进行综合阐释①，但在对马克思恩格斯重要著作的引用方面，几乎都乏善可陈。其中，德波林的《辩证唯物主义哲学导论》几乎没有引用马克思哲学著作，对恩格斯哲学著作的引用也只限于《反杜林论》和《路德维希·费尔巴哈和德国古典哲学的终结》；布哈林的《历史唯物主义理论》只是在有限的章节中寥寥几次引用了马克思哲学文本，对恩格斯哲学文本的引用与德波林大致相同；米丁等主编的《马克思列宁主义哲学原理》在文本引用方面有所进步，相关引用达123次，但作为教科书体系的代表，该教材对马克思恩格斯哲学文本的选择与阐释都存在着理解上的先入为主或过度解读的问题；弗罗洛夫在戈尔巴乔夫改革时期主编的《哲学导论》也注意对马克思恩格斯哲学文本的引用，但由于偏重阐释"新的或现实的人道主义"理论，对马克思恩格斯哲学文本的选择与解读也很难说是客观而全面的。此外，在苏联教科书思维方式影响下，对马克思恩格斯哲学文本的选择与阐释往往采用"掐头去尾，不要中间"的办法，即去除马克思恩格斯早期所谓"不成熟"的文本和马克思晚年带有"学究气"的文本，避开马克思中年创作的经济学文本中蕴含的哲学思维。"基本做法或许可以概括为四部曲：第一步是汇集马、恩、列、斯大量引语，第二步是从引语中归纳出哲学原理，第三步挑选若干实例证实这些原理，第四步是利用这些原理证实苏联模式与苏联政策的合理性与正确性。"② 即使是这种程式化的做法，在"第一步"的"引语"中，马克思恩格斯重要著作

---

① 安启念. 关于辩证唯物主义历史唯物主义体系的几个问题. 教学与研究，2006（11）.
② 王东. 马克思学新奠基：马克思哲学新解读的方法论导言. 北京：北京大学出版社，2006：73.

中的观点所占的比例也是十分有限的，引语主要是列宁和斯大林的论述。

因此，从"去粗取精、去伪存真"的建设性思路出发，对苏联时期马克思恩格斯著作的编纂经验及其积极意义的研究，应以重要著作编纂的实际情况为研究重点，同时归纳其中存在的问题，从经验与教训两方面尽可能客观地勾勒出苏联时期马克思恩格斯重要著作编纂工作的真实图景。

对苏联时期马克思恩格斯重要著作编纂工作的研究，以梳理苏联学者的研究与相关争论为主，穿插德国与中国学者的相关研究。这些国家的文献研究避开了苏联教科书思维的干扰，可以更为客观地审视历史，但对很多细节的把握不及苏联学者；苏联学界的研究得"近水楼台"之便，但都不同程度地受当时苏联僵化思维的影响，对很多问题做出"贴标签"式的分类。比如苏联马列主义研究院编的《马克思和恩格斯的文学遗产——在苏联出版和研究的历史》（1969年）一书曾多次肯定性地使用了"马克思学""马克思学研究中心""苏联的马克思学"等概念，但仍有学者认为"马克思学"是资产阶级的学术产品[①]。其中很多批评缺乏足够的根据，很多论著的学术性很难得到高度认可，当然也不可能得到其他国家马克思主义研究者的重视。

对苏联时期马克思恩格斯重要著作编纂工作的研究必须重视东西方两个平台的研究成果，应较为系统地梳理相关历史资料，全面考量以往的研究实际，归纳苏联学者对马克思恩格斯重要著作编纂的合理结论及其整体成就，辅以其他结论加以比较说明。对极为庞杂的研究资料进行完整的分类和归纳并非易事，同时，在苏联社会发展的不同时期，苏联学界对马克思恩格斯重要著作编纂的重视程度也颇不一致。应该说，列宁时期苏俄学者对马克思恩格斯重要著作编纂工作的投入最多，这段时间的资料尽管庞杂，但不难形成系统思路。随着马克思主义哲学在苏联的发展，苏联马克思恩格斯重要著作编纂则较难梳理，因为很多研究包

[①] 例如，Л. И. 哥尔曼在《工人阶级与当代世界》1975年第1期发表的《"马克思学"和马克思主义》中通篇批判了"资产阶级的马克思学者凭空杜撰"，认为很多"擅自"的"硬说"实乃"歪曲"了马克思思想的本意，"这类新奇的说法完全是信口雌黄"，虽然作者在反驳的过程中也做了简要的文本说明，但学术性不强。又如，Г. Л. 别尔金娜在《哲学问题》1972年第2期发表的《马克思主义哲学的起源和资产阶级"马克思学"》中认为"马克思学"的努力与"资产阶级哲学的各种思潮和学派"以各种方式曲解马克思主义是一致的。（沈真. 马克思恩格斯早期哲学思想研究. 北京：中国社会科学出版社，1982：211-216, 91, 106.）

含在其他研究中①，如果绕开此类研究，那对苏联这一时期的研究状况的呈现就未必客观；戈尔巴乔夫改革时期的马克思恩格斯重要著作编纂偏重马克思早期文本，以之诠证"人道主义"，为"民主的、人道的社会主义"提供哲学支持，相关研究未能对马克思恩格斯文本加以全面考量。

此外，从西方马克思学家和西方马克思主义者对马克思恩格斯重要著作编纂的"苏联模式"的批评性论说中也可以提炼出有益的研究内容，相较于很多肯定性意见的复述，这些批评提供了研究苏联马克思恩格斯重要著作编纂的新线索与新思路，很多理解可谓颇有新意。西方马克思学家的研究与苏联马克思恩格斯文本研究的差异是明显的。比如前者注重探究马克思与恩格斯的思想差别，认为恩格斯在一定程度上曲解、更改了马克思思想的本意，马克思主义理论的主要内容更多地源于恩格斯的思想而非马克思的思想；后者则注重从恩格斯与马克思思想的一致性出发，把马克思恩格斯重要著作作为一种思想的"艺术整体"来看待。西方马克思学家对马克思恩格斯学术思想关系的理解在一定程度上存在过度解读的问题，但这种过度解读也映现了很多问题，对这些问题的回答有助于全面准确地把握马克思主义经典作家著作的编纂工作。例如，MEGA²是对梁赞诺夫主持编纂的 MEGA¹ 的超越，这次耗时漫长、速度缓慢的编纂伴随着对"苏联模式"的自觉纠偏，即使这样，日本马克思学者仍然对此有颇多质疑。

新中国成立后，国内学界开始自觉译介苏联编译的马克思恩格斯重要著作，《马克思恩格斯全集》中文1版50卷便是在翻译和编辑俄文2版的基础上完成的。中央编译局为马克思主义经典著作编译工作做出重要贡献，学界众多有识之士也参与译介了相关研究著作②，很多学者尝

---

① 例如，苏联人学学会负责人之一阿达那绍夫从文本解读角度编纂《马克思著作中关于"人"的问题的论述辑录》，从马克思文本中提炼出24个问题，详细考证了马克思对人的问题理解的思想轨迹。以文本为依据做专题研究，较之空洞地引述马克思关于人类解放的观念并加以发挥更具说服力。

② 例如，《马克思早期思想研究译文集》（重庆出版社1983年版）、拉宾的《论西方对青年马克思思想的研究》（人民出版社1981年版）、奥伊则尔曼的《马克思的〈经济学—哲学手稿〉及其解释》（人民出版社1981年版）、巴加图利亚的《马克思的第一个伟大发现——唯物史观的形成和发展》（中国人民大学出版社1981年版）、苏共中央马克思列宁主义研究院编的《围绕马克思〈资本论〉所进行的思想斗争史概论（1867—1967）》（山东人民出版社1983年版）等。

试进行颇具原创性的文本研究与经典文献的"重读"①,《马列主义研究资料》《马列主义编译资料》《外国哲学资料》等丛刊辑录的文章有助于国内学者了解苏联时期马克思恩格斯重要著作编纂的情况。国内学者对马克思恩格斯重要著作编纂的研究在 21 世纪初掀起了新高潮②,《马克思恩格斯全集》中文 2 版目前正在编译中,该版"以第一版为基础,并依据《马克思恩格斯全集》历史考证版第二版和德文版重新进行编辑和译校"③。《马克思恩格斯全集》中文 2 版的编译仍然需要借鉴苏联时期马克思恩格斯重要著作编纂成果,其他相关研究也非常重视苏联时期马克思恩格斯重要著作编纂的历史性工作。

苏联解体后,苏联时期马克思恩格斯重要著作编纂工作已经成为历史,但俄罗斯马克思主义文献编纂学家的努力与苏联时期马克思恩格斯重要著作编纂工作的成果并未断裂。这不仅表现在拉宾、科兹明、乌达利佐夫等苏联学者的解读文本至今仍有不可忽视的价值,而且表现在过去活跃在苏联马克思恩格斯重要著作编纂与研究工作中的巴加图利亚等俄罗斯学者至今仍为 MEGA² 的编纂努力工作着。更何况,热衷于马克思恩格斯重要著作编纂工作的世界各国学者仍然能从"苏联模式"中解读出自己的研究心得,并以此推动着新的马克思恩格斯重要著作的编纂研究。在这个意义上,借鉴国内外学者的研究成果,在此基础上系统梳理苏联时期马克思恩格斯重要著作编纂工作的历史,总结其中的利弊得失,对马克思恩格斯重要著作的编纂与考据研究具有重要意义。

二、主要研究方法

研究苏联时期马克思恩格斯重要著作编纂工作的历史,无疑要展开

---

① 例如,李惠斌、杨金海:《重读〈共产党宣言〉》,该书系统地梳理了《共产党宣言》与社会主义和社会发展的内在关联,探讨了马克思的全球化理论与东方社会发展道路等哲学命题;杨金海的论文《〈共产党宣言〉在中国的翻译、出版和传播》《〈共产党宣言〉思想的形成与发展》突出文本考据与传播研究。

② 例如,张一兵:《回到马克思——经济学语境中的哲学话语》、聂锦芳:《清理与超越——重读马克思文本的意旨、基础与方法》、鲁克俭:《国外马克思学研究的热点问题》、韩立新主编:《新版〈德意志意识形态〉研究》、王东:《马克思学新奠基——马克思哲学新解读的方法论导言》等。

③ 马克思恩格斯全集:第 1 卷. 2 版. 北京:人民出版社,1995:编辑说明.

缜密的文献搜集、整理与归纳工作，所以文献学方法是本研究采用的最主要的方法。在文献归纳的基础上所做的文本考据则可能超出文献学研究范式，而辅以解释学研究方法是很必要的，特别是对文本内在思路的把握仅靠文献学研究是无法完成的。解释学研究当然以文献学研究成果为基础，而非文本之外的过度解释。把握苏联时期马克思恩格斯重要著作编纂工作的历史及其启示，无疑还要借鉴马克思恩格斯重视的逻辑与历史内在统一的研究方法，即充分考量苏联时期马克思恩格斯重要著作编纂工作的思路与成果，同时将其置于苏联社会发展的历史现实中，力图分析在苏联社会发展的不同阶段学界对马克思恩格斯重要著作编纂产生的不同作用，以及文本编纂与研究的"苏联模式"在不同时期对他国相关研究的影响力的差异，以此探求"苏联模式"的启示及如何对其超越。下面对主要的研究方法分而述之：

(1) 文献学研究及其基础性意义。文献学研究具有漫长的历史，古之圣人对礼仪典章的研究可谓开文献学研究之先河。文献缺失不足始终被治学者引为憾事，孔子抱憾夏、殷之不足意即在此。"文献不足故也。足，则吾能征之矣。"① 后世对《春秋》等典籍的考据皆属文献学研究范畴，也产生了不少享誉一时的学派，他们对历史文献的考据颇见功力。西方学者对苏格拉底与柏拉图的研究亦穿插文献学研究的内容，因为柏拉图以转述其师苏格拉底的思想为自己的言说方式，而文本中的话语属于二者中的哪位始终为学者关注，这与中国学者对《论语》等对话录的考证大体相仿。应该说，中西方文献学研究的历史性成果与方法至今仍有启示意义。

"以一切历史文献为对象，主要考察它的载体形式、内容类别、整理利用及其历史发展的一门学科，谓之文献学。"② 可见，文献学研究涵盖文本载体形式研究、文本内容类别研究、文本整理利用情况研究，以及文本研究的历史发展概况研究，从而达到"辨章学术，考镜源流"的目的。现代文献学是在古典文献学研究基础上发展而来的，其不仅以白话文注释典籍，更重要的是拓展了典籍的范围，丰富了文献学研究方法，使其呈现出现代形态。现代形态不仅表现在使用现代考据手段，而

---

① 《论语·八佾》。孔子对《诗经》《尚书》《易经》的整理即属于文献学研究，其所言"述而不作，信而好古"(《论语·述而》)显示了他梳理古典文献的治学兴趣。

② 张大可，王继光. 中国历史文献学. 西安：陕西人民教育出版社，1991：8.

导 言

且表现在为其注入了适当的思想元素。胡适提倡的"大胆假设，小心求证"与阿尔都塞所谓的在假设的基础上求证，当求证与假设不符，再调整假设的思路皆属此类。

本研究以文献学方法为基本方法，以梳理苏联时期马克思恩格斯重要著作编纂的历史为主体工作，通览《马克思恩格斯全集》俄文1版、2版与历史考证版的不同版本概况，各分卷出版时间、语种，梳理苏联介绍马克思恩格斯重要著作编排情况的书刊内容，理清苏联《马克思恩格斯文库》等书刊对马克思恩格斯未定稿的发表状况。在此基础上把握苏联编纂各版本的内容差别，阐述世界各国学者对苏联时期马克思恩格斯重要著作编纂成果的重视情况，分析各国《马克思恩格斯全集》以俄文版为母本的情况以及苏联时期马克思恩格斯重要著作编纂的历史发展与经验教训等。本研究采用现代文献学研究手段，依据现代数据分析提供的结论说明问题。

（2）解释学研究及其拓展性意义。解释学（hermeneutics）与文献学关联密切，解释学的全部努力都是在文献学基础上的拓展，即通过把握文本而读出作者的思想本意。西方哲学家施莱尔马赫、狄尔泰、海德格尔、伽达默尔、福柯、利科等推动了解释学的发展。施莱尔马赫提出正确解读文本的现代解释学问题；狄尔泰在此基础上将解释学上升为人文社会科学的一般研究方法；对这种研究方法做出主体性哲学解释的是海德格尔，海德格尔从"此在"的角度理解"解释学处境"，即"前有""前见""前设"是解释学研究不可忽视的存在；伽达默尔承认海德格尔着意发挥的"理解前结构"，注重读者与作者之间必要的"对话"，在"视界融合"的意义上把握文本的历史与现实。值得重视的是福柯对文本解释的意见，他认为文本解释应重视以往历史不曾注意的微观层面，而且任何解释都只是解释者所处时代的文化印记，"起源的退却与返回"是不可能的。应该说，重视被历史长期忽视的侧面，注重解释的当代意义，是解释学研究的重要方面。

与其他哲学家更多地从思想层面把握文本不同，利科从语言哲学角度理解解释学问题，注重解释语词表层背后的意义。他将文本视为"通过书写固定下来的任何话语"，既然作者的文本是"固定"的，对其解读就不应该过分渲染价值悬设，而应该注重文本本身的客观性，对作者本意的解读绝不应该是读者主观意愿的发挥。在这个意义上，重视对文本进行客观解释的方法与文献学研究更接近，或者说这种研究方法较易与文献学研究方法相结合，或可称之为客观解读法。这种解释学方法与文献学研究方法结合，对于历史地呈现文本的原意大有裨益。

本研究注重客观解读的方法，在文献学研究基础上，注重梳理苏联时期马克思恩格斯重要著作编纂概况。对于把握苏联学者对马克思恩格斯重要著作的研究，客观解读法能够起到更重要的作用。相较于西方马克思学家与西方马克思主义者对马克思恩格斯文献的解释，苏联学界马克思恩格斯重要著作的编纂更重视从总体上说明问题，即通盘考量马克思恩格斯重要著作和手稿，而对微观研究不够重视；后来，在苏联哲学中体现的对人道主义的重视实乃在步西方马克思学研究之后尘。本研究致力于梳理苏联学者对马克思恩格斯重要著作编纂工作的争鸣与共识，兼顾其他国家学者对此问题的相关阐释，力图得出客观公允的解读结论。

（3）注重逻辑与历史的内在统一。逻辑与历史相统一是马克思和恩格斯重视的研究方法，意在从现实角度出发，在历史语境中探究文本的实践意义。"逻辑的方式是唯一适用的方式。但是，实际上这种方式无非是历史的方式，不过摆脱了历史的形式以及起扰乱作用的偶然性而已。"[1] 逻辑与历史内在统一，意在说明"逻辑的方式"只是"摆脱了历史的形式"，其实质仍然是"历史的方式"。文本编纂与研究必须注重历史与逻辑的内在统一，只有将二者辩证统一，才能使文本研究应有的价值在人们的实践中得到充分发挥。

从文献学与解释学角度理解历史与逻辑的辩证统一，最根本在于将文本解读与当代审视内在融通，使文本的历史语境呈现当代意义。对马克思恩格斯重要著作的编纂研究应当注重这种方法，"应该说，尊重'文本'考据得出的结论，引用符合马克思'文本'原貌的版本极为重要，可以从源头上摆脱马克思遭遇误解的可能，是马克思在当代'在场'的前提"[2]。梳理马克思恩格斯重要著作和手稿是一项浩繁的工程，但这个工程的重要性毋庸置疑，要使思想家的思想得到准确完整的理解，前提是文本编排要符合历史原貌，任何在缺乏对文本起码理解的基础上形成的"逻辑"都难以得到历史认可。误读往往由于对文本缺乏足够的认识，只有尊重文本的历史及其生成的历史环境，逻辑才能体现其

---

[1] 马克思恩格斯选集：第2卷．2版．北京：人民出版社，1995：43.
[2] 臧峰宇．论"文本"解读与当代审视的内在融通．云南社会科学，2005（6）.

缜密性。

本研究重视马克思和恩格斯倡导的历史与逻辑辩证统一的研究方法，秉持这种方法，才能从根本上生发文献学方法与解释学方法的活力。具体说来，既关注苏联时期马克思恩格斯重要著作编纂研究的历史，又关注其内在逻辑。在考证苏联学者研究思路与成果的同时，力图分析苏联社会的历史发展与文本考据的内在关联，"从苏联对马克思文本的研究情况看，真正经得起考验的，是那些对文本写作过程的甄别、版本的考证、结构内容的分析等等，而不是那些对其现实意义的挖掘"[①]，诸如此类问题的逻辑成因是必须从历史角度加以分析和判断的。

三、研究框架与基本思路

在导言总体阐述的基础上，第一章梳理苏联时期马克思恩格斯著作编纂机构与文献搜集概况，主要研究苏联马列主义研究院的发展历史，简述苏联时期马克思恩格斯著作编纂工作的杰出领导者梁赞诺夫、阿多拉茨基的学术成就，概述苏联时期马克思恩格斯文献搜集情况。第二章分析《马克思恩格斯全集》俄文版编纂研究，梳理《马克思恩格斯全集》俄文1版和俄文2版的编辑与出版情况，分析《马克思恩格斯全集》俄文2版与中文1版的关系。第三章归纳《马克思恩格斯全集》历史考证版与其他苏联马克思恩格斯文献编纂研究情况，简述苏联时期MEGA¹和MEGA²的编辑与出版情况。第四章论述苏联学者对《1844年经济学哲学手稿》的编辑、研究与传播，探究苏联学者对《1844年经济学哲学手稿》的发现与出版和相关考证研究情况。第五章论述苏联学者对《德意志意识形态》的编辑、研究与传播，解析苏联学者对《德意志意识形态》的文献学研究和思想解读的结论。第六章简述《哲学的贫困》俄文版的编辑、出版与传播，解析《哲学的贫困》在俄国革命前及苏联时期的流传与出版情况以及苏联学者对《哲学的贫困》的研究。第七章对《共产党宣言》俄文版重要版本做比较研究，概述《共产党宣言》在俄国十月革命前的重要版本，并对《共产党宣言》俄文160周年

---

① 聂锦芳. 清理与超越：重读马克思文本的意旨、基础与方法. 北京：北京大学出版社，2005：257.

纪念版与苏联时期重要版本做比较解读。第八章探究苏联学者对《反杜林论》的编辑、出版与研究，概述《反杜林论》在俄国十月革命前后的出版与传播以及苏联学者对《反杜林论》的解读情况。在结语中总结苏联时期马克思恩格斯重要著作编纂工作的经验与教训，论述其与苏联社会发展阶段的关联，反思其对当代中国马克思主义文献编纂的借鉴意义。附录收录了俄罗斯马克思主义史学家 Н. И. 拉宾关于 Т. И. 奥伊则尔曼于 2011 年修订再版的《马克思主义的产生》一书的书评。这篇书评反映了当代俄罗斯马克思主义学者对《1844 年经济学哲学手稿》《德意志意识形态》《共产党宣言》的新理解，并以此对苏联解体前后同一位马克思主义理论家对马克思恩格斯重要著作的解读进行比较，从另一个侧面显示出苏联时期马克思恩格斯重要著作编纂的重要意义和苏联马克思主义者的思想流变。

在苏联时期马克思恩格斯重要著作编纂研究的基础上做出相关文本的考据研究，并为完善马克思恩格斯经典著作编译工作提供建设性意见，是本研究的总体思路。具体来说，本研究关注苏联马克思恩格斯文献中心的组建与发展，通过概述苏联学界对马克思恩格斯文献搜集和手稿辨认的实际情况，归纳《马克思恩格斯全集》俄文 1 版、2 版，MEGA^1 与 MEGA^2，《马克思恩格斯书信集》和《马克思恩格斯选集》俄文版的出版历程、版本结构及书目统计，探究其中的重要意义及历史局限。同时介绍列宁对马克思恩格斯著作编纂出版的重视情况，梁赞诺夫、阿多拉茨基等苏联学者在该领域的贡献，苏共中央马列主义研究院及其前身的发展，《马克思恩格斯文库》与《马克思主义年鉴》的出版情况等。

在此基础上，本研究关注苏联学者对马克思恩格斯重要文本的研究与考据。其中《1844 年经济学哲学手稿》和《德意志意识形态》属未定稿，尤其是《德意志意识形态》第一章的编排引起世界范围的马克思恩格斯文本学家的争议，苏联学者为这些重要文本的考据做出很多努力，取得了不容忽视的研究成果。应该说，马克思恩格斯重要著作实乃鸿篇巨制，苏联学者对其中的大多数文献做出了不同程度的考据与研究，对此一一细述实非本研究力所能及之事。本研究只是笔者对苏联学者考据马克思恩格斯重要著作和手稿研究的起始，但对这部分研究范围的选择也有一定的考虑：一是有些文本在马克思恩格斯著作中至今仍有争议；二是这些文本主要属于哲学著作；三是苏联学者对这些文本不乏研究的热情。笔者试通过对这部分内容的论述，达到管中窥豹的目的。笔者将在今后的研究中从点到面，尽可能完整地展现苏联学者对马克思恩格斯重要著作编纂的全貌。

苏联时期马克思恩格斯重要著作编纂已成为历史，但这项工作并未结束，不仅其成果为世界各国研究马克思恩格斯重要著作和手稿的学者所重视，而且苏联解体后俄罗斯学者仍在继续这一工作。本研究最后对这些问题简要加以概述，同时试通过分析马克思恩格斯重要著作编纂在苏联社会发展的不同阶段的不同情况，对苏联时期马克思恩格斯重要著作编纂做出总体性评价。

第一章　苏联时期马克思恩格斯著作编纂机构与文献搜集概况

苏联时期①马克思恩格斯著作的编纂工作是一项浩繁的系统工程。为实施这项工程，俄共（布）中央成立了马克思恩格斯研究院，想尽各种办法，投入重金搜集马克思恩格斯文献遗产和与之相关的世界社会主义和工人运动史、哲学、政治经济学等方面的文献资料。从十月革命胜利后到20世纪20年代，苏联已经成为国际马克思恩格斯著作编纂与研究中心，为其他国家编纂马克思恩格斯著作提供了母本。在此过程中，列宁对马克思恩格斯著作编纂与出版工作的支持与推动，梁赞诺夫与阿多拉茨基对马克思恩格斯文献搜集、研究、编纂和出版活动的科学态度和巨大贡献，特别值得关注。可以说，他们为苏联时期马克思恩格斯著作编纂这项规模宏大而又必须细致入微的科学事业奠定了坚实的基础。

一、苏联马列主义研究院的发展历史

苏共中央马克思主义—列宁主义研究院（简称"马列主义研究院"）是苏共最高科学研究机关。其主要任务是"搜集、保存、研究和发表马

---

① 本书中的苏联时期包括1917—1922年的苏维埃俄国时期在内。

第一章　苏联时期马克思恩格斯著作编纂机构与文献搜集概况

克思、恩格斯、列宁的思想理论遗著，编辑出版他们的传记；搜集、保存和发表党中央机关的文献及党的杰出活动家的著作；对马克思主义和列宁主义的历史和理论、苏联共产党的历史、科学共产主义理论、党的建设及国际共产主义运动史中的迫切问题进行科学研究"[1]。马列主义研究院是苏联时期编纂、研究和出版马克思恩格斯著作的重镇，是举世瞩目的国际马克思学中心，它的发展史反映了苏共中央在不同时期对马克思主义经典著作编纂与研究的侧重与态度。

1. 马克思恩格斯研究院（1921—1931年）

十月革命胜利后，列宁十分重视马克思主义在苏维埃俄国的传播与宣传，特别是马克思恩格斯著作、手稿的搜集和出版。列宁认为，布尔什维克在思想理论上有一项重要的国际主义任务，即采取一切措施科学地普及国内外已经发表的马克思恩格斯著作，同时还要将马克思主义奠基人尚未发表的遗著挖掘出来，只有这样才能更好地研究和宣传马克思主义理论。为了完成这项国际主义任务，必须建立一个科学中心，专门从事搜集、整理、出版、研究和宣传马克思恩格斯遗著的工作。

1919年11月，根据列宁的倡议，在梁赞诺夫的主持下，在社会主义科学院设立了马克思主义历史、理论和实践研究室，它是后来马克思恩格斯研究院的核心部分。研究室不仅培养和训练了一批苏联马克思主义学者，而且还吸收了许多马克思主义著作翻译家和马克思主义理论家来这里工作，他们当中有被列宁高度评价为在"科学问题和马克思主义问题方面是当然的顾问（和领导者）"的米·波克罗夫斯基[2]，还有众所周知的马克思主义理论家卢那察尔斯基、沃罗夫斯基、斯克沃尔佐夫-斯捷潘诺夫、弗拉基米尔·维克多罗维奇·阿多拉茨基等[3]。成立之初，研究室的活动主要在沃斯德维亨卡和舍梅特耶夫胡同拐角处的一所房子的六间小屋里展开，其最迫切的工作就是搜集一切与马克思恩格斯著作相关的资料和文献。当时，研究室下设五个部门：哲学、政治经

---

[1] И. П. Верховцев, З. А. Левина, Г. Д. Обичкин. Идейный арсенал коммунистов. М.: Политиздат, 1979: 3.

[2] 列宁全集：第40卷. 2版增订版. 北京：人民出版社，2017：332.

[3] Литературное наследство К. Маркса и Ф. Энгельса: История публикации и изучения в СССР. М.: Политиздат, 1969: 107.

15

济学、社会主义史、法国史和英国史。1920年夏秋，研究室的工作人员开始在伦敦购买珍本书和稀有资料，主要搜集涉及这些方面的文献。

1920年12月8日，在列宁的主持下，俄共（布）中央委员会做出了创立世界上第一个马克思主义博物馆的决议。决议指出，设立"世界上第一个马克思主义博物馆"是一项"具有特别重大国际意义的"任务①。但是，列宁"很快就清楚地意识到，需要建立一个专门的科学研究机构来进行马克思恩格斯思想理论遗产研究和出版工作"②。1921年1月11日，在梁赞诺夫的建议下，同时也是在列宁的指示下，俄共（布）中央委员会再次做出决议，将马克思主义博物馆改为"马克思恩格斯研究院"，它是挂靠在社会主义科学院下的独立机构，其首要职责是搜集、研究和出版马克思主义奠基人的遗著。中央委员会任命梁赞诺夫为马克思恩格斯研究院院长，马克思主义历史、理论和实践研究室的工作人员是研究院的第一批工作人员，同时为了开展研究工作，允许梁赞诺夫吸纳无党派人士参与到研究院的各项活动中。马克思恩格斯研究院初建时还是在六间小屋里工作。在列宁的高度重视和全力支持下，1921年年底，研究院迁到了位于斯纳门斯基小街（后来的马克思恩格斯大街）的多尔戈鲁基公爵的宫殿，从此拥有了自己独立的办公大楼③。

成立之初，马克思恩格斯研究院遇到的最大问题就是马克思主义经典作家遗著和手稿的匮乏。虽然在研究室时期曾搜集和购买过一些图书和资料，包括从伦敦购进的几百本书、从劳拉·拉法格的遗产中转给莫斯科的8封马克思致卢格的亲笔信，以及一些不甚齐全的马克思恩格斯著作，但远不能满足研究需求。由于列宁的高瞻远瞩和对马克思恩格斯研究院未来发展的顶层设计，以及列宁领导下的苏维埃中央在财力上的大力支持，研究院很快就承担起为苏联马克思主义的发展提供可靠的文本依据和理论基础的历史使命。

在研究院成为独立机构后不久，列宁给院长梁赞诺夫写了两张著名

---

① ЦПА ИМЛ при ЦК КПСС, ф. 17, оп. 2, ед. Хр. 43.
② И. П. Верховцев, З. А. Левина, Г. Д. Обичкин. Идейный арсенал коммунистов. М.: Политиздат, 1979: 7.
③ Хайнц Шмерн, Димер Вольф. Великое наследие: исторический репортаж о литературном наследии Карла Маркса и Фридриха Энгельса. М.: Издательство полической литературы, 1976: 81.

第一章　苏联时期马克思恩格斯著作编纂机构与文献搜集概况

的便条。第一张是在 1921 年 2 月 2 日以前写的：

梁赞诺夫同志：你们图书馆里有没有**从各种报纸**和某些杂志上**搜集来的**马克思和恩格斯的**全部书信**？

例如，1894 年，《莱比锡人民报》上关于唯物主义的书信？

《前进报》上谈 Beesley 的？（可能不完全是这样拼写？这是位英国教授，孔德的信徒，马克思的熟人）

以及诸如此类。

有没有马克思和恩格斯**全部书信的目录**？

它，即那个**目录**能不能给我看一个星期？

您的**列宁**。①

第二张是在 1921 年 2 月 2 日写的：

梁赞诺夫同志：务请：把书还回来。

（1）您是否知道恩格斯书信里**画了着重线的那些地方**是从哪里摘引来的？

（2）这些书信是否全文刊登过？登在**什么地方**？

（3）如果刊登过，能否找到并弄到手？

（4）我们能否向谢德曼之流及其同伙（要知道他们是一群见钱眼开的家伙）**购买**马克思和恩格斯的书信？或者是书信的照片？

（5）我们有没有希望在莫斯科收集到马克思和恩格斯发表过的**全部**材料？

（6）**在这里已经收集到的材料有没有目录**？

（7）马克思和恩格斯的书信（或复制件）由我们来收集，此议是否可行？

致共产主义的敬礼！

列宁。②

列宁的这两张便条为马克思恩格斯研究院提出了未来工作的总方向和总目标，是指导其未来发展的工作指南；同时也为马克思恩格斯研究院能够最完整地搜集马克思主义经典作家的书信、手稿、著作及相关文献资料提供了政治上的支持和保障。"列宁的愿望在创建和筹划研究院

---

① 列宁全集：第 50 卷. 2 版增订版. 北京：人民出版社，2017：104.
② 同①105-106.

上是原则性的指示，没有这些指示就不可能有任何让人满意的马克思恩格斯著作出版。"① 在列宁向梁赞诺夫写信的同时，俄共（布）中央委员会排除一切困难拨给研究院一笔以黄金计算的经费，供其搜集、采买各种文献。

1922年6月1日，苏俄中央执行委员会（ЦИК РСФСР）主席团决定，马克思恩格斯研究院不再附属于社会主义科学院，而真正成为一个独立的科学研究机构②。研究院的基本任务被确定为："把创建优秀的科学实验室作为全部目的的科学研究机构，在这里，科研人员能够在最有利的条件下研究由马克思恩格斯创立和表述的科学社会主义和革命共产主义的理论和实践的形成、发展和传播。"③ 从此时起，马克思恩格斯研究院的组织结构基本确定，包括六大部门：14个科学研究室、图书馆、档案馆、博物馆、出版社和财务行政部门。在14个科学研究室中，马克思恩格斯研究室是核心研究机构，由梁赞诺夫直接领导。此外还包括哲学、政治经济学、法学、社会学、社会主义、外部政策、德国史、法国史、英国史、第一和第二国际史研究室以及主要研究俄国马克思主义和社会主义发展史的普列汉诺夫研究室等④。每个科学研究室按照不同主题进行学术研究与文献编辑活动。为了方便工作人员使用图书，每个科学研究室都收藏着各自主题的图书和文献。除科学研究室外，档案馆珍藏着从世界各地搜集来的更珍贵的手稿和文献，成为马克思恩格斯研究院非常重要的文献典藏机构，并相对独立。

---

① Е. Кандель составил. О публикации литературного наследства К. Маркса и Ф. Энгельса. М.：Государственное издательство политической литературы，1947：25.

② 同①24.

③ Д. Рязанов. Деятельность института К. Маркса и Ф. Энгельса и его ближайшие задачи//Летописи марксизма Ⅴ. М. -Л.：Государственное издательство，1928：5.

④ 早在1918年6月成立社会主义科学院的时候，梁赞诺夫就制定出一套新的科研工作组织原则，即"按照所研究问题的性质划分科学研究室"，以使其逐渐发展为研究中心或研究机构的对外网络。梁赞诺夫认为，在马克思恩格斯研究院的科学研究室的设置上，应根据马克思主义思想史和马克思主义实践史两条研究路线，分为两大部类。哲学、政治经济学、法学和社会学等科学研究室属于研究马克思主义思想史的，而各国工人运动史研究室、第一和第二国际史研究室等则属于研究马克思主义实践史的。蒋仁祥. 达·梁赞诺夫和《马克思恩格斯全集》历史考证版第1版. 马克思恩格斯研究，1995（20）；Д. Рязанов. Деятельность института К. Маркса и Ф. Энгельса и его ближайшие задачи//Летописи марксизма Ⅴ. М. -Л.：Государственное издательство，1928：5；Литературное наследство К. Маркса и Ф. Энгельса：История публикации и изучения в СССР，М.：Политиздат，1969：134.

第一章 苏联时期马克思恩格斯著作编纂机构与文献搜集概况

1930年年底，随着斯大林在哲学社会科学界开展大批判运动，马克思恩格斯研究院也很快被卷入其中。最先受到冲击的就是院长梁赞诺夫，他的个性和一直以来的孟什维克政治倾向，以及他与斯大林的交恶，注定了他的政治劫难①。这同时也导致马克思恩格斯研究院在1931年遭到了大规模的"清洗"，甚至短暂关闭，以彻底肃清研究院的"梁赞诺夫精神"。

2. 马克思恩格斯列宁研究院（1931—1956年）

1931年4月5日，联共（布）中央委员会政治局做出决议，为了统一马克思恩格斯全集和列宁著作的出版工作，为了深入研究马克思主义、列宁主义问题及其发展史，苏联中央执行委员会所属的马克思恩格斯研究院和联共（布）中央委员会所属的列宁研究院应合并成一个统一的机构，称作"联共（布）中央委员会马克思恩格斯列宁研究院"（Институт Маркса-Энгельса-Ленина при ЦК ВКП (б)，简称"马恩列研究院"）。马恩列研究院隶属于联共（布）中央委员会，院长为阿多拉茨基，同时也换上了一批新的研究人员和理论干部。

1931年10月10日，政治局确立马恩列研究院为党的全国最高科学研究机关，其主要任务是：(1) 科学地编辑出版马克思、恩格斯、列宁已发表的和未发表的著作，编辑出版他们战友的著作；(2) 研究马克思、恩格斯、列宁的生平和事业及他们的学说，并促进这方面的研究工作；(3) 搜集、研究和出版联共（布）党史文献，科学地研究党史、党的建设和共产主义青年运动等问题；(4) 搜集、研究和科学出版共产国际史方面的文献②。

原来的马克思恩格斯研究院变成了马恩列研究院下属的一个部门，即马克思恩格斯部。梁赞诺夫设置的14个科学研究室被取消，相关研究人员被重新划分为五个工作组：MEGA工作组、《马克思恩格斯选集》工作组、《马克思恩格斯全集》俄文版工作组、《马克思恩格斯文

---

① 罗尔夫·黑克尔.《马恩全集》历史考证版（MEGA）第一版在列宁时期的兴盛和斯大林时期的衰败. 国外理论动态，2010（12）.

② Е. Кандель составил. О публикации литературного наследства К. Маркса и Ф. Энгельса. М.：Государственное издательство политической литературы，1947：32；И. П. Верховцев，З. А. Левина，Г. Д. Обичкин. Идейный арсенал коммунистов. М.：Политиздат，1979：15-16.

19

库》工作组、马克思恩格斯学术传记工作组。马恩列研究院下设的其他部门还有：列宁部、联共（布）党史研究室、第一和第二国际研究室、马列主义研究室、学术普及研究室、档案馆、图书馆、博物馆、科研秘书部门、行政部门等。从马恩列研究院工作任务和机构设置的变化可以看出，研究院的工作重心不仅仅是编辑、研究和出版马克思恩格斯的著作，而且开始向出版列宁著作、研究列宁主义，以及宣传党的意识形态工作方面转移。到了1935年8月，通过对阿多拉茨基所做的关于马恩列研究院工作任务报告①的分析，可以看出，对列宁和斯大林著作的编辑出版已经成为马恩列研究院的中心工作。

1938年11月14日，联共（布）中央委员会做出《关于〈联共（布）党史简明教程〉出版后的宣传工作的决议》，决议对马恩列研究院提出要"翻译严谨科学的和完全精确的马克思主义经典著作的任务"，要求研究院在短期内修正以前出版的文献中的错误，这些文献包括20世纪20年代为了满足当时的需要而翻印的革命前翻译的马克思主义经典著作，以及《马克思恩格斯全集》俄文1版中梁赞诺夫主编的卷次。但是，这项工作耗时耗力，进展十分缓慢，以致在1939年1月，阿多拉茨基因此被解除马恩列研究院院长之职。

1939年后，马恩列研究院为配合马克思主义理论在苏联的普及化和大众化，加紧编辑和出版包括马克思、恩格斯、列宁和斯大林在内的马克思主义经典作家著作的各种版本。第二次世界大战爆发后，苏联倾全国之力保家卫国，马恩列研究院的各项编辑和出版工作都随之放缓，研究院的工作人员纷纷拿起武器赶赴前线投入与德国法西斯的战斗，许多优秀的科研人员为此付出了生命。

第二次世界大战后，马恩列研究院迁到了莫斯科奥斯坦基诺区的一座新的大楼里，原来的多尔戈鲁基宫成为档案馆的所在地。1954—1956年，马恩列研究院曾短暂地更名为"马克思恩格斯列宁斯大林研究院"（Институт Маркса, Энгельса, Ленина, Сталин при ЦК КПСС）。

---

① 阿多拉茨基在报告中指出，今后研究院的首要任务是出版斯大林著作集，此外还包括出版列宁的手稿、出版列宁和斯大林选集、筹备《列宁全集》第四版、出版一部党史、完成《马克思恩格斯全集》俄文1版的编辑出版工作、修订梁赞诺夫主编的卷次，准备马克思、恩格斯、列宁和斯大林的传记。（赵玉兰. 从MEGA¹到MEGA²的历程：《马克思恩格斯全集》历史考证版的诞生与发展. 北京：中国社会科学出版社，2013：165.）

第一章　苏联时期马克思恩格斯著作编纂机构与文献搜集概况

3. 马列主义研究院（1956—1991年）

　　斯大林逝世后，苏联社会政治生活和思想理论领域中开始出现反对个人崇拜、强调党的集体领导的动向。经过两年多的酝酿，在1956年2月召开的苏联共产党第二十次代表大会上，赫鲁晓夫在一次内部会议上所做的秘密报告中批判了对斯大林的个人崇拜，全盘否定了斯大林执政时的各种理论，指出斯大林主义的错误，此举令世界震惊。2月底，在苏共二十大后，马恩列斯研究院的领导层提出把马恩列斯研究院更名为"马克思主义—列宁主义及党史研究院"的请求。在3月19日、20日举行的马恩列斯研究院领导机构会议上，主任A.斯图契诃夫指出："斯大林不尊重研究院，因此，研究院的作用被降低。我们必须把它的作用恢复起来。"[①] 经过一系列的努力，1956年3月28日，马恩列斯研究院正式更名为"马克思主义—列宁主义研究院"，简称"马列主义研究院"。从1957年起，马列主义研究院开始主编《苏联共产党历史问题》杂志[②]。

　　1968年6月15日，苏共中央通过了《关于苏共中央马克思列宁主义研究院的任务、机构和编制的决定》，确定了马列主义研究院新的工作任务和工作方针。《决定》要求"苏共中央马克思列宁主义研究院在持续不断收集和出版马克思、恩格斯、列宁的著作和苏共党史材料的时候，应当同时努力从事马克思列宁主义理论、苏共历史和党的建设、科学共产主义、国际共产主义运动史的迫切问题的创造性研究。马列主义研究院应与其他科学机构一起创作有分量的总结性著作，这些著作将包括有新的科学根据的结论和具有重大理论意义和实践意义的建议。"《决定》要求马列主义研究院与民主德国党中央马列主义研究院一起筹备出版德文版《马克思恩格斯全集》[③]。《决定》还就马列主义研究院的机构设置进行了调整，调整后研究院下设马克思恩格斯列宁著作部、苏共党史部、党的建设部、科学共产主义部、国际共产主义运动史部、若干辅

[①] М. В. Гаврилович. ИМЭЛ: цитадель партийной ортодоксии: из истории Института марксизма-ленинизма при ЦК КПСС 1921-1956，М.：Новый хронограф，2010：576.

[②] И. П. Верховцев, З. А. Левина, Г. Д. Обичкин. Идейный арсенал коммунистов. М.：Политиздат，1979：17-18.

[③] 贾泽林，王炳文，徐荣庆，等. 苏联哲学纪事：1953—1976. 北京：生活·读书·新知三联书店，1979：352.

助科学研究部门、中央党务档案馆和图书馆等部门①。

需要说明的是，苏联各地方马列主义研究院还下设了各加盟共和国的党史研究院，苏共莫斯科市委、莫斯科州委和苏共列宁格勒州委党史研究院等16个分院。各分院的主要任务是研究地方党组织的历史、出版党的文献、用苏联境内的各民族文字翻译马列主义经典作家的著作和党中央的重要决议②。1971年1月8日，为了表彰马列主义研究院在科学研究、出版和宣传马克思、恩格斯、列宁的思想遗产方面的巨大贡献，同时为了纪念马列主义研究院成立五十周年，苏共中央授予马列主义研究院"列宁勋章"。

1991年苏联解体前，马列主义研究院又短暂地更名为"社会主义理论与历史研究院"（Института теории и истории социализма ЦК КПСС）。1991年10月，马列主义研究院改建为"俄罗斯社会和民族问题独立研究院"。改建后，研究院原来的图书馆和档案馆都各自分离出去，研究院不再承担马克思主义历史方面的研究，而是成为研究俄罗斯社会政治、经济、历史、民族、种族、宗教等领域问题的跨学科研究中心。

二、苏联时期马克思恩格斯著作编纂工作的杰出领导者

苏联时期，组织和实施马克思恩格斯著作编纂工作并取得辉煌成就的卓越领导者首先是梁赞诺夫，其次是阿多拉茨基。梁赞诺夫可谓是苏联马克思学的奠基者、马克思恩格斯研究院的创立者和"MEGA[1]的灵魂人物"。阿多拉茨基是梁赞诺夫所开创事业的优秀继承者，在苏联国内严峻政治形势下和国际局势不断恶化的条件下，他在马克思主义经典作家文献的编辑与出版方面做出的努力与贡献具有十分重要的意义。

1. 梁赞诺夫与马克思恩格斯文献的搜集、编纂与研究

早在1905年以前，被列宁评价为"视野开阔、有丰富学识、极好

---

① И. П. Верховцев, З. А. Левина, Г. Д. Обичкин. Идейный арсенал коммунистов. М.：Политиздат，1979：17-18.

② 同①195.

第一章 苏联时期马克思恩格斯著作编纂机构与文献搜集概况

地掌握科学社会主义创始人文献遗产"[1] 的达维德·梁赞诺夫[2]就已经在欧洲社会民主党内因通晓马克思恩格斯遗著而享有盛誉。他曾参与翻译弗兰茨·梅林出版的四卷集《卡·马克思、弗·恩格斯和斐·拉萨尔

---

[1] В. А. Смирнова. Первый директор института К. Маркса и Ф. Энгельса Д. Б. Рязанов. Вопросы истории КПСС, 1989（9）.

[2] 达维德·波里索维奇·戈尔登达赫（Давид Борисович Гольдендах），化名梁赞诺夫，1870年3月10日出生于敖德萨的一个犹太人家庭。从1887年起，梁赞诺夫开始在敖德萨和彼得堡从事革命活动。他的一生充满苦难和波折，在十月革命前，他就两次被捕入狱，前后共被监禁6年（1891—1897年，1907年），被流放到基什尼奥夫3年（1897—1900年），两次流亡国外，前后共漂泊近16年（1900—1905年，1907—1917年）。尽管如此，他对从青年时代起就一直进行的马克思学及马克思主义理论研究的热情丝毫不减，甚至"不得不对这个人的简直可以说是疯狂的激情，生理上的、精神上的和心灵上的激情，感到惊讶"（Илья Аграновский. Прочитано впервые. М., 1968: 9.）。无论在俄国还是国外，梁赞诺夫一直参与政治活动。从1901年起，他为《火星报》和《曙光》杂志撰稿；作为当时从"俄国革命社会民主党人外国同盟"中分裂出来的、宣扬所有社会民主党人统一的思想的"斗争社"的领导人，他还参与了有关俄国社会民主工党内的组织问题的热烈讨论。1905—1907年在俄国期间，梁赞诺夫特别关注工会活动，除了活跃于彼得堡工会中央理事会外，他还是俄国社会民主工党议会党团成员。1909年，流亡在外的梁赞诺夫在"前进派"创办的喀普里宣传员学校（Капри）授课。1911年，他在列宁于巴黎附近的龙寿姆（Ложюмо）创办的党校任教，讲授关于俄国和西欧工会的问题。第一次世界大战爆发后，梁赞诺夫坚守严格的国际主义立场，反对所谓的"护国主义"，并曾代表党中央参加齐美瓦尔德代表会议（Циммервальдская конференция）。1917年5月，梁赞诺夫回到俄国，并在7月召开的俄国社会民主工党第四次代表大会上入党。他曾担任全俄工会中央理事会领导人，并因此而闻名党外；1917—1921年，他担任交通委员部人民委员。1918年，主管科学组织工作的他不仅致力于建立统一的国家档案馆，而且作为人民教育委员部科学司的负责人，对于组建当时俄国最高的科研机构——社会主义科学院（1924年更名为"共产主义科学院"）也做出了重要的贡献。1921—1931年，梁赞诺夫是全俄中央执行委员会的成员，俄共（布）第七次至第十三次代表大会代表，联共（布）第十四次到第十六次代表大会代表。20世纪20年代末30年代初，斯大林已大权在握，他所推行的政策越来越依靠由他挑选提拔的年轻干部，因为老一代党员绝不会有青年一代人那样对他的忠诚和崇拜，所以他开始筹划把那些不同意或怀疑他的政策的人赶下台。梁赞诺夫刚正不阿的态度，以及对斯大林政策及理论的批评，使斯大林越来越不能容忍他。1931年2月16日，梁赞诺夫因被指控支持"在苏联的孟什维克分子进行反革命的、仇视苏联的活动"而被捕，17日他被开除党籍，撤销职务，随后被流放到伏尔加河畔的萨拉托夫。此后的六年，梁赞诺夫在萨拉托夫大学的图书馆做顾问工作。1937年6月23日，由于有人指责和告发他与右倾机会主义和托洛茨基主义组织有联系，梁赞诺夫再次被捕。1938年1月21日，苏联最高法院军事委员会判处梁赞诺夫死刑，当日执行。这位伟大的马克思学文献专家、共产主义者始终都没有承认自己的"罪行"。В. А. Смирнова. Первый директор института К. Маркса и Ф. Энгельса Д. Б. Рязанов. Вопросы истории КПСС, 1989（9）; 蒋仁祥. 达·梁赞诺夫和《马克思恩格斯全集》历史考证版第1版. 马克思恩格斯研究，1995（20）; 梁赞诺夫传. 宋洪训，译//马列著作编译资料: 9辑. 北京: 人民出版社，1980.

的著作遗产》俄文版；积极寻找和搜集马克思恩格斯的遗稿及第一国际的文献，研究马克思恩格斯的生平活动。从1910年起，经A.倍倍尔介绍，梁赞诺夫获准进入德国社会民主党档案馆工作；同年夏天，他应拉法格的邀请，来到巴黎附近的德拉维依（Дравейль），即拉法格的住处，研究由保尔·拉法格和劳拉·拉法格保存的一部分马克思恩格斯的遗著。1913—1914年，在倍倍尔的帮助下，他从伯恩施坦那里得到了马克思恩格斯在第一国际时期的部分通信的原稿。他还得到了在《新时代》《斗争》杂志和其他德国和奥地利社会民主党的出版物上发表过的、已发现的马克思恩格斯著作；1911—1914年，布尔什维克的理论杂志《启蒙》以及进步杂志《现代世界》也都刊载过这些著作。他还曾直接参与由考茨基和伯恩施坦主编的《马克思恩格斯通信集》的编辑工作。1917年以前，梁赞诺夫曾受德国社会民主党执行委员会委托编辑出版了两卷本的《马克思恩格斯著作集》，其中选编了马克思恩格斯在1852—1856年间为报刊撰写的文章。1908年秋，梁赞诺夫在研究马克思恩格斯为《人民报》和《纽约每日论坛报》撰写的文章时，发现了250篇以前不为人知的马克思恩格斯在19世纪50—60年代初撰写的文章。因此，他决定编辑马克思用英文写的遗作。这部著作原计划出版4卷，但后来只出版了2卷①。

十月革命胜利后，梁赞诺夫在积极从事政治活动的同时，继续为马克思恩格斯遗著的整理和出版工作奔波。列宁之所以重用梁赞诺夫，是因为梁赞诺夫对马克思恩格斯文献的熟稔和他丰富的编纂经验，以及其所拥有的深厚的马克思主义学养、卓越的组织能力、与德国社会民主党领导人熟识。如同伯乐与千里马，是列宁真正使梁赞诺夫的各项才能发挥到了极致。

梁赞诺夫搜集、收藏和管理图书的能力闻名遐迩，几乎带有传奇色彩。他的好友尤里·斯切克洛夫回忆，早在1890年的敖德萨时期，"他曾经把他的笔记本给我们看，上面记载着一大批历史、政治经济学等的外文书籍的书目。至今我还记得有一页上记的是有关封建社会历史的书，

---

① Литературное наследство К. Маркса и Ф. Энгельса. История публикации и изучения в СССР, М.：Политиздат, 1969：89；В. А. Смирнова. Первый директор института К. Маркса и Ф. Энгельса Д. Б. Рязанов. Вопросы истории КПСС, 1989（9）；蒋仁祥. 达·梁赞诺夫和《马克思恩格斯全集》历史考证版第1版. 马克思恩格斯研究, 1995（20）.

第一章 苏联时期马克思恩格斯著作编纂机构与文献搜集概况

给我留下了特别深刻的印象。我一看这份目录，就惊得目瞪口呆。这里记着各种文字的著作，其中许多是德文著作。我好奇地问梁赞诺夫，他是否全部读过。他没有给我正面回答，却说，所有重要的基本的著作当然都浏览过"[1]。对于马克思恩格斯遗著的搜集，更能显示出梁赞诺夫的非凡能力和严谨态度。早在1914年，梁赞诺夫就已开始对马克思和恩格斯之间的通信"一字不漏地"进行照相复制。凭借自己的通信网络，他十分清楚应该寻找什么和到哪里去寻找；杰出的分辨力也帮助他能够清理出分散于各地的、混杂在杂乱无章的资料中的马克思恩格斯的文献。瑞士的自由派社会主义者弗里茨·布鲁巴赫曾描述说："为了马克思手稿中的一个逗号，他可以在深夜乘坐没有暖气的四等车厢从维也纳赶往伦敦。"[2]

"在马克思恩格斯研究院成立的最初几年，大约1926年以前，图书和档案的搜集工作，尤其是研究院的配套工作，一直是梁赞诺夫关心的重点"[3]。在进行马克思恩格斯研究院内部组织机构建设的同时，建设规模庞大而专业的图书馆和档案馆，搜集相关书籍、文献和资料，以及建立一支富有创造精神的专业工作队伍[4]，是梁赞诺夫重点考虑的问题。此外，他敏锐地意识到，马克思恩格斯研究院向前发展的每一步都必须得到党和政府的完全支持。为了得到足够的资金来建设马克思恩格斯研究院和搜集资料，他不仅经常向列宁报告各项工作的进展，而且还按期向俄共（布）代表大会和代表会议做研究院工作情况的汇报[5]。在

---

[1][2][3] 蒋仁祥. 达·梁赞诺夫和《马克思恩格斯全集》历史考证版第1版. 马克思恩格斯研究，1995（20）.

[4] 当时的研究院集中了强大的科研力量，许多著名的学者都参加过研究院的工作，其中有：Е. А. 科斯明斯基（Е. А. Косминский，历史学家、院士，研究中世纪史）、И. К. 卢波夫（И. К. Луппол，辩证法、哲学史方法论专家、美学家）、А. М. 德波林（А. М. Деборин，哲学家、历史学家、院士，曾任苏共中央马列主义研究院副院长等职）、И. 鲁宾（И. Рубин，革命活动家）、В. П. 沃尔金（В. П. Волгин，历史学家、社会活动家、院士，曾任莫斯科大学校长等职）、Ф. В. 波将金（Ф. В. Потемкин，历史学家，通讯院士，世界史特别是法国史专家）、М. О. 科斯文（М. О. Косвен，历史学博士，《苏联民族学》编委）、А. Д. 乌达尔佐夫（А. Д. Удальцов，历史学家，研究中世纪史）、Ф. А. 罗特施坦（Ф. А. Ротштейн，历史学家、社会活动家，院士，研究国际工人运动和近代国际关系史）等。（В. А. Смирнова. Первый директор института К. Маркса и Ф. Энгельса Д. Б. Рязанов. Вопросы и стории КПСС，1989（9））.

[5] 参见1924年梁赞诺夫为俄共（布）第十三次代表大会撰写的关于马克思恩格斯研究院活动和计划的小册子以及1925年为苏联苏维埃第三次代表大会撰写的报告。（Д. Рязанов. Институт К. Маркса и Ф. Энгельса при ЦИК СССР. М.，1924；Д. Рязанов. Институт К. Маркса и Ф. Энгельса при ЦИК СССР//Отчет за 1924-1925, М.-Л.，1925.）

他的不懈努力下，即便是在当时苏联国家极为困难的时期，建设马克思恩格斯研究院和搜集文献资料都得到了布尔什维克党中央的全力支持和帮助。

在马克思主义文献编纂和研究方面，梁赞诺夫除了全面主持编辑《马克思恩格斯全集》俄文1版及历史考证版（MEGA¹）外，他的"最大愿望是把马克思主义的发展纳入广阔的社会历史联系之中，并紧密结合社会思想的发展来加以研究；这一心愿决定了由他发起的科研活动的性质和巨大规模"①。例如，出版《唯物主义丛书》、《政治经济学的经典作家》、包括25卷本《普列汉诺夫全集》在内的《科学社会主义丛书》以及计划出版40～50卷册《无产阶级阶级斗争史纪念文集》。从1924年起，他主持编辑出版了俄文版和德文版的《马克思恩格斯文库》；从1926年起，他还主持编辑出版了《马克思主义年鉴》，给从事马克思主义研究工作的科研院校和学者提供了更加专业的文献资料。在马克思恩格斯研究院成立的头十年里，由梁赞诺夫主编出版的各类学术著作达150余种②。此外，作为马克思主义史学家的梁赞诺夫，还著有《马克思和恩格斯》《国际工人协会的产生（论第一国际的历史）》《马克思主义史概论》等著作。其中，《马克思主义史概论》阐述了科学社会主义创始人的思想演变、第一国际的历史、俄国社会主义思想发展史，以及俄国马克思主义思想发展史等重要内容。

梁赞诺夫的伟大贡献还体现在他在苏联哲学形成的过程中起到了基础作用。他始终坚持马克思主义哲学的指导地位，强调这是高校"必须讲授的课程"之一。由他首次发现和编辑发表的马克思恩格斯手稿和书信，极大地促进了20世纪20年代后期苏联哲学的讨论，例如，关于辩证唯物主义与机械论的讨论、关于马克思政治经济学重要方法问题的讨论、关于社会经济结构问题的讨论等。梁赞诺夫以严格的历史主义原则对待马克思恩格斯的文献遗产，他坚持这个立场毫不妥协。尽管面临联共（布）中央要求尽快出版"马克思全部著作"的要求，梁赞诺夫仍然以严谨的科学态度进行这项工作，并极力说服中央政府和学术界，无论

---

① 蒋仁祥. 达·梁赞诺夫和《马克思恩格斯全集》历史考证版第1版. 马克思恩格斯研究，1995（20）.

② В. А. Смирнова. Первый директор института К. Маркса и Ф. Энгельса Д. Б. Рязанов. Вопросы истории КПСС，1989（9）.

第一章 苏联时期马克思恩格斯著作编纂机构与文献搜集概况

在何种情况下，都应科学而细致地编辑和出版马克思主义创始人的著作。"梁赞诺夫不仅是当代俄国，而且是当代世界最杰出的马克思研究者。马克思研究之所以成为一门特殊的科学，首先是因为有了梁赞诺夫的科学工作、编辑工作和组织工作……是他为马克思研究打开了真正无限广阔的历史和国际的视野……梁赞诺夫在进行马克思学研究的初期就已作为特殊标志表现出来的第二个特征，是在理解和再现马克思和恩格斯的著作时力求有条理和尽可能地完整。"[1]

2. 阿多拉茨基对马克思恩格斯文献搜集与编纂的贡献

弗拉基米尔·维克多罗维奇·阿多拉茨基（Владимир Викторович Адоратский），是苏联著名马克思主义哲学家、历史学家，苏联科学院院士，马克思恩格斯列宁研究院院长。列宁曾评价他是"一个十分可靠的人，一个很有学识的马克思主义者"[2]。1878年8月7日，阿多拉茨基生于喀山。1897—1903年，他在喀山大学学习，起初在数学系，后来转入法律系。早在20岁时，阿多拉茨基就对社会民主主义运动产生了兴趣，并研究马克思主义的文献。从1900年起，他开始从事革命活动，1903年年底，阿多拉茨基在日内瓦认识了列宁，被列宁彻底的革命性折服，第二年就加入了布尔什维克。1904年春天，阿多拉茨基参加了列宁领导的党章学习小组。在学习过程中，他熟读了大量马克思主义文献，例如恩格斯的《路德维希·费尔巴哈和德国古典哲学的终结》、普列汉诺夫的著作等。从国外回到喀山后，阿多拉茨基积极宣传列宁的思想，并经常代表布尔什维克在群众运动中演讲。1905年年底，阿多拉茨基被捕入狱，并被流放到国外。后来他再次来到日内瓦，在这个时期他不仅努力积累各种知识，而且多次和列宁长谈。此后，阿多拉茨基很好地完成了列宁委托的许多重要工作。第一次世界大战期间，正在德国的阿多拉茨基作为战俘被看管起来，同布尔什维克党中断了联系。尽管在此期间他的生活十分艰苦，但他仍然继续从事理论研究，写下了许多札记和文章，并编成《1914—1918年帝国主义战争时期大事记》。

1918年8月，阿多拉茨基回到了苏维埃俄国，列宁安排他到教育

---

[1] 蒋仁祥. 达·梁赞诺夫和《马克思恩格斯全集》历史考证版第1版. 马克思恩格斯研究，1995（20）.

[2] 列宁全集：第49卷. 2版增订版. 北京：人民出版社，2017：296.

人民委员部工作，并亲自写信证明他的党籍："我从1905年以后的反动时期起就认识阿多拉茨基同志（并且和他很熟识）。他不顾当时的右倾思潮，在那时就已经是布尔什维克了，而且始终是布尔什维克。他从德国回来时完全病倒了。他是理论家，也是宣传家。我认为延长他的党龄，承认他从1904年入党，是完全公正的。"① 同年11月，阿多拉茨基当选为社会主义科学院候补院士。1919年，阿多拉茨基回到喀山，在高等院校、工人专修班、社会科学院和讲习班从事教学工作。1920年8月，他被调到根据列宁倡议成立的俄共（布）中央直属党史研究院从事俄共（布）党史和十月革命史的研究工作。同年12月，阿多拉茨基当选为俄罗斯苏维埃联邦社会主义共和国国家档案局局长和档案总局委员会委员，任期直至1929年。1928年，阿多拉茨基被任命为列宁研究院副院长，从1931年起，担任马克思恩格斯列宁研究院院长并兼任苏联科学院哲学所领导人。1932年，他当选为苏联科学院院士。1945年6月5日，阿多拉茨基在莫斯科逝世。

阿多拉茨基对马克思主义创始人文献的编研工作，是20世纪20年代初在列宁的直接指导下开始的。1920年8月，列宁邀请阿多拉茨基到克里姆林宫，委托他做一项"重要的、具有国际意义的事情"，即编辑出版《马克思恩格斯书信集》。在筹备和编辑《马克思恩格斯书信集》的两年多的时间里，阿多拉茨基得到了列宁多次具体的帮助和指导。此外，在列宁的帮助下，阿多拉茨基的著作《马克思主义基本问题大纲》于1922年出版，这本书是阿多拉茨基在1904年为宣传马克思主义理论而编写的讲义。列宁向俄共（布）中央书记古比雪夫推荐了这部书的文稿，书很快就出版了，并先后印行了四版。1923年，列宁再次帮助阿多拉茨基出版了他的另一部著作《论国家》。在这部著作中，阿多拉茨基对资产阶级思想体系展开了系统批判，提出用马克思主义辩证法来研究关于国家和法的科学问题。列宁对此产生了极大兴趣。

1931年阿多拉茨基担任马恩列研究院院长后，凭借对马克思恩格斯列宁遗著的了解和渊博的学识，当之无愧地接替了梁赞诺夫的工作。阿多拉茨基是苏联极少数几个能够辨认马克思恩格斯字迹的专家之一，对马克思恩格斯的许多手稿都做过科学研究，例如《德意志意识形态》《资

---

① 阿多拉茨基选集.北京：生活·读书·新知三联书店，1964：558.

第一章 苏联时期马克思恩格斯著作编纂机构与文献搜集概况

本论》等。在他的领导下,马恩列研究院克服了巨大困难,在出版马克思恩格斯遗著工作上取得了巨大的成就:编辑出版了《马克思恩格斯全集》俄文1版(29卷中有15卷由阿多拉茨基亲自主编),出版了梁赞诺夫在任时就已经编辑完成的 MEGA¹ 卷次、两卷本《马克思恩格斯文选》、《马克思恩格斯文库》,还出版了马克思主义经典作家著作的系列单行本,等等。

更为重要的是,阿多拉茨基还主编完成了一部极有价值的马克思生平活动编年纪事——《马克思生平事业年表》[①]。为纪念马克思逝世50周年(1933年),马恩列研究院马克思恩格斯学术传记工作组从1929年12月开始,在埃·措别尔的领导下和阿多拉茨基的主持下开始编辑《马克思生平事业年表》。1933年,由于法西斯主义势力在德国抬头,德文版《马克思生平事业年表》没能成功出版,一直到1934年年初,德文版才在莫斯科出版,同年出版了经过修正和增补的俄文版。《马克思生平事业年表》按时间顺序列出了3 000多个日期,每个日期都记录了马克思的伟大活动,而且每条都注明了出处和资料来源[②]。"书中列举的有些材料是迄今别的书中所没有的,对若干事件的叙述比较详尽,它还摘录了其他人给马克思、恩格斯的书信等。因此,它既可以作为一本查考用的工具书,也可以作为素材,供研究、编写国际共运史和马克思主义创始人传记时参考。"[③] 此外,在《马克思生平事业年表》的附录中有《马克思著作索引》《报刊索引》《人名索引》以及《马克思居住过和停留过的城市索引》。在《马克思著作索引》中列出各类著作、文章共128部(篇),其中马克思独著126部(篇),马克思恩格斯合著2部(篇)。可以说,这是一部在当时比较权威的书目索引,在马克思著述书志学中也占有举足轻重的地位。整部《马克思生平事业年表》"就像阿多拉茨基在序言中写道的那样,这是在编写马克思科学生平事业中迈出的第一步,是'最初的尝试'"[④]。但是,由于当时

---

① В. Адоратский. Каркс Маркс: Даты жизнии Деятельности 1818-1883. М.: Партиздат,1934. 1982年,人民出版社曾出版了中译本,但其中有很大的改动。

② Литературное наследство К. Маркса и Ф. Энгельса: История публикации и изучения в СССР. М.: Политиздат,1969: 166-167.

③ 聂锦芳. 清理与超越:重读马克思文本的意旨、基础与方法. 北京:北京大学出版社,2005: 29.

④ Литературное наследство К. Маркса и Ф. Энгельса: История публикации и изучения в СССР. М.: Политиздат,1969: 167.

条件的限制,《马克思生平事业年表》也存在着一些不足和缺点,例如对事件、日期、数字等记载得不够准确,人名、地名、报刊名等有误差,以及还存在着一些明显的笔误。苏联学者认为它的不足之处还在于:在关于马克思与俄国革命者之间联系的内容上有错误;没有将恩格斯的活动详细列入;对一些事件的叙述过于简单,没能展开整个事件的图景①。

此外,阿多拉茨基曾在晚年撰写过《卡尔·马克思传》,这成为他对马克思恩格斯著作遗产和生平事业的大量细致工作的系统总结。

作为列宁忠实的追随者,在列宁逝世后的1924—1925年与1929—1934年这两段时期里,阿多拉茨基发表的文章和出版的著作主要围绕纪念列宁、分析阐释列宁的哲学著作和哲学思想而展开。比较重要的文章包括:《十八年间》(1924年)、《论列宁对哲学的研究(关于〈列宁文集〉第12卷)》(1930年)、《列宁著作的哲学意义》(1930年)、《马克思、恩格斯、列宁和黑格尔的辩证法》(1932年)、《列宁怎样研究马克思》(1934年)等。在这些文章中,阿多拉茨基令人信服地指出,列宁的著作标志着马克思主义哲学思想发展的新阶段。而《列宁全集》和《列宁文集》的编辑工作更是由阿多拉茨基来主持的。总之,阿多拉茨基是在列宁的直接启迪下开始自己编纂和研究马克思经典著作著述工作的,与梁赞诺夫相比,他稍显逊色,但他将对列宁的感情完全投入到了对马克思恩格斯列宁遗著的整理、编辑、出版和研究中,最终实现了列宁对他的期望和嘱托。

三、苏联时期马克思恩格斯文献搜集概况

系统的马克思恩格斯文献编纂工作,必须建立在对马克思恩格斯文献遗产全面掌握的基础之上,这既包括马克思恩格斯在世时发表的所有著作和文章,也包括他们的手稿、笔记、通信等。列宁在1921年2月初写给梁赞诺夫的两张著名的便条为马克思恩格斯研究院全力以赴地搜集马克思恩格斯的文献遗产指明了方向和目标。同时,由于马克思恩格

---

① Е. Степанова. О книге «Каркс Маркс: Даты жизнии Деятельности 1818—1883». Историк-марксист, 1935 (6).

第一章　苏联时期马克思恩格斯著作编纂机构与文献搜集概况

斯渊博而精深的学识，以及马克思恩格斯著作中涉及的宏大历史背景，进一步搜集与之相关的哲学、政治经济学、社会主义史、工人运动史等方面的文献资料也成为这项工作的重点内容之一。

1. 梁赞诺夫领导的搜集工作

如前所述，搜集马克思恩格斯文献遗产，以及与之密切相关的德国古典哲学、社会主义史、工人运动等文献资料的工作，早在马克思恩格斯研究院还没有成为独立的科研机构的时候就已经开始了。1921年年初，收到列宁的两张便条后，梁赞诺夫欣喜若狂，立即着手准备去德国搜集文献。1921年6月14日，俄共（布）中央组织局批准梁赞诺夫去德国寻找、购买马克思恩格斯的手稿以及与他们相关的所有文献和文字材料。为此，还专门下拨给他50 000金卢布，并告诉他必要时可向俄共（布）中央申请追加经费。但是，此时收藏马克思恩格斯文献手稿的德国社会民主党档案库掌握在了已经分裂并蜕变为修正主义的德国社会民主党的手里，因此，以梁赞诺夫为代表的马克思恩格斯研究院与他们的谈判不得不拖延下来。尽管如此，梁赞诺夫还是不遗余力地在欧洲各处搜寻和购买马克思恩格斯研究院图书馆必需的藏品。他始终认为，"人文科学的研究院首先应当是一个图书馆，而自然科学的研究院则首先应当是试验室"①。很快，他给列宁写信说：

> 我已从维也纳电告，我能够买下绿山城图书馆和毛特内尔图书馆。前者是社会主义史文献的最丰富的收藏地。除杂志外，还藏有几乎全部石印文献、许多珍本书和极好的全套空想主义作品。
>
> 关于后一图书馆，我没有什么要告诉您的。您对它很熟悉。这是世界上唯一的孤本书收藏地。它对研究马克思主义来说是无可替代的。除各种书籍外，还藏有大批版画和肖像、各革命时期的钱币和大量手稿。
>
> ……
>
> 如果我们买下这两个图书馆，那我们在莫斯科就会拥有世界上最好的社会主义文献图书馆了……②

---

① В. А. Смирнова. Первый директор института К. Маркса и Ф. Энгельса Д. Б. Рязанов. Вопросы истории КПСС，1989（9）.

② 列宁全集：第51卷. 2版增订版. 北京：人民出版社，2017：360.

梁赞诺夫还在信中申请追加经费：

　　当在组织局的会议上讨论该给我多少经费进行购买活动时，我说，我没有放弃得到这两座图书馆的希望。因此，组织局作出决议，在这件事情上将提高经费金额。因此，我请求按照这一决议，把经费增加到125 000金卢布。①

就梁赞诺夫的请求，列宁在梁赞诺夫的信上做出批复："决定增拨75 000。"② 1921年9月23日，俄共（布）中央政治局就梁赞诺夫的这封信做出如下决定："将购买绿山城图书馆和毛特内尔图书馆所需的款项75 000金卢布汇给斯托莫尼亚科夫，责成他节约使用这笔经费，并亲自负责把相应的数额直接汇给这两家图书馆馆主本人。"③ 正是在俄共（布）中央的大力支持下，梁赞诺夫顺利地收购了这两座重要的图书馆。除此之外，梁赞诺夫还在六年中先后收购了多家国外图书馆④。在这一时期，莫斯科流传着一个说法：梁赞诺夫收购的图书要用英国的舰队来运送⑤。

1923年夏天，梁赞诺夫再一次来到柏林。经过多方游说，德国社会民主党执委会原则上同意他使用社会民主党档案馆中的马恩文献遗

---

① 赵玉兰. 从MEGA¹到MEGA²的历程：《马克思恩格斯全集》历史考证版的诞生与发展. 北京：中国社会科学出版社，2013：47.

② 列宁全集：第51卷. 2版增订版. 北京：人民出版社，2017：360.

③ 同②631.

④ 首先，梁赞诺夫接管了人民教育委员部的俄国民主派弗·伊·塔涅也夫的有关社会主义史的宝贵藏书。此外，他还从国外收购了一些名人的藏书。1920年收购了卡尔·格律恩贝格的一万册藏书，其中数量特别大的是经济史和农业史著作、17世纪和18世纪空想主义的著作以及当时已极为少见的社会主义小册子和报刊。1921年他又向著名哲学家威廉·温德尔班德收购了费希特的藏书，这些书成了哲学研究室的主要参考书。两年以后，他收购了1920年在维也纳去世的俄国流亡者克利雅钦科的藏书，以及大量19世纪70—80年代的俄国革命报刊。1925年，又收购了英国历史学家和著名的施蒂纳研究者约翰·亨利·麦凯经过30多年精心搜集得来的藏书。1926年向法国大革命史编纂学家沙尔·维莱收购了他所珍藏的罗伯斯庇尔和圣茹斯特的著作。最后，在1927年，马克思恩格斯研究院在维也纳收购了著名的"赫尔费特藏书"，这是约瑟夫·亚历山大·冯·赫尔费特男爵在60多年时间里搜集的有关奥地利和匈牙利1848—1849年革命史的材料，其中有5 000册书，10 000张传单和330册合订本报纸。梁赞诺夫甚至通过著名的马克思主义经济学家河上肇的关系，把网撒到了日本。蒋仁祥. 达·梁赞诺夫和《马克思恩格斯全集》历史考证版第1版. 马克思恩格斯研究，1995（20）.

⑤ В. А. Смирнова. Первый директор института К. Маркса и Ф. Энгельса Д. Б. Рязанов. Вопросы истории КПСС，1989（9）.

第一章　苏联时期马克思恩格斯著作编纂机构与文献搜集概况

产。秋天的时候，他从德国运回一批 7 000 页马克思未发表手稿的照相复制件，其中包括对研究马克思经济学理论十分重要的《1857—1858年经济学手稿》和《1861—1863 年经济学手稿》[①]。

1924 年 11 月，梁赞诺夫又一次来到柏林，经过同德国社会民主党的长期谈判，与马克思恩格斯遗著保管人爱德华·伯恩施坦，德国社会民主党执委会代表、时任社会民主党档案馆馆长的阿道夫·布劳恩和鲁道夫·希法亭达成协议，马克思恩格斯研究院以影印的形式获得马克思恩格斯的全部遗著。12 月 19 日，伯恩施坦签署了一份致法兰克福马克思恩格斯文献出版公司[②]的"声明"，同意以 4 200 马克的价格将他对马克思恩格斯著作和书信的著作权和出版权转让给该公司，并且放弃在将来出版这些著作的其他活动。他还答应把他手中的所有马克思恩格斯的文献"立即"交给德国社会民主党档案库[③]。

从这时开始，梁赞诺夫聘请了三个德国社会民主党人在社会研究所的一个专门机构工作，他们的任务就是将马克思恩格斯手稿的每一页进行拍照、显影和复印。由于梁赞诺夫很早就接触、整理过在德国社会民主党档案库中保存的马恩遗著，所以他非常清楚在哪里能寻找到他所需要的文献。例如，他在伯恩施坦的书架上找到了《德意志意识形态》的手稿。这份手稿此前据说已经遗失，连伯恩施坦本人都不知道居然就在

[①]　Литературное наследство К. Маркса и Ф. Энгельса：История публикации и изучения в СССР: М.：Политиздат，1969：137.

[②]　1923 年，根据法兰克福名誉博士海尔曼·魏尔和他的儿子费利克斯·魏尔提出的倡议和提供的经济保证，在美因河畔的法兰克福大学成立了社会研究所，该研究所后来因霍克海默尔、弗洛姆、阿多尔诺、马尔库塞以及哈贝马斯等著名学者而闻名于世。社会研究所的首任所长是维也纳政治学家、社会史学家卡尔·格律恩贝格教授，梁赞诺夫是他的学生与亲密朋友，1923 年他们就达成协议，在筹备出版《马克思恩格斯全集》历史考证版方面密切合作。1924 年 8 月 20 日，莫斯科马克思恩格斯研究院同法兰克福大学社会研究所正式签订合作协议，并共同筹建了马克思恩格斯文献出版公司。该出版公司为非营利性单位，其主要作用是以西方出版公司的名义替莫斯科马克思恩格斯研究院购买马克思恩格斯的文献，并出版以后编辑成的《马克思恩格斯全集》以及配套研究刊物《社会主义和工人运动史文库》。这样做的原因还在于，德国社会民主党领导人拒绝将马克思著作遗产卖给莫斯科马克思恩格斯研究院。所以，梁赞诺夫选择德国美因河畔法兰克福大学社会研究所作为中间机构，促成购买马克思恩格斯书信的事宜。这两家研究机构的合作持续到 1928 年，直到该出版公司解散为止。（巴恩. 论《马克思恩格斯全集》历史考证第 1 版的历史. 马克思恩格斯研究，1993（12）.）

[③]　巴恩. 论《马克思恩格斯全集》历史考证第 1 版的历史. 马克思恩格斯研究，1993（12）.

自己的书架上！伯恩施坦还"保存"着马克思的《黑格尔法哲学批判》《数学手稿》等手稿，恩格斯的《自然辩证法》，恩格斯有关古代日耳曼人历史和印度史的著作，还有恩格斯致考茨基、伯恩施坦的书信，以及马克思恩格斯致其他人的书信[①]。伯恩施坦曾将这些珍贵的手稿交给了弗·阿德勒，在梁赞诺夫的敦促下，最终这些手稿被交还给了德国社会民主党档案库，这样马克思恩格斯研究院对这批手稿都进行了照相复制。此外，梁赞诺夫还在英国博物馆、纽约公共图书馆、普鲁士国家图书馆、科隆历史档案馆、耶拿大学档案馆、特里尔的弗里德里希·威廉文科中学等地对马克思恩格斯的书信及手稿进行拍照。之后倍倍尔、梅林、海尔维格及马克思的密友罗兰特·丹尼尔斯的书信的拷贝或原件也陆续被发现。截至1931年，马克思恩格斯研究院搜集到了15 000多件文献原件，掌握了175 000份有关国际共运史和社会主义思想史的文件复印件[②]。

1926年年底，德国社会民主党执委会及档案馆的领导人开始阻挠马克思恩格斯研究院对文献的照相复制工作。理由是党执委会打算自己来发表这些材料。但实际上，除了恩格斯给伯恩施坦的书信以外，他们什么都没有出版过[③]。1927年与1928年之交的冬天，由于共产国际开始奉行极左政策，加剧了对社会民主党的批判宣传，德国社会民主党执委会决定不再允许马克思恩格斯研究院对马克思恩格斯著作遗产进行照相复制。1929年，在联共（布）中央同德国社会民主党关系继续僵化的情况下，伯恩施坦发表声明，说他从未冒充过马克思恩格斯著作遗产的所有者，他只是这份遗产的保管人，遗产由党的执行委员会支配；同时在联共（布）中央对德国社会民主党抱敌视态度的情况下，他也怀疑自己是否还有必要对其代表抱有信任的态度。伯恩施坦的声明随即得到德国社会民主党负责有关方面工作的迪特曼的支持，迪特曼在1929年7月14日致伯恩施坦的信中讲道，伯恩施坦之所以于1924年交给马克思恩格斯文献出版公司有关声明，是因为他当时还没有看出法兰克福大

[①] Вестник Социалистической академии, 1923（6）：366-377.

[②] 蒋仁祥. 达·梁赞诺夫和《马克思恩格斯全集》历史考证版第1版. 马克思恩格斯研究，1995（20）.

[③] Литературное наследство К. Маркса и Ф. Энгельса：История публикации и изучения в СССР. М.：Политиздат，1969：140-141.

第一章 苏联时期马克思恩格斯著作编纂机构与文献搜集概况

学社会研究所同莫斯科马克思恩格斯研究院之间的密切联系。如今,由于莫斯科的影响,法兰克福大学社会研究所同德国社会民主党档案馆之间的合作不再有保障了。同时,他建议伯恩施坦取消以前向法兰克福大学社会研究所许下的诺言。几天后,伯恩施坦就发表声明,说自己于1924年同梁赞诺夫达成的口头协议只是一种意愿,而不是有效的合同。他还说自己以前曾误以为法兰克福大学社会研究所是中立的,现在他否认马克思恩格斯文献出版公司有权得到属于德国社会民主党的文献①。

1930年,德国社会民主党执委会宣布废除合同,禁止马克思恩格斯研究院照相复制和继续使用马克思恩格斯文献遗产。尽管如此,在废除合同时,马克思恩格斯研究院拥有的马克思恩格斯文献就已达到了4 316份,还有437份原件和近55 000页照相复制品②。其中包括马克思与恩格斯之间的往来书信1 500封;马克思恩格斯在写作时做的摘录和提要共200本,马克思的占174本;马克思的札记17本,在1844—1847年的札记中发现了《关于费尔巴哈的提纲》,等等③。

2. 马克思恩格斯研究院的馆藏

如前所述,马克思恩格斯研究院图书馆的藏书是按照研究室的系统分类的。在马克思恩格斯研究室收藏的丰富藏品中,《共产党宣言》和《资本论》的版本之齐全在世界范围内是独一无二的。在《共产党宣言》的版本中,有稀有的瑞典文版本(1848年),以及唯一的一份捷克文第一次译本(1893年)。1895年前俄文译本的《共产党宣言》有120多种版本,其中包括手抄本、复印本和印刷本。在第一、第二国际研究室中,第一国际的文件和报刊收藏得非常完整,马克思为第一国际撰写的两份纲领性文件——《成立宣言》和《临时章程》是藏书中的珍本,其中有伦敦的第一版,法文译本、俄文译本及其他语言的译本。同时还保存着马克思准备在1871年正式出版时使用的《临时章程》的所有印刷

---

① 巴恩. 论《马克思恩格斯全集》历史考证第1版的历史. 马克思恩格斯研究,1993(12).

② Хайнц Шмерн, Димер Вольф. Великое наследие: исторический репортаж о литературном наследии Карла Маркса и Фридриха Энгельса. М.:Издательство полической литературы,1976:88.

③ И. П. Верховцев, З. А. Левина, Г. Д. Обичкин. Идейный арсенал коммунистов. М.:Политиздат,1979:23-24.

本。而其他的研究室，如德国研究室、法国研究室、英国研究室、社会主义史研究室、哲学研究室、政治经济学研究室等的文献也都极为丰富和珍贵①。

从1921年到1930年，仅仅过了九年，马克思恩格斯研究院图书馆就成为欧洲国家工人社会运动史类书籍总数据世界第一位的图书馆②。到1930年，马克思恩格斯研究院的馆藏图书已达45万册，其中包括马克思和恩格斯曾经撰写过评论的极为珍贵的报纸的合订本。1931年，马克思恩格斯研究院与列宁研究院整合之后，两所研究院的图书馆也合并为一个图书馆，成为联共（布）的中央书库，也是苏联时期最大的科学图书馆之一。它所收藏的马克思列宁主义的理论书籍、历史书籍，以及苏联共产党史、国际工人运动史和共产主义运动史方面的书籍是世界上最丰富的。1990年年初，该图书馆改建并更名为"国家社会政治图书馆"（Государственной общественно-политической библиотеки（ГОПБ））。

与图书馆同时创建的还有档案馆。最初的档案馆只是作为附属于马克思恩格斯研究院的一个拥有一些零散文献的研究室，其中与马克思恩格斯同时代人的相关文献竟比马克思恩格斯的文献还要多些。但从1923年秋天开始，梁赞诺夫从德国运回第一批马克思未发表手稿的照相复制件后，档案馆的地位逐渐上升。1925年春，档案馆被改建为马克思恩格斯研究院的独立部门③，主要收藏马克思恩格斯的文献遗产和共产国际的文献。当时档案馆主要分为五个部门：马克思和恩格斯部，第一国际史和第二国际史部，日耳曼语系国家社会主义和工人运动史部，拉丁语系国家社会主义和工人运动史部，以及斯拉夫语系国家社会主义和工人运动史部。据20世纪30年代初的统计，这五部分文献总共包括15 000多份原件和175 000份复印件。其中有关马克思恩格斯的手稿和书信的文献共计4 316份：近55 000页照片复印品和437件原件④。

---

① И. П. Верховцев, З. А. Левина, Г. Д. Обичкин. Идейный арсенал коммунистов. М.：Политиздат，1979：181-184.

② Е. Кандель составил. О публикации литературного наследства К. Маркса и Ф. Энгельса. М.：Государственное издательство политической литературы，1947：25.

③ 同②25-26.

④ Институт К. Маркса и Ф. Энгельса при ЦИК СССР. М.：1930：43；Г. А. Тихомирнов，Единый партийный арзив. Литературное наследство，1932（3）.

第一章　苏联时期马克思恩格斯著作编纂机构与文献搜集概况

此外，从1923年秋起，研究和出版马克思恩格斯文献遗产的前期准备工作，即辨认马克思手稿的工作就已经开始了。1925—1927年，在档案馆里成立了专门的辨认小组，这个小组后来也就是MEGA¹小组。

3. 1931年后马恩列研究院搜集及馆藏情况

1931年，马克思恩格斯研究院与列宁研究院合并后，它们的档案馆也合并为一个，称为马克思恩格斯列宁研究院中央党务档案馆（Центральный парийный архив ИМЛ при ЦК КПСС）①。这个档案馆不仅为马恩列研究院的科学研究和出版工作提供原始文件，还对苏联共产党的档案进行整理，对全国各党务档案馆的活动进行业务指导。因此，在中央党务档案馆内设立了马克思恩格斯文献组、列宁文献组、党史文献组、共产国际运动文献组、科学共产主义奠基者电影摄影录音文献组、清点采集组、问询组以及文献修复保存实验室和文献复制实验室等。可以看出，中央党务档案馆实际上已经成为独立的大型科研机构。

20世纪30年代以后，世界局势特别是欧洲的政治局势风云突变。德国纳粹上台，以及后来的第二次世界大战的爆发，使得继续有系统地搜集马克思主义创始人在国外的文献遗产变得十分困难。尽管如此，马恩列研究院始终如一地执行着列宁提出的把"伟大的遗产"全部搜集起来的任务，搜集工作并未停止。在第二次世界大战前，中央党务档案馆已收藏了5 640份马克思恩格斯的文献。此外，为了保护文献遗产，在1941—1944年间，中央党务档案馆一度被疏散到乌法市，第二次世界大战后，才被重新安置回多尔戈鲁基宫。

第二次世界大战结束后，为筹备编辑《马克思恩格斯全集》俄文2版和MEGA²，马恩列研究院恢复了搜集马克思恩格斯文献遗产的工作。这一时期，马恩列研究院获得马克思恩格斯文献遗产的途径更为多样化。第一，许多国家的共产党及工人党为研究院搜集遗著的工作提供了巨大的帮助。例如，法国共产党、德国统一社会党、匈牙利社会主义工人党、比利时共产党等先后送来了珍贵的文献原件和私人藏书。第

---

① 苏联解体后，1991—1999年，该机构更名为"俄罗斯现代史文献收藏和研究中心"（Российский центр хранения и изучения документов новейшей истории（РЦХИДНИ））；从1999年起，再次更名为"俄罗斯社会政治史国家档案馆"（Российский государственный архив социально-политической истории（РГАСПИ））。

二，马克思恩格斯的亲属为研究院提供了许多新的文献。例如，恩格斯的侄孙小艾米尔·恩格斯把恩格斯给弗·格雷培和威廉·格雷培兄弟的信转交给了研究院；1960年，马克思的曾外孙沙尔·马赛尔·龙格在访问苏联时送来了大量的手稿。第三，某些国家的社会活动家、马克思主义研究者自愿将私人收藏的文献送给研究院。例如，1958年，奥地利总理尤利乌斯·拉布访问苏联时带来了收藏在奥地利国家档案馆里的马克思于1851年12月2日写给埃布讷的信。第四，与各个存有马克思恩格斯文献资料的机构进行联系并交换文献资料。例如，与阿姆斯特丹社会历史研究所交换某些研究院所没有的文献。第五，在苏联的档案中发现文献材料。例如，在列宁格勒普列汉诺夫纪念馆中找到了1889—1895年恩格斯写给普列汉诺夫、查苏利奇、斯捷普尼亚克-克拉夫钦斯基的信件，以及爱琳娜·马克思-艾威林的信件，等等[①]。到1971年年底，在馆藏的第一号资料中，有超过7 000份马克思恩格斯的文献，6 330封马克思恩格斯的书信；到1979年年底，中央党务档案馆收藏的马克思恩格斯文献共计有7 750个卷宗，将近1/3是原件[②]。到了1981年，保存在档案馆中的马克思恩格斯文献遗产就有8 000多份，有超过6 500封的马克思恩格斯的书信是这批珍藏中的重要资料[③]。

[①][②] И. П. Верховцев, З. А. Левина, Г. Д. Обичкин. Идейный арсенал коммунистов. М.：Политиздат，1979：24-33.

[③] Литературное наследство К. Маркса и Ф. Энгельса: История публикации и изучения в СССР. М.：Политиздат，1969：160；Ю. Н. Амиантов, М. С. Веселина, И. Б. Русанова. Пополнение фондов Центрального партийного архива ИМЛ при КПСС（1968—1971гг.）. Вопросы истории КПСС，1972（7）；Идейно-теоретический арсенал коммнистов. коммунист，1981（1）.

第二章 《马克思恩格斯全集》俄文版编纂研究

《马克思恩格斯全集》俄文版的编辑与出版是苏联时期马克思恩格斯著作编纂工作的重要内容。《马克思恩格斯全集》俄文版的两个版本皆与当时苏联社会的历史条件有关，不同版本规划与结构的差异反映了苏联马克思主义学家不断超越自身此前工作的努力，也体现了《马克思恩格斯全集》俄文版作为苏联国家事业的历史价值。关于对这两个版本的规划与实施情况、版本的历史意义和局限的研究对于我国的马克思主义经典著作编译工作具有重要启示。尽管《马克思恩格斯全集》俄文2版在翻译和编排上存在一些不足，但该版本对其他国家《马克思恩格斯全集》的编纂具有重要参考价值。在我国，《马克思恩格斯全集》中文1版正是以俄文2版为母本编译的。

一、《马克思恩格斯全集》俄文1版的编辑与出版

1. 世界首部《马克思恩格斯全集》问世史前考

马克思恩格斯在世时，编辑和出版他们的著作集的计划已经被提上日程。最早可以追溯到19世纪50年代初，共产主义者同盟中央委员会成员海尔曼·贝克尔建议马克思以文集的形式出版马克思于19世纪40

年代撰写的一些著述，对此马克思欣然接受。当时计划出版《马克思文集》共两卷10分册。1851年4月底，刊有《评普鲁士最近的书报检查令》等文章的第1卷第1分册印刷装订完成。5月3日，马克思就得到了样书，他在给恩格斯的信中说："我写的玩意儿的一个分册已寄来"①。但不久之后，贝克尔不幸被捕，出版文集的计划就此流产。

马克思逝世后，结集出版马克思著作成为大家一致的期望。1883年3月底，普列汉诺夫和查苏利奇在为召开哥本哈根德国社会民主党代表大会而写的贺信中建议，为出版马克思全集通俗版筹集资金；1884年4月27日，鲁道夫·迈耶尔建议恩格斯出版马克思全集；1885年5月，苏黎世的社会民主党出版社领导人海·施留特尔编辑《社会民主党丛书》时，计划出版一卷《马克思短篇著作和文章集》，并请求恩格斯的同意和帮助；1891—1892年，保·辛格尔和理·费舍计划由社会民主党在柏林的出版社出版马克思短篇著作集，此事也曾向恩格斯咨询过；1892年8月25日和9月22日，维·阿德勒在致恩格斯的信中表达了出版马克思全集的愿望；1894年1月27日，《前进报》出版社负责人理·费舍建议恩格斯成体系地分册出版马克思和恩格斯著作集②。

此时的恩格斯虽然正在呕心沥血地整理编辑马克思的《资本论》，但他始终将出版马克思全集的工作视为己任。他认为，其他人最好以单行本的形式出版马克思的各个短篇著作。"我乐于同意把马克思的一些个别的、现在不加任何附注和解释就可以看懂的作品以小册子的形式出版，而且只同意这些作品**不加任何附注和解释简单地重新发表**。……如果你们不老是缠住我不放，给我留点时间完成第三卷，我自己是能够在这方面作一些正经事的。"③"我**曾经允许**党以单行本出版马克思一些篇幅不大的著作，不加注释和导言。超过这个限度，我就不能同意了。出版全集是**我今后的义务**，我不能允许事先这样一部分一部分地从我手里把它夺走。"④待到恩格斯结束《资本论》第3卷的整理工作，开始着

---

① 马克思恩格斯全集：第27卷. 北京：人民出版社，1972：261.
② 罗燕明.《马克思恩格斯全集》历史考证版编辑史与编辑学研究. 北京：中央编译出版社，2002：3.
③ 马克思恩格斯全集：第37卷. 北京：人民出版社，1971：519-520.
④ 马克思恩格斯全集：第38卷. 北京：人民出版社，1972：120.

第二章 《马克思恩格斯全集》俄文版编纂研究

手筹备马克思全集时，已经没有多少时间了。1895年4月15日，恩格斯在给理查·费舍的信中写道："我有一个计划——把马克思和我的小文章以**全集**形式重新献给读者，并且**不是**陆续分册出版，而是一下子出齐若干卷。"① 但是，他还没来得及实现这个设想就赍志辞世了。

恩格斯去世后，根据他的遗嘱②，马克思恩格斯的著作遗产交给了爱琳娜·马克思-艾威林、考茨基、伯恩施坦等人。当时对遗产的整理工作做了分工：考茨基负责编辑有关剩余价值理论的手稿；伯恩施坦和倍倍尔负责编辑马克思恩格斯的书信；梅林负责出版马克思恩格斯著作集③。1902年，由迪茨出版社出版了梅林编辑的四卷集《卡·马克思、弗·恩格斯和斐·拉萨尔的著作遗产》；1905—1910年，考茨基编辑出版了三册本的《剩余价值理论》；1913年，伯恩施坦与倍倍尔出版了四卷本的《马克思恩格斯通信集（1844—1983）》。但是，由于马克思恩格斯的许多文章散落四处，甚至不为人所知，因此，他们对遗著的整理并不全面。再加上一些人为的因素，他们出版的马克思恩格斯的著作和书信都有不同程度的隐匿和删改，因此缺乏长久的学术价值。

---

① 马克思恩格斯全集：第39卷. 北京：人民出版社，1974：446.
② 1893年7月29日，恩格斯立下遗嘱："在我去世之前我所有或由我处理的我的亡友卡尔·马克思所写的全部著作手稿和他写的或写给他的全部私人信件，由我的遗嘱执行人移交爱琳娜·马克思-艾威林……我去世以前归我所有或由我支配的全部书籍以及我的全部著作权，我遗赠给上述奥古斯特·倍倍尔和保尔·辛格尔。我去世以前我所有或由我支配的全部手稿（上面指出的卡尔·马克思的著作手稿除外）和全部信件（卡尔·马克思的上述私人信件除外），我遗赠给上述奥古斯特·倍倍尔和爱德华·伯恩施坦。"（马克思恩格斯全集：第39卷. 北京：人民出版社，1974：484.）1895年7月26日，恩格斯又专门就书信对遗嘱做了补充："我现在嘱咐，我生前归我所有或由我处理的前述卡尔·马克思所写的或写给他的全部信件（我给他的和他给我的信件除外），由我的遗嘱执行人交给上述的爱琳娜·马克思-艾威林，她是前述卡尔·马克思的法定的私人代表；此外我嘱咐，我生前归我所有的我在巴门或恩格耳斯基尔亨的亲戚们，派尔希·怀·罗舍或其妻艾伦，保尔·拉法格或其妻劳拉，爱德华·艾威林博士或其妻爱琳娜·马克思，路德维希·弗赖贝格尔博士或其妻路易莎以及苏黎世的博伊斯特一家写来的全部信件，由我的遗嘱执行人交还各有关写信人。根据这一点……我现在遗嘱把全部信件（按本补充的安排应交给上述爱琳娜·马克思-艾威林的信件以及我在本补充中另作处理的信件除外）交给上述奥古斯特·倍倍尔和爱德华·伯恩施坦。"（马克思恩格斯全集：第39卷. 北京：人民出版社，1974：488—489.）
③ 恩格斯曾着手出版马克思和他本人在《莱茵报》上发表的文章，在编辑过程中，梅林给予了他多方面的帮助，所以在恩格斯逝世后，社会民主党就将出版马克思恩格斯著作集的任务委托给了梅林。（罗燕明. 《马克思恩格斯全集》历史考证版编辑史与编辑学研究. 北京：中央编译出版社，2002：4.）

特别需要指出的是，1910年12月30日，鲁道夫·希法亭、麦克斯·阿德勒、奥托·鲍威尔、阿道夫·布劳恩、梁赞诺夫和卡尔·伦纳在维也纳举行了一次"马克思主义者会议"。会议的目的是讨论阿道夫·布劳恩提出的计划，即"为开始重新出版马克思的著作，要么采取世界性的行动，要么至少要让德国的马克思主义者采取行动"。因为随着1913年马克思逝世30周年的临近，马克思著作的版权保护即将失效。到那时，任何人都可能为了自己的目的出版这一巨大的思想宝库。"马克思主义者会议"的结果是，由梁赞诺夫执笔起草了一份出版马克思著作的"维也纳出版计划"。1911年1月1日，他们向德国社会民主党执行委员会提交了"维也纳出版计划"，并建议成立一个由倍倍尔、库诺夫、狄茨、希法亭、考茨基、梅林和梁赞诺夫等人组成的委员会。委员会的任务有两个：一是筹备编辑和出版一部《马克思全集》，这部全集应当符合各项学术性要求，包括收文尽量完整、经过系统编辑、对马克思著作的各份手稿和刊印稿进行比较、附有内容丰富的序言和索引；二是发表一部马克思传记，并尽可能将这部传记收入全集。"维也纳出版计划"还建议，根据恩格斯当初的想法，将马克思和恩格斯的著作合在一起编辑出版，因为他们两人在个人情感、思想历程、社会主义运动等方面都有着紧密的联系。倡议者们主张，这个计划必须迅速筹划。令人遗憾的是，由于缺乏必要的人力和财力，这一计划未能引起德国社会民主党执行委员会的重视①。

必须说明的是，由于马克思恩格斯著作及其未发表的手稿数量极其庞大，出版《马克思恩格斯全集》绝不是一个人或几个人能够完成的事情，必须有强有力的组织做支撑，有人数众多的、训练有素的专业团队长期坚持不懈地投入其中。俄国十月社会主义革命的胜利让这一宏大的工程成为现实。

2. 编纂出版《马克思恩格斯全集》俄文1版的艰辛历程

十月革命胜利后，列宁终于有条件完成其始终强调的国际主义任务，即采取一切措施科学地普及国内外已经发表的马克思恩格斯著作，并将他们尚未发表的遗著发掘出来。只有完成这项工作，才能更好地研

---

① 巴恩. 论《马克思恩格斯全集》历史考证第1版的历史. 马克思恩格斯研究，1993 (12).

第二章 《马克思恩格斯全集》俄文版编纂研究

究和宣传马克思主义理论。在苏维埃俄国,启动编辑出版首部《马克思恩格斯全集》的工作共有过三次。

第一次启动是在1918年,俄共(布)中央委员会决定成立筹备翻译马克思恩格斯著作的委员会。委员会的主席是伊万·伊万诺维奇·斯克沃尔佐夫-斯捷潘诺夫(Иван Иванович Скворцов-Степанов),他是俄国最优秀的马克思著作翻译家之一①。同年,为纪念马克思一百周年诞辰,俄共(布)中央委员会拟定由共产党人出版社出版《马克思恩格斯全集》的计划,并成立了由列宁领导的编委会,其成员包括:斯捷潘诺夫、А. 卢那察尔斯基、В. 沃洛夫斯基、Н. 鲁金、М. 波克罗夫斯基、Ю. 斯捷克洛夫等。1918年首先出版了《马克思恩格斯全集》第5卷(《资本论》第2卷)②。

当时《马克思恩格斯全集》的出版计划为:《马克思恩格斯全集》应包括28卷,每卷25~30个印张。第1卷整个拨给弗·梅林写的《马克思传》;第2卷计划收录《哲学的贫困》《政治经济学批判》;第3卷准备收录马克思恩格斯在1848年革命和巴黎公社经验基础上所写的重要历史著作;第4~7卷收录《资本论》及相关论著;第8卷收录恩格斯的《德国农民战争》和《英国工人阶级状况》;第9卷收录《反杜林论》和《家庭、私有制和国家的起源》。其余卷次的方案还没有公布。在当时复杂的经济政治环境下,由于无法准确排列马克思恩格斯文献的年代次序,因此,选择文章的最重要的原则是:"在伟大的社会变革时期,宣传科学共产主义、无产阶级政党的方案和策略、马克思恩格斯重要著作的研究和发表的任务被提到首位,而马克思主义形成及其思想起源问题要被推至第二位。"③

但是,这次出版仅持续了四年,即1918到1922年,共出版了四卷,即第3、4、5、6卷(出版时间分别为1921年、1920年、1918年和1922年)。编辑《马克思恩格斯全集》的工作第一次启动后没有完成

---

① 在十月革命前,斯捷潘诺夫和巴扎罗夫曾经将《资本论》第1卷从德文翻译成俄文。
② Хайнц Шмерн, Димер Вольф. Великое наследие: исторический репортаж о литературном наследии Карла Маркса и Фридриха Энгельса. М.:Издательство полической литературы, 1976:76-78.
③ Литературное наследство К. Маркса и Ф. Энгельса: История публикации и изучения в СССР. М.:Политиздат, 1969:92.

就被迫停止了，主要原因在于：第一，缺乏专业团队。虽然在编委会中不乏著名的马克思著作翻译家，但是在苏维埃政权刚刚成立的时期，他们中大多数都被委派了其他重要的工作，而实际进行这项工作的只有斯捷潘诺夫一人。第二，缺少编纂的科学基础。例如，在已出版的四卷中，编者重印了革命前翻译的著作（《资本论》三卷本）；当编辑其他各卷的时候，出现了很多著作几乎找不到令人满意的译本的情况，这使得在着手出版各卷之前，必须做庞大的准备工作来弄清著作的文本并将其译成俄文。但在当时的条件下，这项工作是不可能展开的。由于缺乏上述两项重要条件，也就没有科学而严格的编辑方式，因此，马克思主义创始人全集的出版工作不得不搁浅。尽管如此，《马克思恩格斯全集》编纂出版工作的第一次尝试还是为年轻的无产阶级社会主义国家宣传科学共产主义思想起到了积极的作用。

1922年，随着马克思恩格斯研究院独立科研活动的展开，社会各界希望研究院尽快着手出版《马克思恩格斯全集》的要求经常出现在党政刊物中。例如，《在马克思主义旗帜下》杂志①上曾刊登过一条简讯："应当规定确定的期限将科学社会主义创始人的著作系统化，并将它们翻译成俄语，同时提供名目索引，有规模地出版。"② 类似的要求在红色教授学院学员部致国家出版社的公开信中也提出过。

第二次启动《马克思恩格斯全集》的工作是在1922—1923年，由马克思恩格斯研究院第一次开始筹备出版32卷本俄文版全集。但是，1923年夏秋梁赞诺夫在德国社会民主党的档案馆里发现了包括《德意志意识形态》《黑格尔法哲学批判》等在内的许多新的马克思恩格斯文献，它们的发现使得研究院必须在完全掌握这些文献内容的基础上再着手准备《马克思恩格斯全集》的出版工作。在1923—1924年出版了四卷《马克思恩格斯全集》之后，研究院不得不暂时延迟了出版工作③。

---

① 《在马克思主义旗帜下》是苏维埃俄国的哲学学科月刊，创刊于1922年。1922—1923年，该杂志主要发表新发现的马克思主义创始人文献以及一些研究马克思主义基本理论一般问题的重要文章。后来，由于苏联的哲学工作受到行政方面的压力，1944年杂志停刊。1944—1947年间，全苏联无一本哲学杂志，哲学家的注意力主要集中在给斯大林的著作做注释上。1947年该杂志更名为《哲学问题》继续刊出，直至今日。

② Под знаменем марксизма, 1922 (3)：117.

③ Е. Кандель составил. О публикации литературного наследства К. Маркса и Ф. Энгельса. М.：Государственное издательство политической литературы，1947：27.

第二章 《马克思恩格斯全集》俄文版编纂研究

对此,梁赞诺夫解释说:"当我在1922年着手出版俄文版《马克思恩格斯全集》的时候,确实,我完全有充分的准备,也已经有了极多的搜集来的资料和多年工作的成果。但是,不知是幸还是不幸,恰恰在我已经出版了第1卷和第2卷,并筹备后两卷的时候,我碰上了新的宝藏。我能怎么办呢?"①

已出版的四卷《马克思恩格斯全集》包括第1、2、10、11卷。在这几卷中刊印的马克思恩格斯著作大多数是第一次以俄文出现的。第1卷收录了马克思1837—1844年间,即他与恩格斯共同活动以前所写的论文和书信;第2卷收录了1839—1844年间恩格斯所写的论文和通讯;第10卷和第11卷包括1852—1855年马克思恩格斯发表在《纽约每日论坛报》和其他出版物上的论文和通讯。在上述各卷中,关于克里木战争的论文占了相当大的篇幅②。

1924年5月,在苏联最沉痛的时刻——列宁逝世之际,俄共(布)中央召开了第十三次代表大会。在这次会议上,有一系列亟待解决的严峻而复杂的问题等待着代表们商讨。其中,如何处理马克思恩格斯文献遗产的问题仍是俄共(布)代表们关注的重点。根据梁赞诺夫关于发现马克思恩格斯遗著新材料的报告,第十三次代表大会通过了出版《马克思恩格斯全集》的一项决议:"代表大会委托中央委员会同共产国际执行委员会协商,采取一切办法来尽快地出版俄文版和其他文字版的马克思恩格斯全集。"③ 7月11日,苏联中央执行委员会及其执行机关人民委员会(CHK)赋予马克思恩格斯研究院特殊的权力,即搜集、保存和出版马克思恩格斯的文献遗产的权力,并且"认定莫斯科马克思恩格斯研究院是苏联境内唯一的、与马克思恩格斯活动及其著作出版有直接关系的全部原始资料的国家保存者,研究院有权从苏联联盟国的所有国家机构中收缴上述原始资料"④。俄共(布)第十三次代表大会委托研究院尽快出版完整的《马克思恩格斯全集》。7月12日,俄共(布)中

---

① Д. Рязанов. Деятельность института К. Маркса и Ф. Энгельса и его ближайшие задачи//Летописи марксизма V. М.-Л.: Государственное издательство, 1928:11.
② Л. А. Левин. Библиография произведении К. Маркса и Ф. Энгельса. М.: Государственное издательство, 1948:170.
③ 中共中央马克思恩格斯列宁斯大林著作编译局. 苏联共产党代表大会、代表会议和中央全会决议汇编:第二分册. 北京:人民出版社,1964:501.
④ 同①30.

45

央委员会决定,在马克思恩格斯研究院内设立一个由俄共(布)中央委员会、苏联中央执行委员会和共产国际执行委员会三方代表所组成的委员会来领导《马克思恩格斯全集》的出版工作①。同年夏天,共产国际召开第五次代表大会,大会赞同俄共(布)第十三次代表大会的决议并紧急呼吁第三国际所属各党,向莫斯科马克思恩格斯研究院提供一切援助。决议指出:"只有在所有共产主义兄弟党的积极合作下,才将可能完成这项重要的任务,即出版一部马克思恩格斯著作和书信的完整版本,并为编辑马克思恩格斯的科学活动准备一切与他们相关的19世纪社会主义史和工人运动史的必要资料。""完整的历史批判性版本才能成为科学共产主义活动创始人工作和活动的宝贵纪念物,才能成为全面研究革命的马克思主义的历史、理论和实践的基础"②。同时,共产国际执行委员会委派克拉拉·蔡特金(Клара Цеткин)和贝拉·库恩(Бела Кун)作为自己的代表,参加《马克思恩格斯全集》出版工作的委员会③。

可是,在决议下发后的很长一段时间里,由梁赞诺夫领导的马克思恩格斯研究院迟迟未能启动《马克思恩格斯全集》的出版工作。许多人开始指责,甚至渲染说研究院想霸占这些资料,将它们隐匿起来。但实际上并不是这样的,对此梁赞诺夫辩解说:"这项工作十分困难,但我们不会放弃。如果说辨别恩格斯的手稿相对容易些,尽管由于恩格斯喜欢采用他独特的速记方式,但这些手稿也是相当难以辨认的,那么,就像恩格斯的经验证明的那样,辨识马克思的手稿通常存在着更多无法克服的困难。"④ 在艰难的字迹辨识的过程中,梁赞诺

---

① 从1921年11月9日列宁致梁赞诺夫的信中可见,梁赞诺夫建议成立一个专门的委员会,研究有关马克思恩格斯研究院的工作和共产国际出版工作的一些问题。列宁将这个建议转交给政治局进行商议,最后在俄共(布)第十三次代表大会上通过。(列宁全集:第52卷. 2版增订版. 北京:人民出版社,2017:19; И. П. Верховцев, З. А. Левина, Г. Д. Обичкин. Идейный арсенал коммунистов. М.:Политиздат, 1979:9.)

② Пятый всемирный конгресс Коммунистического Интернационала. 17 июня-8 июля 1924г. Стенографический отчет, ч. Ⅱ, (приложения), М. -Л., 1925:180.

③ Хайнц Шмерн, Димер Вольф, Великое наследие: исторический репортаж о литературном наследии Карла Маркса и Фридриха Энгельса. М.:Издательство полической литературы, 1976:89-90.

④ Д. Рязанов. Деятельность института К. Маркса и Ф. Энгельса и его ближайшие задачи//Летописи марксизма Ⅴ, М. -Л.:Государственное издательство, 1928:11.

第二章 《马克思恩格斯全集》俄文版编纂研究

夫意识到,对这些资料进行烦琐的整理和识别,仅仅是为了将它们翻译成俄文,这显然是不合适的。因此,他修改了出版计划和编辑方针,决定在筹备出版《马克思恩格斯全集》历史考证版(MEGA[1])的同时,也编辑出版《马克思恩格斯全集》俄文版。出版工作延缓的另一个原因是,1926年夏,研究院已经做好了文字上的准备,但是,出现了技术性的问题——缺少优质的纸张和铅排字。因此,出版计划不得不改变。1927年,研究院开始出版《马克思恩格斯全集》历史考证版(MEGA[1])。为了不将《马克思恩格斯全集》俄文版的出版时间拖延得太久,研究院将俄文版的篇幅做了一些压缩:它只收录已经完成的或发表过的手稿、十分重要的未完成的著作以及重要的书信,未发表过的草稿、片段、准备材料和笔记等都不准备收入《马克思恩格斯全集》的俄文版中[①]。

第三次启动《马克思恩格斯全集》的编纂和出版工作是在1928年,并于1947年完成。《马克思恩格斯全集》俄文1版计划出版29卷(34册),其中第11、12、13、16和19卷为两册[②]。按照出版计划,全集分为三部分:第一部分是第1~16卷,收录马克思恩格斯在政论、哲学和历史方面的著作,其中还包括他们写给报纸和杂志编辑部以及各种不同的组织和机关的书信。材料基本按照年代顺序排列。第二部分是第17~20卷,收录马克思恩格斯经济方面的著作,主要收录《资本论》三卷本和被看作《资本论》第4卷的《剩余价值理论》,其他经济学论著都收在了第一部分的相应各卷中。这样规划的原因是,《资本论》前三卷并非单本,《剩余价值理论》由三册组成,把它们按照写作日期放在第一部分中就会使各卷(册)互相分隔开来。第三部分是第21~29卷,收录马克思恩格斯的书信。其中前4卷只包括马克思和恩格斯之间的通信,后5卷包括他们给其他人的书信。除此之外,在《马克思恩格斯全集》俄文1版的各卷中还有马克思恩格斯研究院编写的前言,脚注以及索引。在每一篇著作的结尾都指出该文的写作时间和第一次发表的时间和地方。在一

---

① Литературное наследство К. Маркса и Ф. Энгельса: История публикации и изучения в СССР. М.: Политиздат, 1969: 176.
② 实际出版28卷(33册),其中第20卷(《剩余价值理论》)未出版。1954—1961年,马列主义研究院才出版了《剩余价值理论》单行本,共三册(第1册1954年出版,1955年再版,第2册1957年出版,第3册1961年年初出版)。

些卷次中，这些信息则在目录中说明①。

出版《马克思恩格斯全集》俄文 1 版共用了 19 年的时间，这远远超出了当时规定的期限。当时计划用 3 年的时间出齐全部卷次，但实际上，在前三年里只出版了 10 卷。

在 20 世纪 20 年代末至 30 年代初，联共（布）着手完成全面建设社会主义的任务，这一任务反映在理论界，就是要求理论要为无产阶级政治服务。1929 年 12 月 27 日，斯大林在一次重要的专家代表会议上的讲话中指出："我们的理论思想赶不上实际工作成就，我们的实际工作成就和理论思想的发展之间有些脱节。但是，理论工作不仅必须赶上实际工作，而且要超过实际工作，武装我们的实际工作者去争取社会主义的胜利。"② 在这里斯大林对一切理论战线的工作者提出了要求，理论不能脱离政治的需要，做那些纯理论研究的工作是行不通的。那么，在马克思恩格斯遗著的搜集和出版工作中，对马克思恩格斯研究院的要求是"同党在思想战线上的斗争，同新的社会主义文化形成过程，同在广大劳动群众中宣传马克思列宁主义学说，同批判歪曲这一学说的行为紧密联系在一起"③。也就是说，马克思恩格斯研究院的首要任务是多出版为人民群众接受的、通俗的马克思主义著作集，从而为党的宣传工作服务。因此，在 1929 年 6 月 14 日联共（布）中央决议中，催促马克思恩格斯研究院"应当加快用俄语和国际语言进行科学研究活动的速度和扩展研究工作"，希望在 1932 年前结束俄文版《马克思恩格斯全集》的出版工作。同时建议研究院准备出版适合大众的、廉价的俄文版《马克思恩格斯选集》④。

从 1928 年俄文 1 版《马克思恩格斯全集》第 1 卷问世起，之后几乎每年都会出版几卷。1929 年出版了第 2、3、5 卷，1930 年出版了第 6、7、8 卷。这七卷主要收录了 1838—1853 年马克思和恩格斯的文章

---

① Литературное наследство К. Маркса и Ф. Энгельса：История публикации и изучения в СССР. М.：Политиздат，1969：176－177；Л. А. Левин. Библиография произведений К. Маркса и Ф. Энгельса. М.：Государственное издательство，1948：171.

② 斯大林选集：下卷. 北京：人民出版社，1979：210.

③ Литературное наследство К. Маркса и Ф. Энгельса：История публикации и изучения в СССР. М.：Политиздат，1969：204.

④ Е. Кандель составил. О публикации литературного наследства К. Маркса и Ф. Энгельса. М.：Государственное издательство политической литературы，1947：32.

第二章 《马克思恩格斯全集》俄文版编纂研究

和著作。同时,在 1929 年和 1930 年,研究院还出版了第 21、22 和 23 卷,内容为马克思和恩格斯从 1844 年到 1867 年的书信①。

1931 年,马克思恩格斯研究院与列宁研究院合并后,《马克思恩格斯全集》出版的速度明显加快。当年马恩列研究院就出版了第 14 卷和第 15 卷,第 14 卷的内容为恩格斯 1877—1888 年的哲学著作,其中包括《反杜林论》、《自然辩证法》以及《路德维希·费尔巴哈和德国古典哲学的终结》;第 15 卷的主要内容为马克思恩格斯在 1873—1883 年间的文章、小册子和札记等,其中大多数文章都是首次用俄文发表。1932—1933 年出版了第 9、10、11 卷上下册以及第 12 卷下册,内容包括马克思恩格斯 1852—1864 年的文章和通讯,这些文章和通讯主要是在《纽约每日论坛报》和英国宪章主义者的机关刊物《人民报》上刊登的。1933 年出版的第 4 卷,首次用俄文全文发表了马克思恩格斯的手稿《德意志意识形态》,早在前一年,这部手稿曾以原文发表在 MEGA¹ 第 1 部分第 5 卷中。同年出版的第 12 卷上册发表了马克思的两篇著作——《政治经济学批判》和《福格特先生》,以及恩格斯的小册子《萨瓦、尼斯与莱茵》。其中,《福格特先生》首次用俄文发表。1931—1933 年还出版了第 18 卷(《资本论》第 2 卷)和第 24 卷(马克思和恩格斯书信的最后一卷)②。

从 1934 年起,马恩列研究院开始出版包括马克思恩格斯与他们的朋友、战友和其他人的一些书信的卷次。1934 年出版的第 25 卷收录了马克思恩格斯在 1844—1868 年间写给他人的信,1935 年出版的第 26 卷内容则是 1869—1877 年间的书信,第 27 卷内容为 1878—1887 年间的书信。此时,联共(布)与德国社会民主党的关系已经完全恶化,发表这些书信再也没有梁赞诺夫此前担心的"给一些欧洲社会民主党人的名誉造成损失"的顾虑,反而成为联共(布)同他们进行意识形态斗争

---

① 1931 年以前出版的卷次是以翻印的形式出版的,译文中存在很多严重的缺点。后来一些卷次重新出版,1931 年出版了第 2 卷和第 8 卷,1932 年出版了第 21 卷,1933 年出版了第 22 卷,1938 年出版了第 1 卷,1940 年出版了第 3 卷,第 2 卷第三次出版(这两个卷次的内容分别为恩格斯的 1838—1845 年的论文及书信,马克思和恩格斯的 1844—1845 年的论著)。(Е. Кандель составил. О публикации литературного наследства К. Маркса и Ф. Энгельса. М.: Государственное издательство политической литературы, 1947: 30; Л. А. Левин. Библиография произведении К. Маркса и Ф. Энгельса. М.: Государственное издательство, 1948: 172.)

② Е. Кандель составил. О публикации литературного наследства К. Маркса и Ф. Энгельса. М.: Государственное издательство политической литературы, 1947: 33-34.

最有利的武器。"俄文第一版的特殊功绩在于恢复了马恩通信集四卷集原来的文字：通信集四卷集的第一个出版者伯恩施坦把马克思和恩格斯针对德国社会民主党机会主义右翼所做的种种批评，以及所有他认为是激烈的词语或是'毫无趣味'的段落统统删去了。至于出版马克思和恩格斯同第三者的通信集五卷集，在第二版以前，这是唯一的一次。"①

1936年，马恩列研究院出版了第13卷上册，内容为1864—1870年第一国际的文章和文件；第16卷上下册，内容为马克思逝世后恩格斯在1883—1895年间写的文章；此外还出版了第17卷（《资本论》第1卷）和第19卷上册（《资本论》第3卷第一部分）②。1940年，马恩列研究院出版了第13卷下册和第28卷。第13卷下册收录了1870—1873年马克思恩格斯的著作，其中重要的著作为恩格斯的《战争短评》，马克思和恩格斯合著的《所谓国际内部的分裂》《社会主义民主同盟和国际工人协会》以及马克思恩格斯为第一国际起草的一些文章和文件。第28卷收录了1888—1891年恩格斯的书信，其中有许多书信从未发表过③。

1939—1940年，马恩列研究院还准备出版《马克思恩格斯全集》第19卷下册（《资本论》第3卷第二部分）、第20卷（《剩余价值理论》）和第29卷（1892—1895年间恩格斯的书信），但出版这几卷（册）的工作被第二次世界大战打断了。直至战后，1946—1947年才结束第29卷和第19卷下册的出版工作，而第20卷《剩余价值理论》一直在准备中，直到1954—1961年才出版单行本。此外，为了保证《马克思恩格斯全集》被有效利用，1946年，马恩列研究院还出版了一部《马克思恩格斯全集字母索引表》，在索引表中列出了已出版著作和书信的目录，并对已出版的《马克思恩格斯全集》中个别的错误翻译做出了重要修正④。

《马克思恩格斯全集》俄文1版共收录马克思恩格斯著作1 247部（篇）；其中约有460部（篇）著作此前不被人所知。在这460部（篇）

---

① 人民出版社资料组.《马克思恩格斯全集》的编纂工作. 北京：人民出版社，1977：16.
② Е. Кандель составил. О публикации литературного наследства К. Маркса и Ф. Энгельса. М.：Государственное издательство политической литературы，1947：34-35.
③ 同②42.
④ 同②42.

第二章 《马克思恩格斯全集》俄文版编纂研究

著作中,有约 30 部(篇)是马克思和恩格斯生前和逝世后都不曾发表过的手稿,约 430 部(篇)是作者生前发表过但在《马克思恩格斯全集》俄文 1 版出版前不被人所知的。这些论著没有署名或以署其他名字的形式发表在当时各种机关刊物和共产国际的文献中。此外,在俄文 1 版中,还收录了首次翻译成俄文的马克思恩格斯论著约 180 部(篇)①。《马克思恩格斯全集》俄文 1 版共收录马克思恩格斯书信 3 298 封,其中马克思恩格斯写给其他人的信有 1 729 封。在这 1 729 封信中,有 596 封信是首次发表,有 145 封信此前曾缩略发表或发表过片段,而在这里第一次以完整的形式发表②。

3. 《马克思恩格斯全集》俄文 1 版的编辑出版意义与历史局限

《马克思恩格斯全集》俄文 1 版的问世,不仅是编辑和出版马克思恩格斯毕生文献的成功尝试,而且为 20 世纪中叶的马克思主义理论研究提供了最主要的版本。《马克思恩格斯全集》俄文 1 版的重要历史意义在于:

第一,倾举国之力,在世界范围内首次成功出版了马克思主义创始人的著作全集。从上述梳理中可知,出版《马克思恩格斯全集》绝非个人能力所及,只有在列宁领导的布尔什维克党和苏维埃俄国的高度重视下,将其作为国家大事、党内行为,集中大量资源才能成功。《马克思恩格斯全集》的第一次成功出版是世界历史上的一次伟大创举,它扩大了人类的认识范围,开辟了新的知识领域。更为重要的是,"它把马克思恩格斯的著作和书信搜集在一起,其中许多是珍本。这为深入研究马克思恩格斯学说的起源、形成和发展的各个阶段,使马克思主义成为国际工人运动的唯一思想武器创造了条件"③。

第二,马克思恩格斯的许多著作和书信的首次发表,以及科学参考资料的初次编写都具有重要的历史价值。《马克思恩格斯全集》俄文 1 版的"重要科学价值在于:这些新发表的著作大部分是研究院工作人员

---

① Идейно-теоретический арсенал коммнистов. Коммунист,1981(1).
② Литературное наследство К. Маркса и Ф. Энгельса:История публикации и изучения в СССР. М.:Политиздат,1969:187.
③ И. П. Верховцев,З. А. Левина,Г. Д. Обичкин. Идейный арсенал коммунистов. М.:Политиздат,1979:66.

在仔细查阅19世纪各种期刊的过程中发现的。他们查阅了马克思恩格斯撰过稿或可能撰过稿的数十种报纸、杂志和百科全书。结果在马克思于1848—1849年主编的《新莱茵报》中发现了129篇文章，在美国《纽约每日论坛报》中发现了180多篇文章，在维也纳《新闻报》发现了41篇文章，在《美国新百科全书》中发现了20多篇文章，还在19世纪40年代德国、法国和英国的各种杂志上发现了15篇文章。同时，读者还首次读到了马克思创始人的手稿"。此外，"书信部分提供的新材料特别多。除首次发表的信件外，还有马克思恩格斯彼此往来的信件183封和将近600封给其他人的信件，这些信件都为马克思主义和国际工人运动的研究者，为马克思恩格斯的传记作者提供了新的最珍贵的材料。各卷书信之所以如此珍贵，还因为这是第一次无遗漏、无错误地发表了马克思恩格斯的信件。这与早在1913年由伯恩施坦主编发表的马克思恩格斯的书信遗稿有显著的不同"①。

此外，在梁赞诺夫和阿多拉茨基的先后主持下，由研究院的编者们努力编写的各种说明、注释和资料汇总工作也具有一定的科学价值。例如，每卷开头的长篇编者前言或编者说明，介绍了马克思恩格斯文献的历史背景、基本内容、主要理论贡献及历史地位。这些资料不仅反映出了当时的研究水平，而且也为读者提供了阅读的线索和思路。而每一篇文章的简短脚注，卷末的人名索引、名目索引和其他索引等，都力图帮助读者排除阅读时遇到的具体困难。更为重要的是，这些在准备过程中积累起来的资料通俗易懂，为加深领会科学共产主义理论、纲领和策略，为研究马克思学的基本问题，提供了不可或缺的条件。

但是，《马克思恩格斯全集》俄文1版也存在着不可忽视的历史局限。它是在苏联内忧外患的困难条件下编辑出版的。从20世纪20年代末30年代初联共（布）党内开始的极左倾向到30年代末大规模的"肃反运动"，从联共（布）与德国社会民主党关系的破裂到德国法西斯对苏联的侵略战争，俄文1版的编辑工作始终在艰难曲折中前行。"根据党的第十三次代表大会决定出版的《马克思恩格斯全集》俄文第一版，当时曾是马克思主义创始人遗著的最完备的文献。但是该版尚存在着重大的缺点。该版译文有许多歪曲原意和不确切的地方，个

---

① И. П. Верховцев, З. А. Левина, Г. Д. Обичкин. Идейный арсенал коммунистов. М.：Политиздат, 1979：67-68.

第二章 《马克思恩格斯全集》俄文版编纂研究

别不是马克思和恩格斯写的文章被误编进来,而他们的许多具有重大理论意义和政治意义的著作却没有收集进去。第一版的说明、索引和其他参考资料也有错误。"①《马克思恩格斯全集》俄文1版存在的缺陷主要表现在:

第一,有些已发表的重要著作被遗漏而未收入。例如马克思和恩格斯合写于1852年5—6月的《流亡中的大人物》(1930年曾由马克思恩格斯研究院第一次以俄文载于《马克思恩格斯文库》第5卷)、恩格斯的《资本论》第1卷纲要、马克思的《剩余价值理论》等。

第二,对手稿的考证研究及译文工作做得不细致,以致出现错误。例如,马克思的《1844年经济学哲学手稿》被误认为是《神圣家族》的准备材料,恩格斯的《自然辩证法》在结构安排上出现错误,等等。"有些正文在马克思和恩格斯生前已有一些版本,但并未进行比较,有时选择原本不恰当,对术语重视不够,译文中存在严重错误。还必须指出,不同卷次的译文质量不平衡。某些著作,其中斯克沃尔佐夫-斯捷潘诺夫校订的著作的译文则还需要极其认真地进行加工。"②

第三,在《马克思恩格斯全集》俄文1版中收录了并不是由马克思和恩格斯写的文章,这样的作品竟有26部(篇)之多。

第四,参考资料无论是质量还是体例都不符合出版马克思主义经典作家著作的要求。既不符合供科学研究的版本要求,也不符合通俗版的要求。除了前几卷以外,后面一些卷次的说明非常简单,注释也完全不能令人满意。此外,这一版还缺少必要的书目索引、地名索引和期刊索引,而且名目索引也存在着严重的缺点③。

第五,一些卷次背离了以年代为顺序的原则,并且没有任何体系,违背了编辑的科学方法。例如,在第6、7、9、10卷和第11卷上册中文章按照专题原则排序,而在第1、5卷和第11卷下册、第12卷下册中文章则按照在同一个刊物中发表的顺序原则排序④。

---

① 中共中央马克思恩格斯列宁斯大林著作编译局. 马克思恩格斯全集说明汇编. 北京:生活·读书·新知三联书店,1977:1.
② 人民出版社资料组.《马克思恩格斯全集》的编纂工作. 北京:人民出版社,1977:17—18.
③ 同①18.
④ Литературное наследство К. Маркса и Ф. Энгельса: История публикации и изучения в СССР. М.: Политиздат,1969:193.

总之，由于种种历史原因，《马克思恩格斯全集》俄文1版存在着一些不足和缺陷，这与苏联学界对马克思主义理论研究日益增长的要求极不适应，也与出版事业的水平不相称。而且因为全集出版时间拖得过长，某些卷次出版的印数相对少些，或因为战火的毁灭，其中许多卷次都已成为绝版。读者很难收集到整套全集，甚至在一些苏联大型的图书馆中也没有整套全集。更为重要的是，在这一时期，又陆续发现了马克思恩格斯大量新的著作和书信，因此，《马克思恩格斯全集》俄文2版的编辑出版变得极为必要①。

二、《马克思恩格斯全集》俄文2版的编辑与出版

1.《马克思恩格斯全集》俄文2版的编辑出版缘起与最初版本规划

1940年，当《马克思恩格斯全集》俄文1版的编辑和出版工作临近尾声时，涌现出大量新发现的马克思恩格斯的著述和书信，它们已经无法再被收录到俄文1版中。更为重要的是，无论是在翻译、编排原则方面，还是在科学参考资料的整理方面，俄文1版都存在着很大的缺陷。虽然马恩列研究院采取了多种措施进行弥补，例如在1946年出版的《马克思恩格斯全集字母索引表》中提供了一个勘误表，在1939年重新编译出版了许多重要著作的单行本，但这些措施也只是权宜之计②。因此，筹备新版《马克思恩格斯全集》俄文版的工作必须提到日程上来。1941年6月，马恩列研究院开始拟定新版《马克思恩格斯全集》俄文版的出版方案，包括版本特点和出版规模等。战争使这项工作推迟了一段时间，直至1952年才加紧完成计划大纲。从这时起，《马克思恩格斯全集》俄文2版的准备工作真正地大规模地开展起来。1954年，苏共中央委员会做出了关于要求马恩列研究院出版《马克思恩格斯全集》俄文第2版的决议。决议指出："根据党第十三次代表大会决议

---

① Е. Кандель составил. О публикации литературного наследства К. Маркса и Ф. Энгельса. М.：Государственное издательство политической литературы，1947：46.

② Литературное наследство К. Маркса и Ф. Энгельса：История публикации и изучения в СССР. М.：Политиздат，1969：319.

第二章 《马克思恩格斯全集》俄文版编纂研究

出版的《马克思恩格斯全集》俄文第1版是当时收录马克思主义创始人文献遗产最全的出版物。但是,这版存在非常严重的缺陷:在译文中存在歪曲和不准确的地方,在参考资料中有错误。第2版《马克思恩格斯全集》应当以克服第1版的不足为己任。"[1]

由于出版新的俄文版《马克思恩格斯全集》的主要任务是弥补第1版的缺陷,增加收录文献的数量。因此,在20世纪40—50年代的编辑计划中,《马克思恩格斯全集》俄文2版和俄文1版之间有着直接的继承性,特别是在版本结构上,二者大同小异。

首先,在版本的容量上,苏共中央委员会的决议中明确规定,《马克思恩格斯全集》第2版共出版30卷(32册)。同第1版相同,新的俄文版《马克思恩格斯全集》也是只供广大读者阅读的大众版、普及版。因此,新的俄文版全集同样主要收录马克思恩格斯已经完成了的作品。例外的是,新的俄文版全集还可以收录一些虽然没有完成却包含重要理论并为读者所熟知的文献,例如《德意志意识形态》《暴力在历史中的作用》《自然辩证法》等。更为重要的是,新的俄文版全集计划收录第1版没有印行的文献,主要是马克思的未完成的手稿《剩余价值理论》,还有部分只对少数读者有用的马克思恩格斯的早期作品,例如马克思的博士论文等。还有其他一些文章和书信将以单行本的形式出版,不收入新的俄文版《马克思恩格斯全集》中。

其次,在版本的结构上,新的俄文版《马克思恩格斯全集》仍分为一般论著、《资本论》创作和书信三个部分。第1~21卷主要收录1838—1895年马克思恩格斯的政论和著作。这部分将严格按照写作或发表的时间顺序编排。第22~25卷为《资本论》卷,其中第22~24卷收入《资本论》前三卷,第25卷收入《剩余价值理论》。第26~30卷收录马克思恩格斯之间的书信及其写给其他人的信件。这部分较《马克思恩格斯全集》俄文1版有重要的创新:不再在头几卷中先集中编辑马克思和恩格斯之间的书信,再在后几卷编排他们同其他人的书信,而是分成若干时间段,每卷的前半部分是马克思和恩格斯之间的书信,后半部分是他们和其他人的书信。这种结构安排更有利于读者的查找和研究。

最后,在科学参考资料方面,新的俄文版《马克思恩格斯全集》将

---

[1] Второе издание Сочинений К. Маркса и Ф. Энгельса. Правда,1955-01-12.

会比第 1 版更好。除各卷都附有前言外，还将在正文后附上注释、马克思恩格斯年表和索引等，读者可以更加准确地理解每篇著作产生的背景和内容①。

从总的情况来看，20 世纪 30 年代到 50 年代的马克思恩格斯著作的研究工作与 20 年代相比出现了一些衰退。这一时期主要偏重于对马克思主义基本原理的普及和宣传，开展旨在消除资产阶级思想的消极影响及其残余的斗争是整个苏联哲学界的重要任务，马克思恩格斯文献编辑出版工作也不例外。因此，此时《马克思恩格斯全集》俄文 2 版的编辑计划不可能较第 1 版有过多的改变。特别是第二次世界大战后到 1955 年前，为斯大林的哲学著作做注释成为苏联理论界的工作常态。尽管与马克思恩格斯著作研究紧密相关的马克思恩格斯哲学的形成与发展问题成为哲学史领域的研究重点，并且在已经出版的马克思恩格斯著作的基础上取得了一些成就。但是，1944 年联共（布）中央对苏联科学院哲学研究所出版的多卷本《哲学史》第三卷的批判②，以及 1947 年围绕 Г. Ф. 亚历山大罗夫的《西欧哲学史》一书所展开的讨论③，使

---

① Литературное наследство К. Маркса и Ф. Энгельса: История публикации и изучения в СССР. М.：Политиздат，1969：320；杜舒诺夫. 马克思恩格斯全集第二版. 学习译丛，1955（5）.

② 1943 年，由 Г. Ф. 亚历山大罗夫、Б. 贝霍夫斯基、М. 米丁和 П. 尤金主编的，以专门论述 18 世纪末到 19 世纪初德国古典哲学为主要内容的《哲学史》第三卷，于 1944 年遭到联共（布）中央的批判，并宣布原来授予《哲学史》的斯大林奖金不包括该书第三卷。联共（布）中央主要指责第三卷在讲述康德、费希特、黑格尔哲学时对德国哲学史做了错误的叙述，夸大了其意义，高估了黑格尔辩证法及其在整个哲学发展中的功绩，却没有批判德国哲学家们的反动的社会政治观点。批判此书的主要目的在于：在战时条件下，配合对德国法西斯作战的需要。但从此之后，回避列宁关于德国古典哲学是马克思主义的来源之一的经典论点，不再认真研究两者之间的关系成为苏联哲学界一时的倾向。（贾泽林，周国平，王克千，等. 苏联当代哲学（1945—1982）. 北京：人民出版社，1986：8.）

③ 1945 年出版了由 Г. Ф. 亚历山大罗夫根据自己在某些高校讲授西欧哲学时的讲稿写成的著作《西欧哲学史》，并于 1946 年再版，当时此书得到学界高度赞扬。但是，联共（布）中央认为该书贯彻党性原则不坚定，错误地解释了马克思主义哲学的起源，因此要求苏联科学院哲学研究所在 1947 年 1 月组织对该书的讨论，但这次讨论没有收到预期的结果。同年 6 月，按照联共（布）中央决定，在日丹诺夫主持下，举行了关于该书的讨论会。这次讨论会对这本书做了全面的批判，主要指责 Г. Ф. 亚历山大罗夫只注重马克思主义哲学与以往哲学的联系，而不注重两者的原则区别，Г. Ф. 亚历山大罗夫也被指责为只具有客观主义观念。（贾泽林，周国平，王克千，等. 苏联当代哲学（1945—1982）. 北京：人民出版社，1986：10；人民出版社资料组. 马克思主义史的研究. 北京：人民出版社，1978：144.）

第二章 《马克思恩格斯全集》俄文版编纂研究

对德国古典哲学给予消极的评价成为一时的倾向,这也使得整个苏联哲学界对马克思恩格斯早期著作持轻视态度。不仅在《马克思恩格斯全集》俄文2版的最初版本规划中根本没有打算收入这些著作,而且以单行本的形式出版的这类著作的印数也极少。20世纪40年代末苏联学者写的研究这些早期著作的论文和答辩论文,直到50年代中期都没有发表[①]。

2. 《马克思恩格斯全集》俄文2版的编辑出版及结构的调整和扩充

根据《马克思恩格斯全集》俄文1版的经验,再加上马恩列研究院在20世纪30—40年代所积累的文献知识,《马克思恩格斯全集》俄文2版第1卷很快就问世了。1954年年底,由国家政治书籍出版社出版、列宁格勒"印刷之家"印刷厂印制的《马克思恩格斯全集》俄文2版第1卷与苏联读者见面了。"从那时起,逐年在各图书馆和每个订户的书架上先出现三至四卷,后来是五至六卷篇幅庞大的、封面上有马克思和恩格斯浮雕像的《马克思恩格斯全集》。"[②] 当时拟定在1962年之前,将30卷本《马克思恩格斯全集》俄文2版全部出齐。

1956年,马列主义研究院出版了与《马克思恩格斯全集》俄文2版同样装帧的《马克思恩格斯早期著作选》(一卷本),作为对俄文2版头两卷内容的补充,但不列入全集卷次中,而属于"集外集"。《马克思恩格斯早期著作选》主要收录马克思恩格斯在唯物主义和共产主义观点形成时期的一些文献,例如第一次用俄文发表了马克思博士论文的准备材料,编译者为其加的标题为《伊壁鸠鲁派、斯多葛派和怀疑派哲学史笔记》;第一次发表了《1844年经济学哲学手稿》的俄译全文。在《马克思恩格斯全集》俄文1版中,只在第3卷的附录中收录了这份手稿的一部分内容,还加了一个错误的标题——《〈神圣家族〉的准备材料》。这卷《马克思恩格斯早期著作选》印数不多,很快就销售一空。

但是,在《马克思恩格斯全集》俄文2版的编辑出版过程中,很快

---

① 巴甫洛夫. 苏联学者对马克思主义哲学形成过程的研究. 哲学译丛,1978(3).
② 人民出版社资料组. 《马克思恩格斯全集》的编纂工作. 北京:人民出版社,1977:20.

57

就发现两个很明显的问题。一是马克思恩格斯文献选择原则的问题。也就是说，编译者经常不能够确定，哪些文献是仅供专业人员研究使用的，哪些是面向广大读者的。二是新发现的马克思恩格斯遗著、手稿和书信不断增多的问题。因此，扩充《马克思恩格斯全集》俄文2版的篇幅变得越来越有必要了。不久，苏共中央委员会决定，增加俄文2版的卷（册）数，即由30卷增至39卷（42册），其中《资本论》第3卷分为两册，《剩余价值理论》分为三册①。此时的三十九卷本《马克思恩格斯全集》仍然不是完整版和供研究使用的版本，因为马克思的许多有重要科学意义的手稿都没有列入收录的计划，例如《1844年经济学哲学手稿》等马克思青年时代的作品、《1857—1858年经济学手稿》、各种著作的提纲或摘要等等。由于规模的扩充，原定在1962年完成的《马克思恩格斯全集》俄文2版不得不延后到1966年才出齐39卷。

1953年斯大林逝世后，反对个人崇拜、呼吁"解冻"的暗流在苏联社会的深处涌动，特别是在1956年苏共二十大及这以后，苏联共产党利用这一历史潮流，用党的代表大会决议和文件的形式肯定了反对个人崇拜的必要性，揭露了个人崇拜带给社会各个方面的危害。尽管赫鲁晓夫为达到自己的目的而不加区别地全盘否定斯大林的做法是非常错误的，但在这一时期，苏联思想理论领域迎来了短暂的春天。纠正过去的"应时主义"的理论错误，大胆提出有建设性的观点成为普遍的趋势。与马克思恩格斯文献遗产紧密相关的马克思主义史的研究也不例外。从20世纪50年代起，不仅重新评价了黑格尔哲学等德国古典哲学的地位和作用，而且关于马克思主义哲学的形成与发展问题也成为苏联哲学史学家们的研究重点。当然，还有一个推动苏联学者研究马克思主义产生问题的外在因素需要说明。随着马克思青年时代的文献不断被公开，西方学者发现了一个新的"青年马克思"形象，"资本主义的哲学辩护士们力图证明，仿佛在马克思主义出现之前，马克思就已达到自身发展的顶点。他们还将马克思和恩格斯的学说后来的整个发展描绘成是他们两人观点的退化和非人道化"②。更有甚者，还将马克思主义与列宁主义

---

① Литературное наследство К. Маркса и Ф. Энгельса: История публикации и изучения в СССР. М.: Политиздат, 1969: 321.

② 人民出版社资料组. 马克思主义史的研究. 北京：人民出版社，1978：179-180.

第二章 《马克思恩格斯全集》俄文版编纂研究

割裂开来,认为列宁主义是对马克思主义的歪曲,等等。为了回击这些观点,苏联学术界深入研究马克思恩格斯学说的形成和发展过程,努力揭示两人思想之间的真正关系。苏联学者与西方马克思主义者围绕青年时代的马克思的遗产展开了尖锐的斗争,这不可能脱离文本依据。但是,零散地发表在定期出版物上,或以单行本的形式出版马克思早期著作已经不能满足研究的需要。因为这样做不仅没有系统的注释和科学的参考资料,而且也不能与马克思恩格斯同时期的其他思想遗著联系在一起进行理论分析。

此外,还有马克思恩格斯政治经济学说的产生和发展问题,这个苏联马克思学研究较为薄弱的领域在20世纪50年代和60年代逐渐成为苏联学者的研究对象。在马克思主义政治经济学研究中,除《资本论》外,《1857—1858年经济学手稿》也是不容忽视的文献。苏联马恩列研究院曾在1939年"以《卡尔·马克思:〈政治经济学批判大纲〉》为题原文发表过这些手稿"。但在《马克思恩格斯全集》俄文2版的39卷中并没有收录这份马克思的重要遗稿,这不得不说是巨大的遗漏①。另一份被遗漏的文献为马克思的《1861—1863年经济学手稿》,除《剩余价值理论》以外,绝大部分内容也没有被收录到39卷中。

还有很多不断被发现或正在搜集的新材料也没有被收录,例如在《新莱茵报》上发表的许多文章、马克思未完的著作《十八世纪外交史内幕》、1863—1864年论述波兰的手稿。有很多苏联境内外的读者,在读到某一卷时,突然发现自己还收藏有从前不被人所知的马克思恩格斯的文献,于是他们将这些文献发表或送交给马列主义研究院。在某些情况下,这些后发现而未来得及出版的文献就以"补遗"的形式在以后出版的某个卷次中发表出来,例如恩格斯的《英国谷物法史》(补在了《马克思恩格斯全集》第4卷中)、1859年马克思致敦克尔的一批书信(补在了《马克思恩格斯全集》第29卷中)。但是,由于篇幅和性质的关系,新发现的文献并不是都能用这种办法发表②。

---

① Б. Г. Тартаковский. Крупный вклад втеоретическую сокровищницу марксизма-ленинизма: Одополнительных томах ко второму изданию Сочинений К. Маркса и Ф. Энгельса. Вопросы и стории КПСС, 1982(1).
② 人民出版社资料组.《马克思恩格斯全集》的编纂工作.北京:人民出版社,1977:238-239.

由于上述种种原因，马列主义研究院又编辑了《马克思恩格斯全集》俄文2版的补卷。从1969年开始出版，到1975年，补卷共出版11卷12册（其中第46卷为两册）。至此，《马克思恩格斯全集》俄文2版全部出齐。

从版本结构上看，《马克思恩格斯全集》俄文2版由两部分组成：正卷共39卷（42册）和补卷共11卷（12册），共计50卷（54册），其中第25卷为两册，第26卷为三册，第46卷为两册。

正卷由三大部分组成：第一部分，第1～22卷，是哲学、历史、政治、经济及其他方面的著作；第二部分，第23～26卷，是《资本论》和《剩余价值理论》；第三部分，第27～39卷，是书信。编入第一部分正文中的著作（《资本论》和《剩余价值理论》除外）共1 522部（篇），其中马克思的著作717部（篇），恩格斯的著作610部（篇），马克思、恩格斯合著的93部（篇），不能确定作者是马克思或恩格斯，还是他们两人合著的73部（篇），马克思的遗稿10部（篇），恩格斯的遗稿19部（篇）。收入这一部分的文献有若干部（篇）是第一次公之于世的。编入第三部分的书信有3 899封，其中马克思给恩格斯的信900封，恩格斯给马克思的信645封，马克思给其他人的信744封，恩格斯给其他人的信1 604封，马克思和恩格斯共同写给其他人的信6封。此外，该版还把一些重要文献资料作为附录编入相应各卷，共269部（篇）。其中第1～22卷中编入了159部（篇），第27～39卷编入了110封书信。这其中有马克思或马克思与其他人合作的著述13部（篇）、书信34封[①]。

补卷为第40～50卷，其中第40～45卷主要按年代顺序收录马克思恩格斯在哲学、历史、政治及其他方面的手稿、草稿、大纲片段、书摘、青年时代的诗作以及1842年以前的书信。第46～50卷主要补充了《资本论》的准备手稿，尤其是马克思在19世纪50—60年代写成的三大手稿的主体部分。补卷共收入马克思的著述158部（篇），恩格斯的著作134部（篇），马克思和恩格斯合著的71部（篇），恩格斯的书信51封。这样，《马克思恩格斯全集》俄文2版共收录马克思主义创始人的著作1 885部（篇），书信4 000多封。马克思的著述总计为1 066部

[①] 聂锦芳. 清理与超越：重读马克思文本的意旨、基础与方法. 北京：北京大学出版社，2005：32-33.

第二章 《马克思恩格斯全集》俄文版编纂研究

（篇），其中马克思独著902部（篇），马克思与人合作164部（篇）；马克思所写书信（包括与他人合写的）1 684封。除此以外，还有大约400份文献①。

《马克思恩格斯全集》俄文2版最重要的特点，也是无可争辩的优点就是拥有极为翔实的科学参考资料，这也是每个卷次的结构中不可分割的一部分。根据马列主义研究院马克思恩格斯部在1968年编写的《伟大的遗产》，以及1969年编写的《卡·马克思和弗·恩格斯文献遗产在苏联发表及出版史》第8章"马克思恩格斯全集第二版"② 中的相关介绍，《马克思恩格斯全集》俄文2版的参考资料有十几项内容：一是卷前说明。俄文2版继承了由梁赞诺夫和阿多拉茨基在第1版开创的在每卷次的开篇做卷前说明的优良传统，主要目的是概括该卷次的相关历史背景，概述该卷次收录的重要历史文献的主要观点、理论内容，并评述其历史地位。二是注释。注释的范围和性质较为多样，大致可分为四类，即传记性注释、一般历史性注释、图书资料性注释和版本考证性注释。仅正卷部分的注释就达到17 500条，如果加上补卷部分，总共约有30 000条之多。这些注释只有少量为脚注，大部分采用卷末注的形式，"实际上，这是一部特殊的小型马克思主义历史专题著作"③。三是哲学和经济学著作的名目索引。在正卷中，第20卷（《反杜林论》和《自然辩证法》）、第23～26卷（《资本论》四卷）、第27～39卷（书信卷）均附有名目索引。四是书信卷的名目索引。书信不同于著作，不仅没有标题，而且内容庞杂，涉及的问题极多，因此，对书信卷的名目索引进行编辑是很有价值的事情。五是书信卷中的《资本论》条目。六是马克思恩格斯生平事业年表。阿多拉茨基曾主编并于1934年以俄文和

---

① 这些文献是指，马克思家庭成员受马克思委托写的信、第三方给马克思恩格斯写的信（信里有关于马克思主义和国际共产主义运动史的重要内容）、未经马克思恩格斯本人审阅过的他们的演说和讲话记录、他们参与起草的决议，以及其他文件、传记性资料等。（А. И. Малыш. Духовный арсеналкоммунистов：Кзавершению второго издания Сочинений К. Маркса и Ф. Энгельса. Вопросы и стории КПСС, 1982 (10). 聂锦芳. 清理与超越：重读马克思文本的意旨、基础与方法. 北京：北京大学出版社, 2005：33.）

② Великое наследие. М.：Политиздат, 1968：210. 《马克思恩格斯全集》的编纂工作. 北京：人民出版社, 1977：180－222. Литературное наследство К. Маркса и Ф. Энгельса：История публикации и изучения в СССР. М.：Политиздат, 1969：357-362.

③ 马雷什. 《马克思恩格斯全集》俄文第二版的编辑出版情况（摘译）. 马列主义研究资料, 1983 (4).

61

德文出版过《马克思生平事业年表》，但这个年表不仅不完整，而且缺少恩格斯的部分。《马克思恩格斯全集》俄文2版的年表在广泛研究马克思恩格斯的全部论著、书信、手稿、各种回忆录及史料的基础上，对阿多拉茨基版的年表进行了重要的修正和补充，具有一定的创新性和相对的独立性，是科学参考资料中非常重要的部分。七是人名索引。八是引用索引和著作索引。九是《马克思恩格斯全集》中涉及的世界报刊索引。十是个别卷次中的地名索引、族名索引（例如第21卷附有《家庭、私有制和国家的起源》一书族名索引）。十一是标题与俄文1版不同的马克思恩格斯著作一览表（第22卷），以及日期经过考证的书信一览表（第27～39卷）①。

此外，编者还直接为《马克思恩格斯全集》俄文2版配套出版了专门的索引书：包含第1～39卷所有著作的目录索引，人名、报刊、引用过的和正文中提到过的著作索引，以及39卷本名目索引（两卷）等②。

3.《马克思恩格斯全集》俄文2版编辑出版的重要意义与历史局限

到目前为止，《马克思恩格斯全集》俄文2版仍然算得上是收录马克思恩格斯文献遗产最完整的版本。这些文献为20世纪至21世纪几代人理解马克思恩格斯的思想提供了主要的文本来源与文本根据，也为研究马克思主义哲学、马克思主义史、马克思主义政治经济学、科学社会主义、国际共运史提供了最详尽的文献资料。《马克思恩格斯全集》俄文2版发表了迄今为止能够找到的马克思恩格斯的所有书信。从这些书信里，读者第一次知道了马克思主义创始人身后留下的"放满箱子、纸包、包裹、书籍等等的这个阁楼的全部秘密"③。俄文2版中的科学参考资料就像一部大型的百科全书，为研究马克思主义理论，挖掘用之不尽的科学宝藏提供了便利的条件。

《马克思恩格斯全集》俄文2版的发行，对在全世界传播马克思主义具有重要的文本价值和实践意义。它不仅成为《马克思恩格斯全集》中文1版、朝鲜文版、罗马尼亚文版、塞尔维亚文版、波兰文版、保加

---

① 《马克思恩格斯全集》中文1版里没有收录这两个"一览表"。
② 马雷什.《马克思恩格斯全集》俄文第二版的编辑出版情况（摘译）. 马列主义研究资料，1983（4）.
③ 马克思恩格斯全集：第36卷. 北京：人民出版社，1975：31-32.

第二章 《马克思恩格斯全集》俄文版编纂研究

利亚文版、捷克文版、匈牙利文版、乌克兰文版等版本的母本,而且也是德文版、英文版、日文2版、意大利文版以及法文版《马克思恩格斯全集》的基础版本,甚至对《马克思恩格斯全集》历史考证版(MEGA²)的编辑也有相当大的影响。

但是,现在看来,《马克思恩格斯全集》俄文2版在许多方面还存在着不足,甚至带有重大的历史遗憾。1988年5月,马列主义研究院马克思恩格斯部主任柯尔宾斯基在研究院纪念马克思诞辰170周年的学术会议上做的报告中就曾指出这些缺点:首先,它远不是全集。懂英文、意大利文、甚至中文的读者很快就会比懂俄文的读者看到更全的《马克思恩格斯全集》版本。其次,俄译文有不足之处,每个卷次里都有错误。再次,第2版在结构上也有缺陷。最后,对原文的理解和注释的水平越来越不能满足读者要求①。在这里,我们将按照柯尔宾斯基的观点逐一分析:

第一,全集不全。由于《马克思恩格斯全集》俄文2版最初的出版定位是"供广大读者阅读的,并不是包括马克思和恩格斯全部著作的完整的供学术研究用的版本"②。所以,"俄文第二版收文并不齐全,它没有收录新发现的文献,如马克思1854年8月至11月写的《革命的西班牙》一组文章,现经考证,少收了其中编号为7的一篇文章。这类新发现的文章和通讯稿等,据不完全统计,已有数十件。此外,马克思恩格斯写作某些著作的准备性材料,如《资本论》手稿的一部分,《反杜林论》第十章《〈批判史〉论述》的五份准备材料,等等,均未收入。……还有一些已经以单行本刊出的著述,如《历史学笔记》《关于波兰问题的历史》《关于罗马尼亚人的札记》《数学手稿》等,以及《资本论》第1版(德文)和法文版等,也未收入"③。

第二,俄译文仍需斟酌,文本误收问题较多。尽管出版《马克思恩格斯全集》俄文2版有一支强大的专业人员队伍和一个优秀的专家集体,在文本翻译方面慎之又慎,但毕竟不是原文的编辑出版,在手稿很

---

① 马兵.《马克思恩格斯全集》俄文第3版在酝酿中.马克思恩格斯研究,1989(1).
② 中共中央马克思恩格斯列宁斯大林著作编译局.马克思恩格斯全集说明汇编.北京:生活·读书·新知三联书店,1977:2.
③ 聂锦芳.清理与超越:重读马克思文本的意旨、基础与方法.北京:北京大学出版社,2005:33.

难辨认的情况下译成俄文，出现错误是在所难免的。更为严重的问题的是，俄文 2 版误收了一些不是出自马克思恩格斯之手的文献。据考证，收入第 1 卷的《路德是施特劳斯和费尔巴哈的仲裁人》是费尔巴哈写的；收入第 18 卷的《沉默寡言的司令部饶舌家毛奇和一位不久前从莱比锡给他写信的人》是波克罕写的；收入第 19 卷的《论美国资本的积聚》是伯恩施坦写的，《品特是怎样造谣的》是李卜克内西写的；还有《马志尼和科苏特的活动。——同路易-拿破仑的联盟。——帕麦斯顿》《人民得肥皂，"泰晤士报"得贿赂。——联合内阁的预算》等，都不是马克思恩格斯写的。还有一些文献，如《西西里和西西里人》（收入第 15 卷）、《弗·威·克鲁马赫尔关于约书亚的讲道》、《参加巴登议会的辩论》、《弗·威·安德烈埃和〈德国的高等贵族〉》、《柏林杂记》、《集权和自由》（收入第 41 卷）等，都不能证明是出自马克思或恩格斯之手，但也未查明由何人撰写，应属存疑类材料，故也不应该收入正文之中①。

第三，版本结构存在较大的问题。正卷和补卷的形式以及编辑体例不统一是《马克思恩格斯全集》俄文 2 版结构上最大的问题。由于受到教条主义僵化观念的影响，第 2 版最初的编辑计划与第 1 版没有太大差别，即重视完成稿而不重视过程稿和修正稿，也不重视笔记。俄文 2 版编辑出版的根本目的是满足马克思主义俄国化的需要。20 世纪 60 年代初，因为马克思恩格斯新的文献遗产不断被发现，三十卷本的篇幅不足以收录全部文献，不得不扩展到三十九卷本；60 年代末，又因为与西方意识形态斗争的需要，马克思早期著作才得以收录。但是，正卷与补卷的形式说明了苏联编者在不同时期对待马克思恩格斯文献的态度是不同的。此外，正卷部分采用了相对独立的"三分结构"，但在补卷部分中，就不是这种严格的结构了：早期论著 5 卷，《资本论》手稿 5 卷，最后一卷还附带有新发现的一般论著和书信。正卷和补卷的形式以及体例的不一致不仅给初次阅读《马克思恩格斯全集》俄文 2 版的读者一种混乱的感觉，而且也给经常使用它的研究者造成了查找和研究相关文献的不方便。

第四，注释的水平受到历史的局限。为了让读者更好地理解马克思恩格斯著述的内容，也为了宣传的需要，《马克思恩格斯全集》俄文 2

---

① 聂锦芳. 清理与超越：重读马克思文本的意旨、基础与方法. 北京：北京大学出版社，2005：33；顾锦屏，王锡君. 宏大的翻译工程 丰富的理论宝库. 理论月刊，1986（9）.

第二章 《马克思恩格斯全集》俄文版编纂研究

版的编者为每卷都做了详细的卷前说明。但是，由于受时代局限，他们对马克思主义某些理论或概念的看法较为主观，这可能会引导读者做出错误的判断。例如，在第3卷关于《德意志意识形态》的卷前说明中这样说道："马克思和恩格斯所创立的理论的某些基本概念在《德意志意识形态》中还是用不太确切的术语来表达的，后来他们用比较确切表达这些新概念的内容的另一些术语代替了这些术语。例如，生产关系这个概念在这里是用'交往方式''交往形式''交往关系'等术语来表达的"①。这种说法影响深远，直至今日，某些读者对此仍然这样理解。

正因为存在着上述种种问题，特别是戈尔巴乔夫上台执政后苏联意识形态又发生了较大的变化，所以在苏联解体前，马列主义研究院曾有过编辑出版《马克思恩格斯全集》俄文第3版的打算，在1988年5月柯尔宾斯基做的报告中就提出了这个考虑。他在报告中说："在改革的条件下，生活对马克思学提出了新的要求，包括出版新的《马克思恩格斯全集》。在谈到如何搞好第3版时，报告人指出，首先要重新学习马克思主义创始人的著作，恢复他们学说的真正革命的实质，并要对一系列问题开展科学研究工作。"柯尔宾斯基还强调准确翻译术语、概念的重要性，他认为，"如果说最初一般地把握马克思的思想对于各门社会科学及其发展来说已经够用了，那么现在，十分确切地翻译术语、概念、规定已经成为迫切的需要"②。但是，在苏联时期出版《马克思恩格斯全集》俄文第3版的计划最终因戈尔巴乔夫改革失败导致的苏联解体而流产。

三、《马克思恩格斯全集》俄文2版与中文1版的关系

马克思主义在中国110余年的传播历程，特别是由中国共产党人开创的马克思主义中国化的进程，无不鲜明地体现和印证了马克思主义一脉相承、与时俱进的理论品质。如果有人问，马克思主义"一脉相承"的"脉"是什么，又在哪里？那么，我们会坚定地回答，这个"脉"就

---

① 中共中央马克思恩格斯列宁斯大林著作编译局. 马克思恩格斯全集说明汇编. 北京：生活·读书·新知三联书店，1977：19.
② 马兵.《马克思恩格斯全集》俄文第3版在酝酿中. 马克思恩格斯研究，1989（1）.

是马克思恩格斯思想理论中蕴含的基本精神，它存在于马克思恩格斯的著作和文本的字里行间。任何对马克思主义的创新和发展都离不开对马克思恩格斯思想本身的研究和挖掘，而这种研究和挖掘更离不开对马克思主义经典文献的翻译和理解。因此，我们党在新中国成立伊始，便把系统地编译马克思主义经典作家的著作的工作提上日程，成立了中央编译局，专门从事此项工作。《马克思恩格斯全集》中文1版是根据俄文2版编译的，编译出版工作历时30年。五十卷《马克思恩格斯全集》中文1版成为我国马克思主义经典著作编译史上系统化编译马克思恩格斯著作的奠基之作。

1.《马克思恩格斯全集》中文1版的编译和出版过程

早在延安马列学院时期，当对马克思主义经典著作的翻译初具规模化和组织化时，中国共产党人就集中力量编译和出版了"马克思恩格斯丛书"十种、《恩格斯军事论文选集》等。当然，要把马克思恩格斯的全部著作翻译成中文出版，是一项更为重要、更为浩大的工程。为了实施这项工程，达到这一目标，中国共产党人始终在不懈地努力着。因此，在中央编译局成立后，马克思主义经典著作编译事业进入了一个全新时代，党中央对经典著作编译事业提出了新的要求：要高质量地编译出版马克思主义经典作家的全部著作！

1954年年底，由苏联马恩列研究院编译的《马克思恩格斯全集》俄文2版第1卷问世。中央编译局立即着手以这个版本为母本，编译《马克思恩格斯全集》中文版。1956年9月，《马克思恩格斯全集》中文1版第1卷译校完毕，同年12月出版发行。《马克思恩格斯全集》俄文2版被世界公认为20世纪50—70年代对马克思恩格斯著述编译和研究最为成熟的成果，是当时世界上占主导地位、收文最全、内容最新的版本。依照这个版本编译的中文1版，也就成为所处时代的具有权威性的版本。为了保证译文质量，《马克思恩格斯全集》中文1版虽以俄文2版为主要依据，但在译校过程中同时参考了德文文本。

从1956年12月到1974年12月，《马克思恩格斯全集》中文1版39卷正卷全部出齐。在这艰难曲折的18个年头里，虽然编译和出版工作曾一度停滞，但是，中央编译局始终都把编译和出版《马克思恩格斯全集》作为一项重要的国家事业而常抓不懈，奋战在第一线的编译家们更是精益求精、默默耕耘，将青春和才华奉献给这项伟大的事业。1956—1965年，《马克思恩格斯全集》第1～22卷，即马克思恩格斯的论文、讲演、专题论著等全部著作集已经全部译出，共1 300多万字；除第20卷外，共出版21卷。1966—1969年是马克思主义经典著作出版工作的停顿时期，当时虽有译完校好的卷次，但不得不把这些译稿束之高阁。1970年8月下旬，党的九届二中全会在庐山召开。9月17日，周恩来同文化教育部门一些负责人谈话指出："毛主席在九届二中全会上讲，要学哲学，要反对唯心主义。同志们要好好读马克思恩格斯、列宁、斯大林的书，读毛主席的书"。"要懂得水有源树有根。毛泽东思想是从马克思列宁主义发展来的，马克思列宁主义是毛泽东思想的根。"① 1971年3月15日，毛泽东审改"两报一刊"编辑部文章《无产阶级专政胜利万岁》时写下批语："……这几年应当特别注意宣传马、列"②。随后，周恩来整顿和恢复中国的图书出版事业。1971年3月15日至7月29日，在他的亲自领导下，国务院召开了全国出版工作座谈会。遵照毛泽东和周恩来的指示，中央编译局恢复了《马克思恩格斯全集》的编译工作，为了弥补已经失去的时间，编译工作者们夜以继日、争分夺秒地加紧工作。在1971—1974年短短的四年间，共译校出版18卷，其中包括13卷书信集，三卷《资本论》，一卷三册《剩余价值论》，一卷恩格斯的《反杜林论》和《自然辩证法》等哲学著作。至1974年11月，《马克思恩格斯全集》39卷正卷全部出齐，其中，收录马克思恩格斯著作1 500余篇，书信4 000余封。

1977年到1985年，中央编译局又根据苏联新增补出版的《马克思恩格斯全集》俄文2版补卷部分编译出齐了后11卷。至此，50卷3 200万字的《马克思恩格斯全集》中文1版终于全部变成了中国人民可以直接享用的精神财富。它是马克思主义传入中国之后，第一部最完整、最系统的马克思恩格斯著作文集，并且也是目前在世界上能够与《马克思恩格斯全集》俄文版相媲美的重要版本。即便是马克思的故乡德国，其所编译整理的马克思恩格斯著作文本在完整性和系统性上，也无法与中

---

① 周恩来选集：下卷. 北京：人民出版社，1984：468.
② 逄先知，金冲及. 毛泽东传（1949—1976）：下. 北京：中央文献出版社，2003：1296.

文版相比①。

　　《马克思恩格斯全集》中文1版不仅翻译质量上乘，译文可靠，而且对经典作家的思想观点表述准确，在马克思主义传播史上具有里程碑意义。同时，《马克思恩格斯全集》中文1版的编译出版也是中国思想理论发展史上，乃至人类思想文化发展史上的一件大事。1986年5月5日，适逢马克思诞辰纪念日，由中国马克思主义研究会、中央编译局、人民出版社、中国社会科学院马列研究所联合举办座谈会，首都理论界、翻译界隆重集会，热烈祝贺《马克思恩格斯全集》五十卷中文版全部出齐。正如与会的专家学者反复强调的那样，《马克思恩格斯全集》中文版的出版，无论对于中国的思想理论建设，还是对于马克思主义理论的传播与发展，都具有不可磨灭的意义。"《马恩全集》的出版，是建国以来思想理论战线上和出版事业中的一件大事，是马列主义在中国传播历史上的一个新的光辉篇章。马恩全集的翻译出版，使两位伟大革命导师的凝结着人类智慧的六千多件、三千二百万字的珍贵文献，变成了中国人民可以直接享用的精神财富。""在我们这样一个十亿人口的民族，把人类思想文化发展史上这样一个重要的结晶——马恩全集全部出齐，这在马克思主义发展的历史上、传播的历史上，应该说是一件大事。""马恩全集五十卷的出齐，一定会对我们年青一代、新的党政领导人学习掌握马克思主义理论，学会正确地观察社会、经济、文化发展中所遇到的各式各样的新问题，所碰到的各种艰难的任务的解决，提供强大的精神武器。"②与会专家学者充分意识到，《马克思恩格斯全集》中文版的出版发行，无论对于我们更加科学地坚持马克思主义，还是在新的历史条件下发展马克思主义，都将产生深远的影响。一方面，"在马克思恩格斯的著作中我们可以学习对马克思主义的科学论证；可以学习马克思主义的许多基本原理；可以学习丰富的马克思主义的知识和历史知识及其他各方面的社会知识；可以学习马克思恩格斯的高贵品质；学习他们的治学方法和革命精神等等"。另一方面，"我们还要努力学习十

---

　　① 20世纪50年代，民主德国编辑出版德文版《马克思恩格斯著作集》（MEW）的工作与中国编辑中文版的工作几乎同时启动，在编辑体例上，民主德国也主要依据俄文2版划分卷次。最终，德文版只出版了正卷39卷和补卷4卷共43卷就停止了。

　　② 马编．首都理论界、翻译出版界热烈庆贺《马克思恩格斯全集》五十卷中文版全部出齐．马克思主义研究，1986（3）：319-320．

第二章 《马克思恩格斯全集》俄文版编纂研究

一届三中全会后党中央把马克思主义运用于我国的社会主义现代化建设，从而创造性地发展马克思主义的许多论述。正因为党中央创造性地发展了马克思主义，近八年中，我国的社会主义体制改革和各项社会主义建设事业才取得人所共知的进步。"①

《马克思恩格斯全集》中文1版是一个巨大而内容丰富的理论宝库，它的编译和问世为我们党的理论发展和创新提供了不竭的源头活水。中国共产党人以这样一个规模宏大的翻译出版工程向全世界宣告：中国人民在取得革命胜利以后，将继续在马克思恩格斯列宁创立的科学理论指引下推进社会主义事业。《马克思恩格斯全集》中文1版的编译和问世还为马克思主义中国化提供了坚实的文本基础，使马克思恩格斯的凝结着人类智慧的珍贵文献变成了中国人民可以直接享用的精神财富。只有全面、可靠地研究和理解马克思恩格斯的思想、理论和观点，才能将马克思主义基本理论与中国实际相结合；只有将马克思主义中国化，才能真正地运用马克思主义真理指导实践，解决中国的实际问题。

2. 《马克思恩格斯全集》中文1版的编译基础及其价值

虽然在《马克思恩格斯全集》中文1版出版之后，中央编译局又先后启动了《马克思恩格斯全集》中文2版和《马克思恩格斯文集》（10卷本）的编译工作，但是，时至今日，《马克思恩格斯全集》中文1版仍然是国内发表马克思恩格斯著述最完整的版本。其中收录的思想文献资源就像一部大型的百科全书，为研读马克思主义思想真理，挖掘用之不尽的科学宝藏提供了可靠的保障。

从经典著作翻译的角度来看，《马克思恩格斯全集》中文1版具有以下几个特点：

第一，以当时最具权威性的《马克思恩格斯全集》俄文2版为母本，版本定位合理。负责《马克思恩格斯全集》俄文2版编译出版的苏共中央马列主义研究院是20世纪在马克思主义文献典藏、版本研究和著作编译等方面最具权威性的机构。在那里，保存有8 000多份马克思恩格斯的手稿文献，其中三分之一是手稿原件；在那里，培养了一批批马克思恩格斯手稿的笔迹辨认专家、文献研究专家和版本编排专家；在

---

① 马编. 首都理论界、翻译出版界热烈庆贺《马克思恩格斯全集》五十卷中文版全部出齐. 马克思主义研究，1986（3）：320.

那里，始终保持着严谨而扎实的学术传统。这些条件保证了俄文版《马克思恩格斯全集》的翻译质量和编辑水平，使其成为所处时代收文最全、内容最新、较有权威性的全集。此外，俄文2版的版本定位是"供广大读者阅读的"大众普及版，这个定位十分适合马克思主义普及化和大众化的实际需要。数十年来，我国学术理论界的广大研究者和广大干部群众对《马克思恩格斯全集》中文1版的广泛运用充分表明，通过研究和学习这个宝库，马克思恩格斯的思想已经被转化为强大的物质力量，推动中国特色社会主义事业向前发展。

第二，依托强大的专业编译队伍，是集体智慧的结晶。《马克思恩格斯全集》中文1版的编译人员都是从新中国成立初期起经过多年培养逐渐成长起来的优秀编译人才。他们怀着崇高的使命感，在老一辈翻译家和理论家的精心指导下挑起了"代圣立言"的历史重担。同时，他们在译校的过程中还得到了苏联专家的直接指导和帮助，从而保证了译文的质量。《马克思恩格斯全集》中文1版还是集体智慧的结晶。这一方面体现在，每一篇文章、每一封书信和每一份笔记，无不经过若干道工序，经过若干人的手，经过一遍遍的校订和编辑。可以说，每字每句都经历了"千锤百炼"。另一方面还体现在，中文1版的译校工作得到中央编译局以外的专家的直接帮助。例如，马克思恩格斯著作中的许多军事文章是由中国人民解放军军事科学院外军部的专家翻译或校订的。著名数学家闵嗣鹤，物理学家张之翔，西方文艺史学家缪朗山，哲学家熊伟、朱光潜，翻译家李赋宁、许渊冲等许多大家都为《马克思恩格斯全集》中文1版的译文内容做过释疑，甚至译校过译稿。

第三，充分吸收前人成果，运用多语种版本进行译校和审定。从20世纪初到1949年新中国成立前，在中国公开出版了百余种马恩著作中文译本，像《共产党宣言》《德意志意识形态》《资本论》《反杜林论》《路德维希·费尔巴哈和德国古典哲学的终结》等人们耳熟能详的马克思恩格斯的重要著作已经有了经典中文译本。这些译本是真理的拓荒者在极端艰苦的条件下为传播马克思主义真理而留下的宝贵遗产，是伟大的思想文化成就。因此，在《马克思恩格斯全集》中文1版的编译过程中，凡已有中译本的论著，在重新译校时译者都要尊重前人劳动，充分吸收前人成果，"只能改好，不能改坏"。此外，在对这些马克思恩格斯的重点著作进行译校的过程中，中央编译局还特别组织局内外的德语、

第二章 《马克思恩格斯全集》俄文版编纂研究

英语等语种的专家,对马克思恩格斯的一些重点著作按照经典原著的语言文字,并参考其他文种进行了译校。例如,在重新译校吴亮平译的《反杜林论》时,以德文本为依据,同时参照了俄文、英文等译本反复推敲,相互验证,确有把握才动笔修改,从而在吸收原译本长处的基础上依靠集体智慧使译文质量有了新的提高。正是在忠实原文的基础上,《马克思恩格斯全集》中文 1 版的许多重要译作比较好地突出了文采,其中一些精彩的、经典的表述深深地打动了无数理论工作者和社会各界人士,至今都为人称道。

当然,由于《马克思恩格斯全集》中文 1 版主要是以俄文版为蓝本编辑和转译的,因此不可避免地存在一些编辑学和文献学方面的历史局限性。基于国际上马克思主义经典作家文献版本研究和著作编辑的新进展,以及马克思主义经典著作编译事业精益求精、不断推陈出新的诉求,中央编译局于 20 世纪 80 年代后期启动了《马克思恩格斯全集》中文 2 版的编译工作。第二版的编译工作主要以《马克思恩格斯全集》历史考证版($MEGA^2$)为蓝本,同时参考德文版、英文版、俄文版等版本。新版全集所收的全部文献都按照原著文字进行编译校订,力求更加准确地反映经典作家的原意和风格。中文 2 版预计出版 70 卷,迄今出版不足半数,仍任重道远。

《马克思恩格斯全集》中文 2 版的编译工程,得到了中央和社会各界的重视,特别引起了马克思主义理论界的关注,也产生了一些不同的理解和争论。例如,在如何评价《马克思恩格斯全集》中文 1 版和中文 2 版,以及如何客观全面地对二者加以比较的问题上,学术界产生了不同的看法,其中核心问题是如何评价《马克思恩格斯全集》中文 1 版的质量和水平。在这方面,理论界有一些不同的理解,既有强调 $MEGA^2$ 和中文 2 版重要性的意见,也有不同意过高评价 $MEGA^2$ 的声音;既有对中文 1 版的质量和水平表示怀疑的观点,也有认为中文 2 版的某些修改不如中文 1 版的看法。对此我们一定要历史地、全面地分析判断:既要充分肯定中文 1 版的历史地位和理论价值,又要看到 $MEGA^2$ 和中文 2 版的进步和新意。

我们首先应当确立的一个基本判断是:《马克思恩格斯全集》中文 1 版的翻译质量总的来说是好的,是可靠的,对于经典作家的思想观点的表述是准确的。的确,如前所述,《马克思恩格斯全集》中文 1 版主要是以俄文版为蓝本编辑和转译的，在一定程度上会有一定的历史局限性。但是，必须看到，这种局限性不属于理论观点等重大问题，而是属于俄文版在编辑学和文献学方面的问题。前面所指出的关于《马克思恩格斯全集》中文1版的编译特点就是确保中文1版的编译质量和水平的重要因素。对《马克思恩格斯全集》中文1版的编译质量和水平的充分肯定丝毫不会贬低或者否定MEGA[2]和中文2版的价值和意义。应当看到，新版《马克思恩格斯全集》的贡献和价值在于，它不是给我们提供关于马克思主义基本理论观点和思想的不同的理解，而是帮助我们更加全面地、历史地、深入地理解马克思主义经典著作和基本观点。具体说来，同中文1版相比，《马克思恩格斯全集》中文2版主要依据MEGA[2]、德文修订版、英文版等译校，是我国自行编排的版本，其主要的改进和新意体现在以下几点：

一是收文更全更准确，其中包括对新考证发现的文本（如论文、手稿、书信、笔记等）的收录，对原来收录有误的个别文本的调整等；二是译文在细节上更为准确，更为精细，对原译文对照这些著作发表时的文字文本，进一步校订完善；三是编排更加严谨和合理，整部全集按计划分为一般著述、《资本论》及其手稿、书信和笔记及摘录四个部分，每一部分的文献按年代顺序编排，从而比第一版更有利于读者查考和使用，克服了第一版在编年顺序和逻辑顺序上体例不够统一的缺点；四是资料更为翔实，在这一点上，中文2版同俄文版和中文1版相比，有很大的优势，其收录的关于马克思恩格斯在写作和发表时所做的各种修改，以及相关背景资料和考据资料，构成了中文2版的一个很大的亮点。

因此，不难看出，《马克思恩格斯全集》中文2版的编译出版，对于我们更加全面和准确地理解马克思主义经典作家的思想是完全必要的。但是，中文2版的编译出版不会否定中文1版在马克思主义经典著作编译史上的重要地位，也不会否定中文1版在未来我国的马克思主义理论研究和哲学社会科学发展中的重要价值。《马克思恩格斯全集》中文1版不仅为《马克思恩格斯全集》中文2版的编译工作提供了坚实的基础、丰富的经验和宝贵的财富，而且其本身就具有独特的理论价值和学术地位。

第三章 《马克思恩格斯全集》历史考证版与其他苏联马克思恩格斯文献编纂研究

《马克思恩格斯全集》历史考证版(MEGA)由梁赞诺夫发起编辑出版。MEGA共有两个版本。第1版"Karl Marx Friedrich Engels Historisch-Kritische Gesamtausgabe"一般称为MEGA^1。由于国际局势及苏联政治形势的变幻,梁赞诺夫的工作未能完成,MEGA^1 的编辑出版工作被中途搁置。若干年后,后人重新启动这项工作,第2版"Karl Marx Friedrich Engels Gesamtausgabe"一般称为MEGA^2。由于这两个版本分毫不差地用马克思恩格斯写作时使用的文字①出版,因此又被称作原文版,或国际版,但这两个概念均包括在历史考证版的概念之中。《马克思恩格斯全集》历史考证版(MEGA)作为马克思恩格斯文献遗产的一种重要的版本形式,它的出现,应该说是苏联时期马克思恩格斯文献编纂的伟大创举,它的产生是建立在对马克思恩格斯文献遗产的尽可能地全面占有的基础上的。进行这项伟大的创举需要极大的勇气和信心,虽然在编辑和出版它的过程中遇到了各种挫折和磨难,但迄今为止仍有世界多国的马克思学家为之默默耕耘,这从侧面再次证明了马克思恩格斯思想的当代价值。

---

① 据统计,在马克思恩格斯留下的文本中,约60%是用德文写成的,约30%是用英文写成的,5%是用法文写成的,还有5%则是用西班牙语、意大利文、拉丁文等文字写成的。(王东. 马克思学新奠基:马克思哲学新解读的方法论导言. 北京:北京大学出版社,2006:397.)

苏联时期马克思恩格斯重要著作编纂研究

在苏联时期，马列主义研究院在编纂《马克思恩格斯全集》俄文版和历史考证版的同时，还编纂了一系列其他著作成果，包括文库、年鉴、选集、文选、书信集，以及大量的单行本、选编本等。在全集不可能一下子出齐的情况下，这些马克思恩格斯的著述成果有力地推动了当时马克思主义在苏联的传播和普及，同时也为苏联学术界的研究者学习、理解和掌握马克思主义提供了种类多样的文本。研究这些著作成果的编纂情况，对于建构我国的马克思主义经典著作版本体系具有重要的启迪意义和借鉴价值。

一、MEGA¹的编辑与出版

1. MEGA¹的产生与最初版本规划

如前所述，通过个人将马克思恩格斯的遗著这笔人类思想的宝贵财富整理、编辑并出版成集的计划，在很长时期内都未能现实，只有当其成为一项国家事业才可能实现。在列宁的高度重视与关心下，梁赞诺夫积极开展相关工作。最初在1922年，他只准备出版俄文版的《马克思恩格斯全集》，因为当时他能够利用的，只是一些已经出版的著作以及他早先从各种报刊上搜集到的文章。但是，随着梁赞诺夫搜集到的文献越来越多，他意识到，对这些文献进行大量细致而烦琐的整理和识别工作，仅仅是为了将它们翻译成俄文，这显然是不合适的，"就像恩格斯的经验证明的那样，辨识马克思的手稿通常存在着更多无法克服的困难。辨识它们并翻译成德文并不比翻译成俄文容易，并且翻译首先要求明确原文的文本。由于这些巨大的困难，让我不禁问自己：难道做这么多的工作只为出版俄文版的马克思恩格斯全集吗？当然，俄国读者的要求应当被满足，但国际读者的期待更不应被忽视①。

于是，梁赞诺夫萌生了出版《马克思恩格斯全集》历史考证版（MEGA¹）的意图，并将这个想法向俄共（布）中央报告。苏维埃政府同意了梁赞诺夫提出的建议，并准予为此拨付所需的全部资金。1924年5

---

① Д. Рязанов. Деятельность института К. Маркса и Ф. Энгельса и его ближайшие задачи//Летописи марксизма Ⅴ. М. -Л.：Государственное издательство，1928：11.

第三章 《马克思恩格斯全集》历史考证版与其他苏联马克思恩格斯文献编纂研究

月,根据梁赞诺夫关于发现马克思恩格斯文献遗产的报告,俄共(布)第十三次代表大会通过了出版俄文版以及其他文字版《马克思恩格斯全集》的决议:"代表大会委托中央委员会同共产国际执行委员会协商,采取一切办法来尽快地出版俄文版和其他文字版的马克思恩格斯全集。"[①] 1924年6—7月召开的,共产国际第五次代表大会完全赞同俄共(布)第十三次代表大会的决议,提出所有的兄弟党都要为这项伟大的事业提供一切便利的条件:"只有在所有共产主义兄弟党的积极合作下,才将可能完成这项重要的任务,即出版一部马克思恩格斯著作和书信的完整版本,并为编辑马克思恩格斯的科学活动准备一切与相关的19世纪社会主义史和工人运动史的必要资料"[②]。共产国际第五次代表大会还委托梁赞诺夫全面主持这项伟大的工作:"请研究马克思,并请帮助我们完成《马克思恩格斯全集》历史考证版的编辑工作和搜集有关工人运动史、社会主义史和共产主义史的所有资料"[③]。

此外,早在1923年,梁赞诺夫就与法兰克福大学社会研究所的首任所长卡尔·格律恩贝格教授达成筹备出版MEGA¹的合作意向。1924年8月20日,马克思恩格斯研究院同法兰克福大学社会研究所正式签订合作协议,并共同筹建了马克思恩格斯文献出版公司。该出版公司为非营利性单位,主要作用是以一家西方出版公司的名义替马克思恩格斯研究院购买马克思恩格斯的文献,并出版MEGA¹及其配套研究刊物《社会主义和工人运动史文库》。

关于MEGA¹的版本宗旨,梁赞诺夫在MEGA¹的第Ⅰ部分第1卷前言中明确指出,"我们这个版本首先要向每一项马克思恩格斯研究提供客观的'基础',也就是说,通过清晰的编排,准确地再现马克思恩格斯的全部思想遗产"。因此,"我们提供的不仅是狭义上的著作,不仅是已经发表过的文章,而且是全部以手稿形式遗留下来的未发表过的著作、全部未发表过的文章和未完成稿。这两位作者的准备材料(搜集的资料、草稿、提纲、初稿和未被收入各个著作中的未完成稿)同样得到了最大

[①] 中共中央马克思恩格斯列宁斯大林著作编译局. 苏联共产党代表大会、代表会议和中央全会决议汇编:第二分册. 北京:人民出版社,1964:501.

[②] Пятый всемирный конгресс Коммунистического Интернационала. 17 июня-8 июля 1924г. Стенографический отчет, ч. Ⅱ, (приложения), М.-Л., 1925:180.

[③] 蒋仁祥. 达·梁赞诺夫和《马克思恩格斯全集》历史考证版第1版. 马克思恩格斯研究,1995(20).

程度的使用，如有必要作为附录收入。此外，我们除了发表马克思和恩格斯本人的全部书信外，还发表第三人写给他们的全部书信……全部著作和书信都以原著文字发表"，从而让"这个版本应当使学术界普遍能够见到所有不为人知的东西以及所有分散于各处的和有的发表时不准确或不是全文的东西"①。

根据梁赞诺夫在前言中的介绍，MEGA¹ 的编排原则是把按时间顺序编排与按学科和专题划分结合起来。同《马克思恩格斯全集》俄文1版的编排方式相同，将书信、著作和马克思的毕生巨著《资本论》分开编排。这样，MEGA¹ 拟出 42 卷，分为四个部分：第Ⅰ部分主要包括除《资本论》外的马克思恩格斯的所有哲学、经济学、历史和政治的著作，共 17 卷。这一部分基本按照时间的顺序排列，但这个顺序"有时也不得不打破。有时我们必须将某些由于内容或发表条件一致而相互有密切联系的著作和文章收归为一组"②。第Ⅱ部分主要收录马克思的《资本论》及其相关手稿和准备材料。这个部分还有一个特色，就是要根据以前没有发表过的经济学著作和散见于马克思笔记本摘录中的论述、评注和摘要，将马克思恩格斯最后出版的版本与他们以前的版本和手稿相比较，从而弄清哪些是马克思的原文，哪些是恩格斯在出版过程中对其进行的修改。这部分将不少于 13 卷。第Ⅲ部分主要收录马克思和恩格斯之间的书信，以及他们同第三人之间的书信，共 10 卷。梁赞诺夫认为，应当尽快发表马克思和恩格斯之间的通信，因为，"马克思和恩格斯之间的书信无论如何是历史文献，以可靠的形式全部发表这些书信，是学术上的迫切需要"；而且这样可以弥补伯恩施坦主编的《通信集》最主要的缺陷："被遗漏的信和书信片段加起来大约可以编成相当于现在一卷厚度的书信卷"③。因此，在书信部分，不宜按照严格的时间顺序编排，而应当将马克思恩格斯之间的通信放在其他书信之前。第Ⅳ部分是上述各卷的索引卷，共 2 卷。梁赞诺夫打算将这两部索引编成一本简明辞典，主要包括名目索引，即按照时间顺序列出马克思恩格斯著作中提及并论述的所有对象、术语、基本概念和问题；以及人名索引，即列出所有著作中出现的历史人物和马克思恩格斯引用过的人名，使读者了解马克思恩格斯对他们的评价和

---

①②③ 梁赞诺夫.《马克思恩格斯全集》历史考证版第 1 版前言. 马克思恩格斯研究，1995（21）.

第三章 《马克思恩格斯全集》历史考证版与其他苏联马克思恩格斯文献编纂研究

他们对马克思恩格斯的影响。但是，鉴于第Ⅳ部分只有等到全部卷次编辑完成之后才能问世，所以在此之前，每卷还将附有一本简要的说明性的索引。

2. MEGA¹的实施情况及其夭折

在经过曲折的文献搜集和精心的准备之后，1927年，MEGA¹第Ⅰ部分第1卷第1分册由马克思恩格斯文献出版公司正式出版，它比《马克思恩格斯全集》俄文1版还早出版了一年。从1927年到1935年的9年时间里，MEGA¹共计出版了12卷（13册）。

第Ⅰ部分出版了7卷（8册），共554部（篇）马克思恩格斯的著作和文章，其中马克思的180部（篇），恩格斯的226部（篇），马克思和恩格斯合著的8部（篇），不能确定作者是马克思或恩格斯还是两人合著的43部（篇），存疑文章12部（篇）。另外，还有附录材料85篇①。

第1卷分为两个分册，第1分册收录马克思1839—1843年间的早期著作，例如《博士论文》以及《博士论文》的准备材料关于伊壁鸠鲁斯多葛派和怀疑派哲学史的七个笔记和《黑格尔法哲学批判》，马克思发表在《莱茵报》《德法年鉴》《德国科学和艺术年鉴》上的一系列文章等；第2分册于1929年出版，收录了青年马克思的诗歌、1840年至1843年的柏林笔记、波恩笔记、克罗伊茨纳赫笔记以及截至1844年年初马克思撰写与收到的90封书信等。

第2卷于1930年出版，收录了恩格斯在1844年春天以前写成的早期论著，包括他为《德意志电讯》《莱茵报》《德法年鉴》《德国科学和艺术年鉴》写的文章，在柏林、瑞士和英国（1842年至1844年）撰写的文章，以及截至1842年撰写的书信等。

第3卷于1932年出版，主要收录马克思恩格斯在1844年7月至1845年夏天期间的论著，例如《神圣家族》、《1844年经济学哲学手稿》、马克思1844年至1845年的巴黎笔记等。

第4卷同样在1932年出版，专收恩格斯在1844年初至1846年6月期间的论著，主要有《英国工人阶级状况》以及1844年8月至1846年6月的一些短篇文章等。

---

① 聂锦芳. 清理与超越：重读马克思文本的意旨、基础与方法. 北京：北京大学出版社，2005：30.

第 5 卷于 1932 年出版，是《德意志意识形态》的专卷。

第 6 卷于 1932 年出版，收录了《哲学的贫困》《雇佣劳动与资本》《共产党宣言》以及马克思 1845 年至 1847 年的布鲁塞尔、曼彻斯特笔记等。

第 7 卷于 1933 年出版，收录 1848 年 6 月至 1848 年底马克思恩格斯在《新莱茵报》上发表的文章。

第Ⅰ部分已经出版的卷次编排情况同梁赞诺夫在前言中介绍的卷次编排设想不尽相同。梁赞诺夫曾指出，第 3 卷将包括"马克思和恩格斯在《德法年鉴》停刊后到 1845 年春天撰写的全部著作和义稿。它们的内容都是围绕《神圣家族》和《英国工人阶级状况》的"①。第 4 卷是《德意志意识形态》专卷，第 5 卷包括马克思恩格斯从 1846 年下半年到 1848 年革命前的所有著述，以《共产党宣言》作为此时期的结束。实际上，由于在 1932 年《1844 年经济学哲学手稿》已经被考证出不是《神圣家族》的准备材料②，而是马克思早期非常重要的著述。因此，在第 3 卷的实际编辑中，第一次完整发表《1844 年经济学哲学手稿》的三大笔记本占了相当大的篇幅，《英国工人阶级状况》不得不收进第 4 卷，后面的各部著作在卷次编排上也只能顺延。

第Ⅲ部分出版了 4 卷：1931 年前出版了第 1 卷至第 3 卷，内容分别为 1844—1853 年、1854—1860 年、1861—1867 年马克思恩格斯之间的通信。1933 年出版了第 4 卷，内容为 1868—1883 年马克思恩格斯之间的通信。第Ⅲ部分共收录马克思恩格斯 1844—1883 年的共 1 570 封书信，其中马克思写给恩格斯的信 885 封，恩格斯写给马克思的信 646 封，另外还有马克思恩格斯与第三人的通信 39 封③。

---

① 梁赞诺夫.《马克思恩格斯全集》历史考证版第 1 版前言. 马克思恩格斯研究，1995 (21).

② 20 世纪初，梁赞诺夫在看马克思《巴黎笔记》手稿的照相复制版时，发现其中有三个笔记本是一个相对独立的理论文本，不同于其他摘要性笔记，但他没有意识到这是一部没有完成的重要著述，即后来的《1844 年经济学哲学手稿》，而将其认为是《神圣家族》的准备材料。因此，1927 年，梁赞诺夫将这个文本有选择地部分发表在俄文版《马克思恩格斯文库》第Ⅲ卷上，后来又于 1929 年转载于《马克思恩格斯全集》俄文 1 版第 3 卷上，标题均为《〈神圣家族〉的准备材料》。那么，在准备 MEGA¹ 时，他自然也会将《1844 年经济学哲学手稿》看作是"围绕《神圣家族》"的"内容"。

③ 聂锦芳. 清理与超越：重读马克思文本的意旨、基础与方法. 北京：北京大学出版社，2005：30.

第三章 《马克思恩格斯全集》历史考证版与其他苏联马克思恩格斯文献编纂研究

1935年，为纪念恩格斯逝世40周年，马恩列研究院还出版了内容为《反杜林论》和《自然辩证法》的合卷，以MEGA¹的名义发表，但没有编卷次①。此外，在1939年和1941年，研究院还根据MEGA¹的编辑原则，在莫斯科外文出版社出版了单行本的马克思《1857—1858年经济学手稿》及其补卷，苏联编者为它们加的标题为"1857—1858年政治经济学批判大纲"及"卡尔·马克思《1857—1858年政治经济学批判大纲。补卷，1850—1859年》"。但是，当时这个文献不是以MEGA¹的名义发表的，更没有编卷次。

1935年，MEGA¹的编辑出版工作戛然而止。究其原因，虽然国际风云变幻的外部因素不可忽视，但苏联社会及政局的急剧向"左"转向是最主要的和重要的内部因素。

从国际因素上看，德国法西斯专政对马克思主义创始人遗稿造成的严重威胁，以及第二次世界大战爆发后，法西斯德国入侵苏联是造成MEGA¹工作中断的外部原因。1932年1月底，希特勒在杜塞尔多夫工业家俱乐部发表讲话，明确地表示："我们下了坚强的决心，要在德国把马克思主义连根拔掉"②。从此，法西斯的黑云笼罩在德国的上空。他们不仅四处逮捕德国共产党人，焚烧马克思主义著作，而且也不放过社会民主党人，"那时连瞎子都能看到同希特勒不能谈和平了，他是要向工人运动宣战，直到把它彻底消灭为止"③。保存在德国社会民主党档案馆中的马克思恩格斯珍贵文献为逃离纳粹的魔爪而不得不一再转移，这使得这笔遗产遭受了严重损失。流亡在外的德国社会民主党领导人开始把文献遗产看成负担，并出于对经费的迫切需要，打算出售这批无价之宝。在这种情况下，苏联马恩列研究院向德国社会民主党中央提出两种方案：一是马恩列研究院准备出巨资购买马克思恩格斯的文献遗产；二是假如德国社会民主党不愿意这样，那么研究院也可以用一笔不定期的无息贷款换取这批文献的保管权。在第二种方案中还补充建议，文献遗产可以由德国社会民主党决定送到某一个不受战乱侵扰的中立国

---

① Литературное наследство К. Маркса и Ф. Энгельса: История публикации и изучения в СССР. М.: Политиздат, 1969: 195.

② Хайнц Шмерн, Димер Вольф. Великое наследие: исторический репортаж о литературном наследии Карла Маркса и Фридриха Энгельса. М.: Издательство полической литературы, 1976: 106.

③ 同②109.

去，不管过多长时间，一旦法西斯专政垮台，德国社会民主党就可以重新得到这批文献，苏联马恩列研究院还将提供其所拥有的马克思恩格斯文献的全部照片复印件①。但是，德国社会民主党人并不信任苏联，他们公开声明："布尔什维克的建议很可能引起其他同我们在精神上、政治上更加接近的团体的类似建议，如果发生了这种情况，那么同俄国人进行谈判的唯一理由也就不存在了，党的执委会也可以按同样理由去跟别人谈判"②。最终，在1938年，流亡的德国社会民主党领导人将这批财富以7.2万盾荷兰币的价格永久地卖给了荷兰的阿姆斯特丹国际社会史研究所。

此外，由于纳粹的肆虐，原本由设在柏林的马克思恩格斯出版社③负责的MEGA¹的出版工作，到了1933年不得不转移至苏联境内进行，1933—1935年，MEGA¹主要由莫斯科和列宁格勒的外国工人出版社出版。1941年，法西斯德国突然对苏联发动大规模进攻，许多苏联文献学家弃笔从戎，保家卫国。马恩列研究院能够从事编辑工作的研究人员几乎都去了前线，MEGA¹的工作不得不中断。

从苏联政局内部因素来看，为适应联共（布）建立"斯大林社会主义模式"政治路线和政治经济体制的需要，为树立斯大林个人理论权威的需要，苏联学术界开展的"大批判"和"大清洗"是造成MEGA¹夭折的主要原因。

20世纪20年代末，斯大林在战胜党内各种反对派，政治地位得到巩固之后，他取消了列宁的新经济政策，推进高速建设国家工业化和农业集体化的方针，逐步建立起高度集中的政治经济体制，即"斯大林社会主义模式"，为了同政治经济社会这种巨大的"转变"相协调，意识形态领域也必然要进行"斗争"，以此树立自己在理论上的绝对权威。1930年12月9日，斯大林在接见红色教授学院哲学和自然科学党支部委员会成员时，就学术战线的形势和任务问题发表重要"谈话"。这次"谈话"确定了联共（布）中央在哲学社会科学领域的方针和政策，即明确了将

---

① Хайнц Шмерн, Димер Вольф. Великое наследие: исторический репортаж о литературном наследии Карла Маркса и Фридриха Энгельса. М.: Издательство полической литературы, 1976: 126.

② 同①127.

③ 1929年，美因河畔法兰克福的马克思恩格斯文献出版公司解散后，梁赞诺夫随即在柏林设立了马克思恩格斯出版社。

第三章 《马克思恩格斯全集》历史考证版与其他苏联马克思恩格斯文献编纂研究

学术问题同党内的政治斗争联系起来，同"面临的最重要的阶级斗争任务结合起来"的重大任务，斯大林指出，"如果使哲学脱离政治，理论脱离实践——那算什么马克思主义"。为了实现这个任务，必须不惜一切手段，全面而彻底地在学术界进行"进攻"和"批判"，"应当把哲学和自然科学方面积攒起来的粪便全部翻腾和挖掘出来。……摧毁一切错误的东西"。在谈话中，斯大林还提到了要"严厉批判"的对象，其中包括在党内身居要职的梁赞诺夫①。

1931年2月16日，梁赞诺夫以支持"在苏联的孟什维克分子进行反革命的、仇视苏联的活动"的罪名被捕，17日，他被开除党籍，撤销职务，并被流放到伏尔加河畔的萨拉托夫。随后，马克思恩格斯研究院的130名研究人员被"清洗"，仅留下3名工作人员继续MEGA¹工作：П. Л. 韦勒（后来在卫国战争中牺牲）、Ф. 席勒和Г. 古佩特。尽管马恩列研究院院长阿多拉茨基继承了梁赞诺夫的工作，包括出版MEGA¹，但是，斯大林持续开展的"肃反"运动严重影响了MEGA¹的工作。许多为学术研究而远离自己祖国的德国、奥地利等国家的共产党员专家在30年代遭到残酷的迫害，这也致使由梁赞诺夫建立起的国际性学术联系被迫中断。此外，为了配合马克思主义理论宣传和普及的需要，马恩列研究院的整体工作重心主要放在了出版更具有普及意义的单行本和《马克思恩格斯全集》俄文1版上，MEGA¹的工作仅仅由马克思恩格斯部下设的一个工作组来完成。而且在这种情况下，马恩列研究院还想方设法简化工作程序，以便加快MEGA¹的编辑出版工作进程。

20世纪30年代上半期，经过对学术界，特别是对哲学领域的"大清洗"，苏联哲学终于找到了自己在苏联社会中的位置，这就是为无产阶级政治和意识形态服务。马恩列研究院全力出版列宁的著作、斯大林的著作、联共（布）党史与共产国际历史的研究文献，以及马克思恩格斯著作的普及版，目的是服务于无产阶级政治宣传，以及配合与资产阶级意识形态斗争的需要。1936年，苏联宣布在人类历史上第一个建立社会主义制度，但是，这个制度有着深深的斯大林烙印。苏联历史进入了斯大林时代，苏联哲学更是以斯大林思想为真理。纯粹的学术研究遭

---

① 陆南泉，姜长斌，徐葵，等. 苏联兴亡史论. 北京：人民出版社，2002：441-445.

到摒弃。在这种态势下,为纯粹的"马克思学"研究而编辑 MEGA[1] 的工作自然也不会有任何发展,最终只能不了了之。

3. MEGA[1] 编辑和出版的重要意义及其历史局限

由梁赞诺夫开创、阿多拉茨基艰难维持的 MEGA[1] 编辑出版事业虽然最终没有完成,但是,它所产生的意义、价值和影响却非常深远。不能把 MEGA[1] 编辑出版仅仅看作是简单的文献整理编辑工作,因为它是一项包括了马克思恩格斯文献搜集、整理、辨识、研究、编辑等一系列复杂活动的规模宏大的科学工程,是苏联马克思主义者全面完整地再现马克思恩格斯思想发展历程和脉络的一次伟大创举和尝试。这项工程不能仅从 1927 年 MEGA[1] 第 Ⅰ 部分第 1 卷的面世算起,因为从 1921 年马克思恩格斯研究院建立之日起,甚至早在 1911 年梁赞诺夫联合鲁道夫·希法亭等奥地利马克思主义学者发起制定"维也纳出版计划"时,它就已经在酝酿、筹划和准备了。所以,MEGA[1] 编辑出版事业不仅在马克思文献学历史上具有重要价值,为后来的 MEGA[2] 编辑出版工程奠定了坚实的文本学和文献学基础,而且在马克思主义理论研究方面,它也直接或间接地发挥了推进作用。

从马克思主义文献学意义上看,MEGA[1] 的编辑出版工作体现了极高的水准,是在没有前人经验可借鉴的情况下第一次对马克思恩格斯全部文献遗产"以最大的准确性有系统地再现"的尝试,即不仅按照马克思恩格斯写作时所用的语言文字,按照历史的时间顺序来编辑,而且还要对每一份著作、手稿、书信、摘录、笔记进行系统的考证编排,包括文本的辨识、对各阶段准备材料或修改过程稿在细节上的全面展现与对比,等等。这样繁复庞杂的工作在当时的历史条件下是极为艰巨的。尽管如此,梁赞诺夫和阿多拉茨基领导的工作团队还是将这项工作做得十分出色,不仅为马克思恩格斯文献学研究打开了无限广阔的历史和国际视野,也为 MEGA[2] 的编辑出版提供了宝贵的实践经验。尽管 MEGA[2] 是在新的历史条件下重新开始的独立的马克思恩格斯文献编辑出版工程,而不是 MEGA[1] 编辑出版工作的延续,但两者有着密切的关系,主要是在版本形式和内容上,都以历史考证、原文语言、全面完整、资料翔实等为特征。可以说,MEGA[1] 编辑出版工程是迄今仍在进行的 MEGA[2] 的编辑出版工作的历史滥觞。

第三章 《马克思恩格斯全集》历史考证版与其他苏联马克思恩格斯文献编纂研究

从马克思主义理论研究方面看，在筹备、编辑与出版 MEGA¹ 的过程中，大量新发现的马克思恩格斯文献不断被发表和研究，极大地促进了 20 世纪国际上对马克思恩格斯生平、事业、著作和思想等多方面的研究，为深入、全面理解马克思主义创始人的思想理论提供了可能。从另一个意义上说，苏联国内学术界，苏联哲学发展中的几个重要历史阶段的发轫与 MEGA¹ 的诞生皆有必然的联系。以 20 世纪 20 年代后半期在苏联马克思主义理论界内部进行的一场延续数年的关于辩证唯物主义的大辩论为例，1926 年，梁赞诺夫在《马克思恩格斯文库》上首次用俄文发表了恩格斯的《自然辩证法》，这一重要文献的问世立即让发端于 1924 年的"德波林派"与"机械论派"的论战①进入高潮。1926 年 3 月到 5 月，两派每天举行辩论会，每次 4 小时以上，双方主要的辩论内容为：在科学之外是否存在哲学辩证法。再如，《德意志意识形态》第一章、马克思同查苏利奇关于俄国村社制度的通信等重要文献首次在《马克思恩格斯文库》及 MEGA¹ 上发表后，引起了苏联哲学界在 1929—1931 年关于社会经济结构的广泛讨论。讨论主要集中在两个问题上：马克思恩格

---

① 十月社会主义革命胜利后，在俄国理论界出现了贬斥包括马克思主义哲学在内的一切哲学理论的虚无主义倾向，其根源一方面在于西方实证主义哲学在俄国的广泛流传，尽管为此列宁曾写作《唯物主义和经验批判主义》一书对第二代实证主义的代表——马赫主义进行了深刻的揭露和批判，但是，在苏维埃政权中主张坚持"实证哲学"，取消传统哲学的仍不乏其人；另一方面，一些坚定的布尔什维克者简单地认为哲学是资产阶级的专属品，只有取消哲学才能让无产阶级彻底摆脱资产阶级腐朽意识形态的枷锁，持这种幼稚观点的，包括著名的马克思著作翻译家斯克沃尔佐夫-斯捷潘诺夫。1924 年，斯克沃尔佐夫-斯捷潘诺夫写了一篇题为《历史唯物主义和现代自然科学》的文章，作为 Г. 戈尔捷尔《历史唯物主义》一书的附录发表。文章写道："马克思主义者应当直接地和公开地说，他接受这种所谓的对自然界的机械论的观点，接受从力学的角度对自然界的理解。"(Г. 戈尔捷尔. 历史唯物主义. 莫斯科，1924：166.) 斯捷潘诺夫的文章遭到以德波林为首的一些人的强烈反对。他们批评斯捷潘诺夫回避辩证方法及其对自然科学的积极作用，强调学者和科学家们应当将对唯物主义和辩证法的理解从自发水平提高到自觉。由此，大辩论正式展开，辩论的范围除辩证法外，还包括科学方法论、哲学史等方面。从 1924 年至 1929 年，辩论持续了 5 年之久，最终以"德波林派"的胜利而告终。但是，在理论上，虽然虚无主义被彻底战胜，可是"德波林派"对哲学凌驾于具体科学之上的特权地位的追求使苏联出现了哲学粗暴干涉具体科学的倾向。此外，他们还抹杀了马克思主义与它之前的哲学理论的原则区别，将哲学研究引向黑格尔、普列汉诺夫，脱离了革命实践的需要，这为随后的悲剧结局埋下了伏笔。"德波林派"主要代表包括 И. 德波林、Н. 卡列夫、Г. 巴姆麦利、И. 卢波尔、Я. 斯滕等，"机械论派"包括 А. 季米里亚泽夫、И. 斯克沃尔佐夫-斯捷潘诺夫、В. 萨拉比扬诺夫、Л. 阿克雪里罗得等。(安启念. 苏联哲学 70 年. 重庆：重庆出版社，1990：14—20；Литературное наследство К. Маркса и Ф. Энгельса: История публикации и изучения в СССР. М.: Политиздат, 1969: 217.)

斯的社会经济结构的一般方案和亚细亚生产方式概念[①]。这次讨论促使苏联学者更加深入地研究科学共产主义奠基人对社会经济结构的观点，推动他们研究具体材料，摆脱庸俗社会学观点的影响。

当然，在那种困难的情况下开始的MEGA¹编辑出版工作不可避免地存在着一些不足。例如，在注释方面，由于梁赞诺夫不对历史事件做注释，只做文本注释和文献注释，因此，在MEGA¹中几乎没有关于历史事件的注释，这让读者在读到一些不容易理解的地方时，由于缺乏辅助性的理解材料，很难形成明确的认识。注释编排体例也不够严谨，有的卷次的注释被列在卷末，而有的卷次则将注释放在每页的行下[②]。此外，在MEGA¹中还存在多处不准确的地方，例如，收录在第Ⅰ部分第6卷中的《外国人在布鲁塞尔所受的迫害》被误认为是恩格斯的作品，实际上，它的作者是马克思。

二、MEGA²的编辑与出版

1. MEGA²的产生过程简述

1954年年底，《马克思恩格斯全集》俄文2版第1卷出版后不久，莫斯科马恩列研究院的研究人员提出：20年代梁赞诺夫开始筹备出版《马克思恩格斯全集》俄文1版时，同时进行编辑MEGA¹的工作；那么，现在出版俄文2版，也应当考虑编辑新版的MEGA。1955年春，民主德国的柏林马列主义研究院听到这个消息后表示赞同并热烈地响应这个提议。1956年，在反对个人崇拜和教条主义的苏共二十大上，一些代表尖锐地提出，《马克思恩格斯全集》俄文2版没有收录马克思恩格斯的早期著作，这种做法是不正确的。借此机会，重新启动编辑出版MEGA的呼声也随之出现。莫斯科马列主义研究院的一些学者呼吁，只有继续编辑已经中断的历史考证版，才能把马克思恩格斯的全部著作遗产公之于众。与此同时，民主德国统一社会党中央书记处于5月16

---

① Литературное наследство К. Маркса и Ф. Энгельса： История публикации и изучения в СССР. М.：Политиздат，1969；220.

② 同①202.

第三章 《马克思恩格斯全集》历史考证版与其他苏联马克思恩格斯文献编纂研究

日做出决议:"政治局同意马列主义研究院协助苏联共产党中央委员会马列主义研究院计划的马克思恩格斯版本的工作。"也就是说,统一社会党中央支持柏林马列主义研究院与莫斯科马列主义学院共同进行MEGA的编辑出版工作[①]。

1957年,当柏林马列主义研究院代表到莫斯科马列主义研究院访问时,两家研究院就编辑出版MEGA的工作进行了热烈的讨论。莫斯科方面提出,要继续完成MEGA¹的编辑出版工程,先对MEGA¹第Ⅰ部分已出版的7卷进行审订,同时筹备编辑第8卷。柏林方面回国后根据莫斯科学者的意见提出的设想是编辑出版新版MEGA,一方面,在编辑出版第8卷的同时也要再版第1~7卷;另一方面,可以考虑在原来结构的基础上增加一个部分,来收录马克思恩格斯的摘录、笔记、片段等。1958年,柏林马列主义研究院代表访问莫斯科,与苏联同行再次就编辑出版MEGA的问题进行讨论。莫斯科马列主义研究院基本赞成柏林方面的意见,并就个别问题提出了自己的想法。

尽管早在1956年5月德国统一社会党中央政治局就正式同意柏林马列主义研究院参加编辑新版MEGA的工作,但这个设想却遭到苏共中央的反对。1957年11月,德国统一社会党第一书记瓦尔特·乌布利希将他们的决议通报给苏共中央,希望能有转机,但苏共中央仍不同意,只打算增补《马克思恩格斯全集》俄文2版的卷次。尽管如此,1961年4月,柏林马列主义研究院还是将编辑新版MEGA列入自己的工作任务计划中,提出在结束《马克思恩格斯全集》德文版[②]后就开始新版MEGA的编辑工作。1962年3月,统一社会党中央委员会书记处批准了柏林马列主义研究院的计划。1963年12月,书记处正式通过了准备出版新版MEGA的决议。1964年1月18日,乌布利希写信给赫鲁晓夫说,在马克思逝世80周年后和民主德国成立15年后应该是编辑出版"德意志人民的两个伟大儿子"的全部著作遗产的时候了。同时,

---

[①] 赵玉兰. 从MEGA¹到MEGA²的历程:《马克思恩格斯全集》历史考证版的诞生与发展. 北京:中国社会科学出版社,2013:176.

[②] 德文版《马克思恩格斯全集》是柏林马列主义研究院根据德国统一社会党中央的决议,在《马克思恩格斯全集》俄文2版的基础上编辑出版的版本。从1957年到1968年,共出版39卷(42册),1973年、1974年又出版了两卷"补卷"。鉴于马克思恩格斯的著作绝大部分是用德文写成的,在编辑时,作者用德文写的就按原文刊印,用其他文字写的,则根据作者审定的版本译成德文。因此,虽然德文版"不全",但更忠实于马克思文本的本来面目,具有独特的价值。

他在信中还提到了柏林马列主义研究院已经做好编辑新版 MEGA 的准备,希望莫斯科马列主义研究院给予支持与合作。这一次,乌布利希的建议得到了苏共中央的明确回复。7 月 3 日,赫鲁晓夫经过苏共中央主席团同意给乌布利希回信,表示会积极响应。不久,苏共中央同意莫斯科马列主义研究院参加编辑出版 MEGA 的工作,并同意向柏林马列主义研究院提供苏共中央档案馆中马克思恩格斯所有未发表文献的复印件。1966 年 5 月 20 日,苏共中央秘书处通过了关于编辑出版新版 MEGA 的决议;6 月 23 日,这个决议由苏共中央政治局正式批准通过。

在 1964 年苏联同意参加编辑新版 MEGA 工作时,莫斯科马列主义研究院坚持新版 MEGA 应与《马克思恩格斯全集》俄文 2 版相匹配,以 50 卷为限,不建议收入摘录和笔记,只包括三个部分。这可以说是此前两家研究院几轮讨论结果的倒退,柏林马列主义研究院对此并不满意。同时,莫斯科方面一直没有确定其新版 MEGA 编辑委员会的成员,直到半年多后,成员才最终确定。1965 年,经过两党中央和两家研究院的多次协商,MEGA 编辑委员会成立了,并于 1965 年 10 月 14—16 日在莫斯科召开了第一次编委会会议。

在这次会议上,首先要解决的就是 MEGA² 版本性质的问题,即到底是编辑历史考证性质的《马克思恩格斯全集》,还是编辑一部"原语言的完整版本"的一般研究性质的《马克思恩格斯全集》。经过 1965—1968 年召开的四次编委会会议的激烈讨论,最后两家研究院一致同意出版历史考证性质的版本,但是这个版本并不是在 MEGA¹ 基础上的继续编辑,而是一个全新的版本。新版本封面上的名称是《马克思恩格斯全集》,即"Karl Marx Friedrich Engels Gesamtausgabe",不像第 1 版,包含"历史考证"字样。在版本结构上,第 2 版共分为四个部分,除了 MEGA¹ 的三个部分外,还增加第四部分,专门收录马克思恩格斯的摘录和笔记。这样,MEGA² 计划共编辑 162 卷(172 册),当时预计全部卷次于 2020 年完成。在 1968 年 12 月 4—10 日召开的编委会会议上,编委会的成员初步确定了编辑准则,并对两家研究院的工作进行了分工:第 Ⅰ 部分由柏林马列主义研究院承担,第 Ⅲ 部分由莫斯科马列主义研究院承担,第 Ⅱ 部分和第 Ⅳ 部分由两家研究院共同承担。

第三章 《马克思恩格斯全集》历史考证版与其他苏联马克思恩格斯文献编纂研究

此外，在马克思恩格斯文献的来源上，尽管苏联已经搜集了大量的手稿原件和照片复印件，但还有三分之二的手稿收藏在荷兰阿姆斯特丹的国际社会史研究所。1969年11月，莫斯科马列主义研究院和柏林马列主义研究院同荷兰阿姆斯特丹国际社会史研究所进行了一系列谈判，最后达成以对等原则利用对方文献的协议，即阿姆斯特丹国际社会史研究所允许两家研究院为编辑MEGA²使用其所拥有的马克思恩格斯文献遗产的原件，而两家研究院也允许国际社会史研究所使用它们所收藏的马克思恩格斯文献遗产以及19世纪工人运动史的全部资料。

前期准备工作做完后，1972年7月，MEGA²的试编卷出版了，它的内容包括前言、编辑原则、四个部分的试编样稿以及相应的资料部分。试编卷面向苏联、美国、日本以及一些欧洲国家的科研机构和学者征求意见，引起了巨大的国际反响。到1972年底，莫斯科和柏林马列主义研究院收到了来自世界各地百余份反馈意见。编委会采纳了许多学者和机构提出的建设性的意见和批评意见，并制定出MEGA²新的编辑原则：MEGA²要为有一定水平的使用者理解马克思恩格斯的原著提供所有信息，使其一般不需要其他工具书就可以使用这一版本。

1975年10月，MEGA²第Ⅰ部分第1卷由柏林狄茨出版社正式出版。1975—1983年，每年只能出版1~2卷，从1987年起每年出版3卷，到20世纪80年代末每年就能出版4卷了。到1991年，共计出版了39卷（45册），其中第Ⅰ部分14卷，第Ⅱ部分10卷（16册），第Ⅲ部分8卷，第Ⅳ部分7卷。在这些卷次当中，三分之二由莫斯科和柏林马列主义研究院编辑，三分之一由德国其他研究机构和高校的MEGA²编辑小组[①]负责。

然而，MEGA²命运多舛。1989年秋，民主德国政局动荡，柏林马列主义研究院变更为工人运动史研究院。1991年苏联解体前，莫斯科马列主义研究院短暂地更名为"社会主义理论和历史研究院"；苏联解

[①] 由于柏林马列主义研究院自身能够从事MEGA²编辑工作的人员有限，于是它向德国其他研究机构和高等院校求助。1969年，它曾与民主德国科学院、哈雷大学、爱尔福特-米尔豪森师范学院签订初步协议，在这些单位成立了MEGA²编辑小组，参加编辑工作，同时培养专门人才。后来在柏林洪堡大学、莱比锡大学、耶拿大学也成立了MEGA²编辑小组。

体之后，这个研究院也随之瓦解，取而代之的是俄罗斯社会和民族问题独立研究院，原来附属于研究院的图书馆和档案馆各自独立。在这种情况下，MEGA²的编辑出版工作面临着再度夭折的危险[①]。

2. 苏东剧变前MEGA²的结构及特点

在版本结构上，MEGA²将马克思恩格斯全部著述根据不同的创作形式划分为四大部分：第Ⅰ部分为一般论著，第Ⅱ部分为《资本论》及全部准备材料，第Ⅲ部分为书信，第Ⅳ部分为马克思恩格斯写的全部提纲、摘录、笔记及批注。四个部分单独编卷，没有统一的编号。每一部分的材料全部严格按照时间顺序[②]编排。每一卷都分为两册，一册是正文卷，一册是科学资料卷。正文卷中除编者前言、被确定是马克思恩格斯写的著作以及经他们同意的文本外，还有附录。附录收录了那些可能是马克思恩格斯写的，但没有得到确切证明的著作。科学资料卷主要包括对每篇文献写作、发表和流传过程的介绍，正文的注释，文献索引，人名索引，地名索引，名目索引，异文表，等等。

第Ⅰ部分的内容包括除《资本论》及其准备材料之外的哲学、历史、经济学、军事、文学和自然科学等在内的马克思恩格斯的全部论著。其中，不仅收录已经正式出版的或经作者最后审订的论著，而且还包括论著本身的提纲、草稿、初稿以及所有经作者审阅过的稿本，详细地再现论著本身的变动情况。马克思恩格斯翻译过或校订过的其著作的

[①] 为了让MEGA²不致半途而废，欧洲、美洲和亚洲的许多学者纷纷向民主德国、苏联和荷兰政府呼吁，希望能够继续MEGA²编辑出版的工作，有些相关国际人士和机构还表示，要从人力和物力上给予支持。在这种情况下，经过多次协商，民主德国柏林科学院（在这里成立了MEGA²委员会，以代替柏林马列主义研究院）、荷兰阿姆斯特丹国际社会史研究所、德国特里尔马克思故居和莫斯科马列主义研究院共同决定，建立"国际马克思恩格斯基金会"（IMES）。1990年10月2日，这个基金会的理事会在阿姆斯特丹成立，同时接收了MEGA²的出版权。1992年，基金会在法国的普罗旺斯地区埃克斯城召开了修订MEGA²编辑原则的国际会议。会议增添了两条重要的编辑原则：一是国际化，今后编辑工作不限于柏林和莫斯科，要吸收更多国家的研究人员参加；二是学术化，排除任何党派的政治目的，消除有关意识形态方面的规定。但由于基金会没有充足的资金，必须节约人力和财力，因此MEGA²的卷次由原来的162卷（172册）缩减到114卷（123册）。计划于2030年全部出齐。1998年2月，MEGA²的出版工作恢复正常。

[②] 在MEGA²中的时间顺序主要指每一篇著作的写作时间，而不是发表时间。未注明写作日期的手稿按查到的写作日期编排，如果无法查明，则按照推测的写作日期编排。

第三章 《马克思恩格斯全集》历史考证版与其他苏联马克思恩格斯文献编纂研究

译文,以及经他们认可由其他人翻译或校订的译文也被收录进来。此外,第Ⅰ部分还完整地收录了马克思恩格斯关于工人运动中发生的各种事件的札记和记录、他们在集会上的讲话、在讨论中的发言,马克思恩格斯的战友、家属在马克思恩格斯直接参与下写成的或经他们校订的著作也都收录在附录中①。

第Ⅰ部分计划为32卷(33册,第21卷为2册),1991年前,由柏林狄茨出版社出版了14卷,分别为②:

第1卷(1975年),收录博士论文和马克思1843年3月以前的著作、文章、文学习作以及发表在《莱茵报》《德意志年鉴》等报刊上的文章、政论;

第2卷(1982年),收录马克思的《黑格尔法哲学批判》《论犹太人问题》《〈黑格尔法哲学批判〉导言》等在内的1843年3月至1844年8月的文稿;

第3卷(1985年),收录恩格斯的《政治经济学批判大纲》等1844年8月以前的著作和手稿;

第10卷(1977年),收录马克思恩格斯1849年7月至1851年6月的著作和手稿,包括《1848年至1850年的法兰西阶级斗争》等;

第11卷(1985年),收录《路易·波拿巴的雾月十八日》《德国的革命和反革命》等1851年7月至1852年12月的马克思恩格斯文稿;

第12卷(1984年),收录马克思恩格斯发表在《纽约每日论坛报》《人民报》《改革报》等报刊上的1853年1月至12月的文稿;

第13卷(1985年),收录马克思恩格斯发表在《纽约每日论坛报》《人民报》等报刊上的1854年1月至12月的文稿;

第18卷(1984年),收录马克思恩格斯发表在《纽约每日论坛报》等报刊上的1859年10月至1860年12月的文稿,包括《对华贸易》《福格特先生》等;

第22卷(1978年),收录1871年3月至11月马克思恩格斯的著作和手稿,包括《法兰西内战》《国际工人协会的共同章程和组织条

---

① 《马克思恩格斯全集》原文版总前言. 马克思恩格斯研究,1989(1).
② 聂锦芳. 清理与超越:重读马克思文本的意旨、基础与方法. 北京:北京大学出版社,2005:38-40;杨金海. 马克思主义研究资料(第29卷):《马克思恩格斯全集》历史考证版(MEGA)研究. 北京:中央编译出版社,2015:307-312.

例》等；

第 24 卷（1984 年），收录 1872 年 12 月至 1875 年 5 月马克思恩格斯的著作和手稿；

第 25 卷（1985 年），收录 1875 年 5 月至 1883 年 5 月马克思恩格斯的著作和手稿；

第 26 卷（1985 年），收录恩格斯的《自然辩证法》及其手稿；

第 27 卷（1988 年），收录恩格斯的《反杜林论》及其手稿；

第 29 卷（1990 年），收录恩格斯的《家庭、私有制和国家的起源》及其手稿。

第Ⅱ部分专门收录《资本论》及其手稿，以及与《资本论》创作相关的经济学著作和手稿。"第Ⅱ部分要全面再现马克思几十年写作这部著作的过程，同时反映恩格斯在马克思逝世后整理和出版《资本论》第 2 卷和第 3 卷的过程中所作出的伟大成就。"[1] 第Ⅱ部分计划出版 15 卷共 24 册（第 1 卷 2 册，第 3 卷 6 册，第 4 卷 3 册，第 11 卷 2 册），在 1991 年前，由柏林狄茨出版社出版了 10 卷 16 册，分别为[2]：

第 1 卷（共 2 册，第 1 册于 1976 年出版，第 2 册于 1981 年出版），收录马克思 1857—1858 年经济学手稿；

第 2 卷（1980 年），收录马克思 1858—1861 年经济学手稿和著作；

第 3 卷（共 6 册，第 1 册于 1976 年出版，第 2 册于 1977 年出版，第 3 册于 1978 年出版，第 4 册于 1979 年出版，第 5 册于 1980 年出版，第 6 册于 1982 年出版），收录马克思 1861—1863 年经济学手稿，23 个笔记本；

第 4 卷（共 3 册，第 1 册于 1988 年出版），收录马克思 1863—1867 年经济学手稿；

第 5 卷（1983 年），收录马克思《资本论》第 1 卷，1867 年汉堡版；

第 6 卷（1987 年），收录马克思《资本论》第 1 卷，1872 年汉堡版，1871 年 12 月至 1872 年 1 月马克思对《资本论》第 1 卷德文 1 版的

---

[1] 《马克思恩格斯全集》原文版总前言. 马克思恩格斯研究，1989 (1).
[2] 聂锦芳. 清理与超越：重读马克思文本的意旨、基础与方法. 北京：北京大学出版社，2005：40；杨金海. 马克思主义研究资料（第 29 卷）：《马克思恩格斯全集》历史考证版（MEGA）研究. 北京：中央编译出版社，2015：312-316.

第三章 《马克思恩格斯全集》历史考证版与其他苏联马克思恩格斯文献编纂研究

补充和修改;

第7卷(1989年),收录马克思《资本论》第1卷1872—1875年巴黎法文版;

第8卷(1989年),收录马克思《资本论》第1卷,1883年汉堡版;《资本论》修改索引;

第9卷(1990年),收录马克思《资本论。对资本主义生产的批判分析》1887年伦敦英文版;

第10卷(1991年)收录马克思《资本论》第1卷,1890年汉堡版。

第Ⅲ部分主要收录马克思恩格斯之间的书信,以及他们和第三人之间的书信。与苏联之前出版的所有全集版本不同的是,在 MEGA² 中,马克思恩格斯之间的书信以及他们致第三人的书信,第一次按统一的时间顺序编排,而第三人致马克思恩格斯的书信则放在相应卷次的附录中。此外,在第Ⅲ部分的各卷中还收录马克思恩格斯在一些书籍和照片上的题词,这些题词反映出他们与当时的著名人物的交往①。这部分计划编辑45卷,但在1991年后被压缩成35卷。1991年前,第Ⅲ部分由柏林狄茨出版社共出版了8卷,分别为②:

第1卷(1975年),收录1846年4月以前的书信;
第2卷(1979年),收录1846年5月至1848年12月的书信;
第3卷(1981年),收录1849年1月至1850年12月的书信;
第4卷(1984年),收录1851年1月至12月的书信;
第5卷(1987年),收录1852年1月至8月的书信;
第6卷(1987年),收录1852年9月至1853年8月的书信;
第7卷(1989年),收录1853年9月至1856年3月的书信;
第8卷(1990年),收录1856年4月至1857年12月的书信。

第Ⅳ部分首次发表全部保存下来的马克思恩格斯的摘录、摘要、笔记等,这是 MEGA¹ 没有的部分。最初计划此部分将有70卷之多,分为两大部分:第一部分为摘录、摘要和笔记,共计40卷;第二部分为

---

① 《马克思恩格斯全集》原文版总前言. 马克思恩格斯研究,1989(1).
② 聂锦芳. 清理与超越:重读马克思文本的意旨、基础与方法. 北京:北京大学出版社,2005:40-41;杨金海. 马克思主义研究资料(第29卷):《马克思恩格斯全集》历史考证版(MEGA)研究. 北京:中央编译出版社,2015:316-320.

马克思恩格斯在阅读时做的评语和批注，共计 30 卷。但是，1991 年后，由于经费等问题，第Ⅳ部分的篇幅被做了最大限度的缩减：首先，在摘录和笔记部分中，对摘录有选择地进行收录或只加以描述和说明，一些剪报不收录；而评语和批注部分的 30 卷则完全取消，改为出版关于马克思恩格斯藏书目录 1 卷。这样，第Ⅳ部分最终缩减为 32 卷。1991 年前，第Ⅳ部分由柏林狄茨出版社共出版了 7 卷，分别为[①]：

第 1 卷（1976 年），收录马克思恩格斯 1842 年以前的摘录和笔记，包括马克思的伊壁鸠鲁哲学笔记、"柏林笔记"、"波恩笔记"等；

第 2 卷（1981 年），收录马克思恩格斯 1843 年至 1845 年 1 月的摘录和笔记，包括"克罗伊茨纳赫笔记""巴黎笔记"等；

第 4 卷（1988 年），收录马克思恩格斯 1845 年 7 月至 8 月的摘录和笔记，包括"曼彻斯特笔记"（第 1～5 本）等；

第 6 卷（1983 年），收录马克思恩格斯 1846 年 9 月至 1847 年 12 月的摘录和笔记；

第 7 卷（1983 年），收录马克思恩格斯 1849 年 9 月至 1851 年 2 月的摘录和笔记，包括马克思的"伦敦笔记"（第 1～6 本）；

第 8 卷（1986 年），收录马克思 1851 年 3 月至 6 月的摘录和笔记，包括"伦敦笔记"（第 7～10 本）；

第 9 卷（1991 年），收录马克思 1851 年 7 月至 9 月的摘录和笔记，包括"伦敦笔记"（第 11～14 本）。

综上所述，MEGA^2 的特点是：文献收录完整、忠于原貌，反映著作、手稿文本的演变过程，提供的资料丰富翔实。MEGA^2 完整而清晰地描述了马克思恩格斯全部文本的发展过程。在现代科学机构协助下，编辑过程清晰地再现了马克思恩格斯的每一篇文献从开始构思到最后定稿的发展过程。个别难以辨认的手稿，经先进的科学印刷方法全部复制出来后，再进行区别。通过这种方式，读者可以对马克思恩格斯的创作活动有更加深刻的认识，能够更确切地认识他们的思维发展过程，了解他们的观点形成、确立和发展的过程，以及他们提出问题和分析问题的思路和方法。

此外，MEGA^2 还附有详细的说明和注释。可以说，完整地、系统

---

① 聂锦芳. 清理与超越：重读马克思文本的意旨、基础与方法. 北京：北京大学出版社，2005：41；杨金海. 马克思主义研究资料（第 29 卷）：《马克思恩格斯全集》历史考证版（MEGA）研究. 北京：中央编译出版社，2015：320-322.

第三章　《马克思恩格斯全集》历史考证版与其他苏联马克思恩格斯文献编纂研究

地出版《马克思恩格斯全集》的工作是与科学的注释工作相结合进行的，每一卷的前言都联系马克思主义发展史，对本卷收录的重要著作进行简明扼要的评述，阐明这些著作的理论意义。

3. 苏联时期编辑出版 MEGA² 的历史意义及局限

如前所述，从 1955 年到 1975 年，MEGA² 的启动工作经历了 20 年的曲折。在此之前，马列主义研究院已经成功编辑出版了《马克思恩格斯全集》俄文 1 版和 2 版，尝试了 MEGA¹ 的编辑出版工作，拥有近三分之一的马克思恩格斯手稿原件，可以说，苏联是当时世界上唯一能够系统地、完整地出版马克思恩格斯全部文献遗产的国家，马列主义研究院则是当时最有资格和能力出版马克思主义创始人全部文献遗产的科研机构。从其他条件上看，第二次世界大战后，苏联经济快速复苏，成为能够与美国争霸的超级大国；战后兴起的一系列人民民主国家脱离了资本主义体系，"和苏联一起形成了统一的和强大的社会主义阵营，而与资本主义阵营相对立"①；1953 年，斯大林逝世后，苏联的思想领域出现了一丝"解冻"的迹象，社会思潮活跃。那么，在具有这些明显优势的情况下，苏联的 MEGA² 的启动工作为何进展缓慢呢？

从 1955 年到 1966 年的 10 年间，苏共中央强烈反对 MEGA 编辑出版工作的启动，柏林科学院的曼福雷德·罗叶豪斯（Manfred Neuaus）博士指出，当时的苏共中央非常不愿意将马克思恩格斯的所有文献公开发表，因为当时苏联的政治权力体制与马克思恩格斯在有关文章中所批判的沙皇政权体制有相似之处②。从 1966 年到 1975 年的 10 年间，仍然是这个原因，迫使苏联和民主德国一次又一次激烈地讨论 MEGA² 的性质、出版原则和规模。当 1975 年 MEGA² 第Ⅰ部分第 1 卷正式面世时，忠实于原始资料、有详尽的注释、注重版本的学术性，这些基本编辑原则经历了长期的斗争才最终确定下来。但是，在当时的历史条件下，贯彻落实这一原则也并非轻而易举。

可见，苏共中央同意编辑出版 MEGA² 的出发点和目的，不仅仅是为学术研究提供完整的资料，更主要是为了苏联意识形态的宣传。其影

---

①　斯大林文集：1934—1952. 北京：人民出版社，1985：620.
②　魏小萍. 马克思主义研究将向更加精确和科学的方向发展. 马克思主义研究，2001 (4).

响可以明显地从正文的编排、前言的撰写，以及注释和人名索引的编写中看出。首先，根据编辑原则，正文编排应当严格遵照时间顺序。但是，编者有时将写作时间在后但理论和政治斗争意义较强的文章编排在前面，将写作时间在前但理论和政治斗争意义不强的文章编排在后面。其次，前言部分明显带有强烈的斗争色彩。例如第Ⅰ部分第1卷的MEGA²的总前言指出MEGA²的编辑出版的意义主要在于：它是"阶级斗争的有力的精神武器，把这些著作的发表以及掌握和创造地运用马克思主义思想视为工人阶级取得胜利的最重要的前提"[1]。至于在注释和人名索引中，编者除交代历史事实外，还加入了对历史事实和历史人物的评价。这些评价难免带有一些主观色彩[2]。

尽管如此，内容赅备、体例严谨的MEGA²可以说是国际学术界数十年研究成果的结晶，因为在马克思恩格斯著作编纂史上，编辑出版MEGA²确实是一个规模空前、影响深远的浩大工程。这个庞大的工程是集体合作的结果，不仅是莫斯科马列主义研究院与柏林马列主义研究院的合作结果，而且也是它们与国际马克思恩格斯研究机构长期合作的结晶。例如阿姆斯特丹的国际社会史研究所、特里尔的马克思故居、伍珀塔尔的恩格斯故居和"马克思恩格斯基金会"[3]以及法兰克福的马克思著作研究所（IMSF）等都参与了MEGA²的编辑出版工作。因此，1991年苏联解体前已出版的39卷得到了国际社会的高度评价，MEGA²的编辑出版工作也因为对传播和研究马克思主义创始人的思想和学说起到重要作用而得到广泛的认可。

1989年，当苏东政局发生急剧变化时，很幸运，MEGA²的编辑出版工程没有像50多年以前的MEGA¹那样夭折。MEGA¹的历史悲剧没有重演，是因为出版MEGA²已经不是苏联一个国家的"伟大事业"，而是国际学术界的夙愿。马克思主义学说本身的价值和魅力吸引着越来越多的人以极大的热忱和执着的精神投身其中。正如俄罗斯著名的经济思想史学家马尔克·布劳格所说："马克思仍然活着并完全具有现实意

---

[1] 《马克思恩格斯全集》原文版总前言. 马克思恩格斯研究, 1989（1）.
[2] 鲁路.《马克思恩格斯全集》历史考证版的合法性问题. 中共天津市委党校学报, 2008（3）.
[3] 伍珀塔尔的"马克思恩格斯基金会"成立于1980年1月，主要长期举办马克思恩格斯生平、德国工人运动和国际工人运动的晚期历史以及社会主义运动稀有出版物的展览。（库姆普弗，克律克纳. 马恩著作的出版和研究情况概述. 哲学译丛, 1984（1）.）

第三章 《马克思恩格斯全集》历史考证版与其他苏联马克思恩格斯文献编纂研究

义……，马克思曾被重新评价过、重新看待过，被推翻过，甚至被摈弃过很多次，但是，当要把他丢到过时了的思想家里去时，每一次他都抗争。这是好还是坏呢？有一点可以肯定，他的思想已经成为我们全部思想体系内的概念世界的组成部分了"①。

三、苏联时期其他马克思恩格斯文献成果的编辑与出版

1.《马克思恩格斯文库》与《马克思主义年鉴》

在对马克思恩格斯的浩繁遗产进行整理与研究的过程中，新的著作、手稿、书信和其他文献资料不断被发现。为了给 MEGA¹ 的编辑工作做好必要的准备，梁赞诺夫领导的马克思恩格斯研究院创办了《马克思恩格斯文库》（以下简称《文库》）和《马克思主义年鉴》（以下简称《年鉴》）。这两份刊物的作用是，在 MEGA¹ 出版以前，发表新发现的马克思恩格斯文献。虽然《文库》和《年鉴》没有统一的编排体例，但这两份不定期出版的刊物不仅以多种形式快速及时地将最新的马恩文献提供给广大读者，而且也为研究马克思恩格斯著作了提供一个重要阵地。

《马克思恩格斯文库》（«Архив К. Маркса и Ф. Энгельса»）

1924 年，马克思恩格斯研究院在第一次尝试出版俄文版《马克思恩格斯全集》时，就已经着手编辑出版《文库》了。《文库》分为俄文版和德文版，但这并不是同一刊物的两种语言版本，俄文版和德文版的内容并不相同。德文版《文库》② 由法兰克福马克思恩格斯文库出版公司出版，俄文版《文库》由莫斯科和列宁格勒国家出版社出版。梁赞诺夫在俄文版《文库》首卷的前言中指出，"出版这本刊物的目的是研究马克思和恩格斯的历史、研究马克思主义和无产阶级运动的历史"。"它是为深入研究马克思主义创始人的遗著和科学工作方法的读者出版的一种刊物。在《马克思恩格斯文库》上刊载的是马克思恩格斯遗著的手

---

① М. Блауг. Экономическая мысль в ретроспективе. М.：Дело Лтд.，1994：207.
② 德文版《文库》共编辑出版两卷，后来因为开始筹备 MEGA¹ 而中断。笔者主要考察的是俄文版《文库》。

稿、原稿、提纲、笔记、书信和札记等。这些材料既是当时出版《马克思恩格斯全集》中尚未收入的文献，也是后来出版的《马克思恩格斯全集》的准备材料。"①

《文库》分为新旧两个版本。从1924年到1930年，由梁赞诺夫主编的5卷《文库》称为旧版，它不仅刊载马克思恩格斯文献，还发表其他相关研究资料，包括关于马克思恩格斯涉及的历史问题的研究论文、有关马克思恩格斯的传记材料和书信、有关马克思主义的著作书评。旧版《文库》为大32开本，蓝色封皮。1931年，马恩列研究院成立后，《文库》编辑部也进行了改组，由新任院长阿多拉茨基担任主编。从1932年起出版的《文库》被称为新版②，新版的版本大小无变化，但封皮改为红色，出版方针也发生了变化，"《马克思恩格斯文库》从这一卷开始，将像发表列宁手稿的《列宁文集》那样，只发表科学共产主义创始人未发表的文献"③。到1982年，《文库》共出版31卷，旧版5卷，新版26卷。

在旧版《文库》中刊载的马克思恩格斯重要文献有：

1924年出版的《文库》第Ⅰ卷首次发表了《关于费尔巴哈的提纲》、《〈德意志意识形态〉序言草稿》、《德意志意识形态》的"费尔巴哈"章、马克思1881年3月8日写给查苏利奇的信及其四份草稿、恩格斯1881—1895年写给伯恩施坦的79封书信。1925年出版的《文库》第Ⅱ卷首次发表了恩格斯的《自然辩证法》，这份手稿被德国社会民主党长期匿藏④。尽管这个版本的编辑比较粗糙，结构上的编排顺序不够科学，翻译中也存在许多错误，但是，它的首次面世还是有着重大的历史意义的。1927年出版的《文库》第Ⅲ卷第一次发表了马克思的

---

① 耿睿勤.《马克思恩格斯文库》介绍//马列著作编译资料：第4辑. 北京：人民出版社，1979：150.

② 新版《文库》的前三卷每卷都编有双卷次，即Ⅰ（Ⅵ）、Ⅱ（Ⅶ）、Ⅲ（Ⅷ），括号中的数字是接连旧版五卷的卷次编号，从第Ⅳ卷开始不再采用双卷标.

③ Архив К. Маркса и Ф. Энгельса, т. Ⅰ（Ⅵ）, М.：Партийное издательство，1932：Ⅲ.

④ 这部手稿曾被德国社会民主党负责处理马克思恩格斯遗著的伯恩施坦匿藏了30年，后来德国社会民主党正式承认了它的存在，但其党员、物理学家列奥·阿龙斯（Лео Аронс）做出结论，认为这个手稿的内容已经过时了，毫无用处。1924年，这部手稿被交给爱因斯坦做鉴定，尽管伯恩施坦只提交了它的一部分，但恰恰是关于电磁学的那部分让爱因斯坦主张发表它。（Архив К. Маркса и Ф. Энгельса. кн. Ⅱ. М.：Партийное издательство，1926：ⅩⅩⅥ.）

第三章 《马克思恩格斯全集》历史考证版与其他苏联马克思恩格斯文献编纂研究

《1844年经济学哲学手稿》片段和马克思的中学作文。但《1844年经济学哲学手稿》被梁赞诺夫误认为是《神圣家族》的准备材料。1929年出版的《文库》第Ⅳ卷发表了《德意志意识形态》的第1卷第3章的第二部分("圣麦克斯")和恩格斯的《卡·马克思"资本论"第一卷提纲》。1930年出版的《文库》第Ⅴ卷第一次发表了马克思恩格斯的《流亡中的大人物》,这部手稿长期存留在伯恩施坦的手中,人们以为它已经丢失了。在这一卷中还发表了马克思的《评阿·瓦格纳的〈政治经济学教科书〉》。

1932年出版的新版《文库》第Ⅰ(Ⅵ)卷发表了1870—1886年间马克思、恩格斯致德国社会民主党领导人(倍倍尔,李卜克内西,考茨基等)的信件183封。这些信都是第一次用俄文发表的。1933年,为纪念马克思逝世50周年,《文库》的第Ⅱ(Ⅶ)卷于3月出版,用德、俄对照的形式刊载了马克思于1863—1865年写的《〈资本论〉第一卷的部分准备材料》。《文库》为手稿加的标题是"第一卷。资本的生产过程。第六章。直接生产过程的结果"。这篇手稿非常有价值,包含了许多《资本论》第一卷所没有的材料,但在1933年以前还几乎不为人所知[1]。1934年出版的《文库》第Ⅲ(Ⅷ)卷有着极大的价值。在此卷中第一次用英、俄对照形式发表了马克思的《法兰西内战》及其初稿和二稿,还发表了马克思对巴黎公社时期法国报纸所做摘录的第一个笔记本[2]。1935年出版的新版《文库》第Ⅳ卷用德、俄对照的形式发表了马克思的1857—1858年经济学手稿中的"货币章"。

1938年起,马恩列研究院开始编辑出版马克思的重要历史手稿——《世界史编年摘录》。整个手稿由四个大的笔记本组成,主要内容是从1世纪到17世纪的世界历史提纲,还有马克思的摘要和评论,整个手稿足有105个印张。第一个笔记本发表在1938年出版的《文库》第Ⅴ卷上[3],其后的三个笔记本先后发表在1939年出版的第Ⅵ卷、1940年出版的第Ⅶ卷和1946年出版的第Ⅷ卷上。

与第Ⅷ卷《文库》同时准备的还有第Ⅸ卷,它们都在1946年才出

---

[1] Е. Кандель составил. Опубликации литературного наследства К. Маркса и Ф. Энгельса. М.: Государственное издательство политической литературы, 1947: 36.

[2] 同[1]36-37.

[3] 同[1]37.

版（1941年6月已经签发准备印刷，因法西斯德国入侵苏联而中断）。其上发表的是1880—1881年马克思对摩尔根《古代社会》一书做的摘要。这个摘要手稿为恩格斯写作他的《家庭、私有制和国家的起源》一书提供了基础①。第Ⅹ卷《文库》于1948年出版，其中收录的是恩格斯的三组手稿资料。第一组关于蒲鲁东的手稿包括《对蒲鲁东〈十九世纪革命的总观念〉一书的批判分析》和《蒲鲁东〈战争与和平〉一书的摘录》。第二组是恩格斯为写一部爱尔兰史而搜集的一些材料和关于英国的手稿。其中包括《达布耳德〈英国财政、货币制度和统计史〉一书摘要》和《宪章运动纪事》。第三组是关于法国和德国史的材料，其中有恩格斯对马丁《法国史》和居利希《商业、工业和农业的历史叙述》两本书的摘要，还有恩格斯写的关于德国的札记。这些材料无论是俄语还是其他语言都是首次发表②。

第Ⅺ、Ⅻ、ⅩⅢ卷《文库》先后于1948、1952、1955年出版，这三卷首次发表了马克思对19世纪60年代俄国改革时期的俄文书籍和文件的摘录，反映了他对当时社会经济情况的研究。摘录的著作包括车尔尼雪夫斯基的《没有收信人的信》、柯舍列夫的《我们的状况》和《论俄国公社土地占有制》，等等。

第ⅩⅣ卷于1973年出版，此卷分为三个部分，前两部分用原文和俄译文对照的形式发表了马克思关于波兰问题的两组手稿，主要包括马克思写于1863年春天波兰起义期间的手稿和马克思于1864年在第一国际总委员会会议上讨论波兰问题时写的手稿。第三部分是马克思在1863年的一本札记和两本笔记本中做的评注和摘录。第ⅩⅤ卷出版于1963年，这一卷主要刊载了从巴黎公社诞生的第一天起，马克思从法国的各种报刊上摘录的有关巴黎公社的消息和报道的第二本笔记③。

《马克思主义年鉴》（«Летописи марксизма»）

1926年，马克思恩格斯研究院创办了另一份机关理论刊物——

---

① Е. Кандель составил. Опубликации литературного наследства К. Маркса и Ф. Энгельса. М.：Государственное издательство политической литературы，1947：43.

② 同①47.

③ 马克思关于巴黎公社报刊消息摘录的笔记有两本。第一本是马克思在公社失败前摘录的，马克思在撰写《法兰西内战》一书时使用了这部分材料。第二本是马克思在公社失败后摘录的。由于马克思在1871年5月30日（公社失败后两天）就向国际工人协会总委员会宣读了《法兰西内战》的定稿，因此这部分材料没有被使用。

第三章 《马克思恩格斯全集》历史考证版与其他苏联马克思恩格斯文献编纂研究

《马克思主义年鉴》。梁赞诺夫在《年鉴》第Ⅰ卷的序言中指明了出版的意义:《年鉴》"将有助于研究马克思主义两位创始人的理论遗产和他们的革命实践活动;推动并致力于进一步研究马克思主义史,马克思主义传播史和马克思主义在国际工人运动中、在马克思恩格斯在世时无产阶级解放斗争史中意识形态上取得胜利的历史"①。《年鉴》更重要的作用在于阐明马克思恩格斯与俄国革命者之间的关系,梳理马克思主义思想在俄国传播的历史。马克思恩格斯研究院将一些马克思恩格斯未出版的资料,以及研究马克思主义的历史和理论的论文都刊载在《年鉴》上。此外,《年鉴》还发布苏联及外国有关马克思主义文献学的消息。从1926年到1930年,《年鉴》共出版了13卷。

1926年出版的《年鉴》第Ⅰ卷第一次发表了恩格斯为《资本论》第1卷写的书评以及马克思恩格斯的几封书信等。1926年出版的《年鉴》第Ⅱ卷首次发表了马克思对巴枯宁的《国家制度和无政府状态》一书所写的纲要和评论。在1927年出版的《年鉴》第Ⅲ卷上,最有价值的是发表在《纽约每日论坛报》上的三篇马克思关于揭穿英国在印度统治的文章。在1927年出版的《年鉴》第Ⅳ卷中,发表了恩格斯为《资本论》第1卷写的四篇评论,以及马克思为西贝尔的文章《马克思的经济理论》写的评论。马克思与俄国活动家 П. 拉甫罗夫、М. 柯瓦列夫斯基以及 H. 丹尼尔逊之间的通信主要发表在1928年出版的第Ⅴ卷和Ⅵ卷以及1930年出版的第Ⅻ卷和ⅩⅢ卷《年鉴》上②。

1931年,马克思恩格斯研究院与列宁研究院合并后,《马克思主义年鉴》停刊,新的机关杂志《无产阶级革命》(«Пролетарская революция»)开始刊行。

2. 俄文版《马克思恩格斯书信选集》

由阿多拉茨基主编的《马克思恩格斯书信选集》是根据列宁的指示于1922年出版的。早在1913年由倍倍尔和伯恩施坦主编的《马克思和

---

① Летописи марксизма Ⅰ. М.-Л.: Государственное издательство, 1926: 12.

② Литературное наследство К. Маркса и Ф. Энгельса: История публикации и изучения в СССР. М.: Политиздат, 1969: 153-154.

恩格斯通信集》①出版时，列宁对马克思恩格斯的书信本身就给予了极高的评价，认为这些信件为研究马克思主义创始人的生平、观点的形成，以及他们对国际工人运动的理论和策略的发展作用提供了大量新材料，具有重要历史价值。"在这些书信中，马克思主义的极其丰富的理论内容阐述得非常透彻，一目了然，因为马克思和恩格斯反复谈到他们学说的各个方面，同时对最新（就与先前的观点比较而言）、最重要和最困难的问题加以强调和说明，有时又是共同讨论，互相切磋。""读者从这些信件中可以看到非常生动的全世界工人运动的历史，看到其中最重要的时期和最重大的事件。特别有价值的是工人阶级的**政治**史。马克思和恩格斯在各种不同的历史时期，根据旧大陆各个国家和新大陆所发生的各种各样事件，探讨了有关工人阶级**政治**任务问题最原则的**提法**。……从这些材料中可以看到，通信人对无产阶级变革的**根本**目的有非常深刻的理解"②。但是，列宁同时认为，倍倍尔和伯恩施坦主编的《马克思和恩格斯通信集》无论在编辑技术方面还是在思想方面都存在许多缺点。从技术方面来看，"索引编得不能令人满意，4卷书只有一个索引（例如，考茨基和斯特林的名字均未收入）；对各封书信所加的注解太少"，等等；从思想方面来看，作为极端机会主义者的伯恩施坦"本来也就不能担任这些充满革命精神的书信的编辑。伯恩施坦写的前言，一部分空洞无物，一部分简直错误百出"③。因此，列宁迫切希望能够在俄国出版真实反映马克思恩格斯思想的通信集，或是将理论方面最有价值的书

---

① 1913年9月，斯图加特狄茨出版社出版了由倍倍尔和伯恩施坦主编的德文版《马克思和恩格斯通信集（1844—1883年）》（四卷本）。这部通信集是恩格斯生前嘱托倍倍尔和伯恩施坦编辑的。通信集分四卷，共收录马克思和恩格斯在1844—1883年间的来往书信1386封（这方面的书信总共约有1500封），这些书信中包含了大量有关这两位马克思主义创始人生平和事业的珍贵资料。列宁深入研究了这部通信集，摘记了其中300封信的要点，摘抄了15封具有重要理论意义的信，并为一部分摘要编写了名目索引。（参见根据列宁笔记编成的《马克思和恩格斯通信集（1844—1883年）》提要//列宁全集：第58卷. 2版增订版. 北京：人民出版社，2017：前言.）刚读完全部通信集，列宁便计划写一篇长文介绍它，并打算将评介文章发表在1914年的《启蒙》杂志上。1913年12月14日（27日）《无产阶级真理报》第7号曾对此做过报道，但这篇文章一直没有写完。直到1920年11月28日纪念恩格斯诞辰100周年时，这篇未完成的文章才在《真理报》第268号上发表。列宁给它加了一个副标题：《恩格斯是共产主义的创始人之一》，同时在脚注中说明这是1913年或1914年初写的一篇未完成的文章的开头。（列宁全集：第24卷. 2版增订版. 北京：人民出版社，2017：467-468.）

② 列宁全集：第24卷. 2版增订版. 北京：人民出版社，2017：278-279.

③ 同②278，277.

第三章 《马克思恩格斯全集》历史考证版与其他苏联马克思恩格斯文献编纂研究

信翻译成俄文,以通俗的书信集的形式出版。

1920年8月,列宁委托阿多拉茨基来做这项重要的工作。他要求阿多拉茨基从倍倍尔和伯恩施坦主编的《马克思和恩格斯通信集》中抽出重要的部分编成篇幅不大的一卷,这卷书不仅用俄文出版,还要翻译成最流行的欧洲语言。列宁对阿多拉茨基说:"倍倍尔和伯恩施坦把马克思和恩格斯的极为丰富的遗产埋藏在那厚厚的四大卷里,只有你我这样的书呆子才会去看它。"[①] 因此,列宁认为:"必须把最重要的选编出来,以适应广大工人群众的阅读水平,使他们能读到真正马克思的著作。这样一本不太厚的选集必须翻译成各种欧洲文字,因为西方对马克思的了解或许比起我们俄国来还要少。"[②] 列宁将他个人收藏的、由伯恩施坦和倍倍尔主编的斯图加特版《马克思和恩格斯通信集》以及记录自己关于通信集的摘录和评注的笔记本都交给了阿多拉茨基,以备编辑书信选集之用,并且允许阿多拉茨基使用他的图书室。1921年1月末到2月初,列宁致信梁赞诺夫,询问道:"梁赞诺夫同志:你们图书馆里有没有**从各种报纸和某些杂志上搜集来的**马克思和恩格斯的**全部书信**?……有没有马克思和恩格斯**全部书信的目录**?它,即那个**目录**能不能给我看一个星期?"[③] 2月2日,列宁又给梁赞诺夫写了那张著名的便条,要求梁赞诺夫搜集马克思恩格斯的全部书信。

起初,列宁和阿多拉茨基都认为,大约用三个月的时间就能完成全部的工作,但这项任务并不简单。他们初次谈话一年以后,阿多拉茨基才准备好一些素材,包括撰写了书信选集的序言和翻译出需要摘录的全部材料。列宁审阅过这些材料后,于1921年8月2日写信指示:

> 序言我已看过,很难下评语,因为这篇东西尚未完成。看来应该压缩,表达要十分明确,要多斟酌一下措辞。
>
> 应该把书信中**确实**精彩的段落同马克思的**其他**著作、同《**资本论**》结合起来(例如,关于"平等"问题,这是《资本论》中**极其重要的论述**)。譬如谈某个问题,就指出**这个**问题在书信中是如何如何讲的,在马克思的其他著作中是如何如何讲的,在《资本论》

---

① 阿多拉茨基. 十八年来//回忆列宁:第2卷. 北京:人民出版社,1982:216-217.
② 同①217.
③ 列宁全集:第50卷. 2版增订版. 北京:人民出版社,2017:104.

中又是如何如何讲的。

　　书信我只能浏览一下。当然，您还得大大压缩，找出彼此的联系，并加以编排整理。反复地考虑两三遍，然后**简要地**加以评述。看来工作比起初想象的多。

　　至于次序（您的想法大概是对的），按年代排可能更方便一些。①

不久，阿多拉茨基提出请求，希望能要求当时正在德国搜集马克思恩格斯文献的梁赞诺夫寄回马克思恩格斯已发表的全部书信，列宁对这一请求给予了极大的支持。他于1921年9月23日亲自致信梁赞诺夫："梁赞诺夫同志：我**非常**支持阿多拉茨基同志的请求。他已做了不少有益的工作。把马克思和恩格斯的**全部**书信都收集起来是件重要的事情，您做这件事能比别人做得更好。"② 在列宁的关心和指导下，阿多拉茨基努力认真地做这项工作，他说："1921—1922年的整个冬天时间我都花在反复推敲和写注释上。"③ 1922年4月6日，列宁再次指示阿多拉茨基，"特别请您谈一谈编选马克思书信集的事。（我要离开好几个星期，如果加米涅夫同志同意的话，这件事也许可以让他去'关心'？）这件事必须干下去，**要干到底**"④。阿多拉茨基马上向列宁详细地汇报了工作的进展：

　　……我很想实施并彻底完成最初的计划——编辑《马克思恩格斯关于理论和政治问题的书信选集》。现在我的信心更足了，因为我对这个课题有了更深的理解……

　　编书计划我已大体上拟好了，希望能最后商定下来。按年代顺序编排。有些信件，例如给安年科夫的信，全文刊印，有些则只印摘录。

　　选编的理论方面的材料有：哲学、经济学、史学、关于革命的理论、关于阶级斗争的理论、历史性的札记；政治方面的有：无产

---

① 列宁全集：第51卷. 2版增订版. 北京：人民出版社，2017：151-152.
② 同①351.
③ 阿多拉茨基. 十八年来//回忆列宁：第2卷. 北京：人民出版社，1982：218.
④ 列宁全集：第52卷. 2版增订版. 北京：人民出版社，2017：372.

第三章 《马克思恩格斯全集》历史考证版与其他苏联马克思恩格斯文献编纂研究

> 阶级与其他阶级、各国工人运动、对政治活动家的评价、小资产阶级民主派。
>
> 是否只选理论和政治方面的,或再辟出一定篇幅,选一些说明马克思的生活、对了解他的生平有意义的信件。我认为无此必要。
>
> 序言中简单阐述一下所有的问题,并指出与这些问题有关的信件中最重要的地方。①

此外,阿多拉茨基还请求列宁为他给社会主义科学院写一封介绍信,以支持他的研究。4月10日,列宁在阿多拉茨基的信上做出批示,并提醒阿多拉茨基要对书信选集"加**注释**,使人能够**看懂**"②。同时,列宁写信给社会主义科学院主席团,要求他们帮助阿多拉茨基进行工作。

> 兹证明持信人弗拉基米尔·维克多罗维奇·阿多拉茨基同志是布尔什维克,我本人从1911年起就认识他;对他完全可以信赖;是俄国共产党党员;是著作家。
>
> 他正在编辑马克思书信选集,这项工作是我和他共同商定的。
>
> 恳请尽力帮助他,为他订购他所需要的书籍,尤其是要使他有可能每天上午在社会主义科学院工作4小时,并使用该院图书馆的藏书。③

同日,列宁还写给阿多拉茨基一张便条,再次对他进行了鼓励:"您对书信要多加研究,因为这是一项重要的**国际**事业。要选**最重要的东西**。注释要简短、明了、准确(+把马克思的意见同**某些'权威'**资产阶级**反动**学者加以对比)。"④

1922年,阿多拉茨基将筹备好的书信选集的一部分发表在《报刊与革命》(«Печать и революция» Ⅵ,7—8月)以及自己的著作《马克思主义基本问题大纲》(«Программа по основным вопросам марксизма»)上。1922年年底,阿多拉茨基将马克思恩格斯书信选集的清样交给列宁,书名拟为《书信集。马克思和恩格斯通信中的理论和政治》。列宁

---

① 列宁全集:第52卷. 2版增订版. 北京:人民出版社,2017. 382-383.
② 同①383.
③ 同①380.
④ 同①381-382.

翻阅了一下，显然很满意①。

很快，《马克思恩格斯书信选集》由莫斯科工人出版社出版。"由阿多拉茨基筹备的小书信集的出版在苏联引起很大的正面反响。这一时期，在已经出版了马克思主义创始人大量早期不太著名的书信集的情况下，出版一本内容更为广泛，更加满足现代读者的科学需求的书信集就尤为必要了。"② 在这个书信选集中不仅收录了马克思恩格斯之间的通信，还收录了他们与一些国际工人运动活动家之间的通信。阿多拉茨基除了参考倍倍尔和伯恩施坦主编的《马克思和恩格斯通信集》的内容外，还参考了其他著作，例如 Г. 迈耶尔的著作《马克思和拉萨尔通信集》，1922 年，发表在《新莱茵报》和《前进报》上的恩格斯的信等。书信按年代顺序排列，但也有部分是按主题排列的，例如有关巴黎公社的书信、拉萨尔的信等。

在阿多拉茨基编的《马克思恩格斯书信选集》中发表的马克思恩格斯给其他人的书信还包括：恩格斯致约·菲·贝克尔的信③，1880 年 7—8 月恩格斯致敏·卡·卡布鲁柯娃的信④，以《政治遗嘱》为标题的恩格斯的信⑤。还有一系列已发表的书信：恩格斯给维·阿德勒的四封信，马克思和女儿的通信，1890 年 10 月 27 日恩格斯致康·施米特的信，1879 年 4 月马克思致柯瓦列夫斯基的信，等等。

到 1931 年，阿多拉茨基编的《马克思恩格斯书信选集》共出版了四版，其中第 3 版和第 4 版做了进一步增补，刊载了 1846—1895 年间马克思和恩格斯之间写的以及他们给第三人写的整封书信或部分书信 217 封。这些书信主要按年代排列，即使有些书信按题目收集在一起，往往也是在同一编年时期的范围内。在每封信的后面都有详细的注释，

---

① Хайнц Шмерн, Димер Вольф. Великое наследие: исторический репортаж о литературном наследии Карла Маркса и Фридриха Энгельса. М.: Издательство полической литературы, 1976: 80

② Е. Кандель составил. О публикации литературного наследства К. Маркса и Ф. Энгельса. М.: Государственное издательство политической литературы, 1947: 46.

③ Ф. Энгельс. Письма Фр Энгельса к Иоганну-Филиппу Беккеру（с введением Эмиля Эйххорна）//Перевод с немецкого с предисловием. М.: Серебрякова. Петербург, 1922.

④ Неизданные письма Ф. Энгельса. Л.: Колос, 1924.

⑤ Ф. Энгельс. Политическое завещание.（Из неопубликованных писем）. М., 1923. 这本书是译作，由曾在德国社会民主党档案馆工作过的爱尔·德兰（Эр. Дран）编写，在俄文版的序言中，Ф. 罗特施泰因（Ф. Ротштейн）指出了德文编者的严重错误。

第三章 《马克思恩格斯全集》历史考证版与其他苏联马克思恩格斯文献编纂研究

在最后还有材料目录。与前两版不同的地方是，第3版和第4版在目次中不仅指出发信人、收信人和日期，还写明每封信的题材。这有利于研究者寻找所需要的书信①。阿多拉茨基编的《马克思恩格斯书信选集》还被译成了格鲁吉亚文、乌克兰文和白俄罗斯文。

阿多拉茨基编的《马克思恩格斯书信选集》存在着一些不足，"集子中收入的很多书信是从德国社会民主党人的出版物中翻印过来的，而在这些出版物中，这些书信是被歪曲地发表的。……书信的译文也存在着很多不足"②。1947年，马恩列研究院出版了新的《马克思恩格斯书信选集》③，新选集由伊·阿·阿尔曼德编辑，共收录信件244封，比阿多拉茨基编的最完整的版本多了27封信。马恩列研究院编的《马克思恩格斯书信选集》中的书信完全选自《马克思恩格斯全集》俄文1版，主要是列宁和斯大林在自己的著作中提到或评述过的。译文也重新根据原文或原文的照片校订过。书信的排列严格按照写作年代次序，日期也极为准确。在书信选集中附有参考性质的简短脚注，末尾还附有人名索引和名目索引。

除了《马克思恩格斯书信选集》外，马恩列研究院还出版过《马克思恩格斯与俄国政治活动家的通信》以及《有关〈资本论〉的通信》各一卷。1947年出版的《马克思恩格斯与俄国政治活动家的通信》收录了从1846年到1883年马克思恩格斯与俄国政治活动家的通信，以及1871年到1895年恩格斯与他们的通信。这些书信包括马克思恩格斯给自己的俄国通信人安年科夫、萨宗诺夫、谢尔诺-索洛维也维奇、吴亭、柯瓦列夫斯基、洛帕廷、拉甫罗夫、查苏利奇、普列汉诺夫等人的书信，也包括俄国政治活动家写给马克思恩格斯的书信。这些通信主要是谈论俄国的经济状况和政治状况，俄国的对外政策，俄国的文化，俄国的革命运动，等等。通信中也阐述了历史、哲学和政治经济学上的问题。《马克思恩格斯与俄国政治活动家的通信》共收录马克思恩格斯写的信87封，马克思写的33封，恩格斯写的54

---

① Л. А. Левин. Библиография произведений К. Маркса и Ф. Энгельса. М.: Государственное издательство, 1948: 178—179.

② 同①179.

③ К. Маркс и Ф. Энгельс. Избранные письма. М.: Госполитиздат, 1947: 536. 1953年，新的书信选集出版了第2版。

封；俄国政治活动家写给他们的信101封，其中33封是写给马克思的，68封是写给恩格斯的。俄国政治家写给马克思恩格斯的46封信是第一次发表。书信按收信人排列，同一收信人则按年代排列①。1948年出版的《有关〈资本论〉的通信》，收录了1845年到1895年恩格斯逝世前马克思和恩格斯之间以及他们写给第三人的有关经济问题，同时还包括历史、哲学、工人运动领导等问题的书信共234封。《有关〈资本论〉的通信》中收录的大部分书信与《资本论》的写作、修改及出版相关，这为《资本论》的研究提供了十分重要的文本资料。

3.《卡尔·马克思文选》（两卷集）

《马克思恩格斯全集》和《马克思恩格斯文库》对学习和研读马克思主义经典作家著作的初学者来说过于复杂，因此，为广大普通读者挑选马克思恩格斯最重要的著作并结集出版十分必要。1929年6月，联共（布）中央委员会在决议中指出，马克思恩格斯研究院"应当加快用俄语和国际语言进行科学研究活动的速度和扩展研究工作"，不仅要加快出版俄文版《马克思恩格斯全集》的工作，而且应当筹备出版适合大众的、廉价的《马克思恩格斯选集》俄文版。为此，马克思恩格斯研究院花了近5年的时间，精心编辑出版了马克思主义创始人著作选集。1933年是马克思逝世五十周年，临近这个纪念日时，由阿多拉茨基主编的《卡尔·马克思文选》（两卷集）由莫斯科政党出版社出版，印数为20万册。苏联马克思主义文献学家Л.列文指出："这是马克思主义历史上第一次大量出版马克思主义奠基人的著作选集。"② 阿多拉茨基也在序言中评价道："按照中央委员会指示出版的这部选集的确是现在第一部同类出版物，在这里指出这一点并不多余。……社会民主党人甚至都没有提出过类似的任务。"③

《卡尔·马克思文选》除了收录马克思的著作外，还收录恩格斯介

---

① Переписка К. Маркса и Ф. Энгельса с русскими политическими деятелями. М.：Госполитиздат，1947：3-6.

② Л. А. Левин. Библиография произведений К. Маркса и Ф. Энгельса. М.：Государственное издательство，1948：176.

③ Карл Маркс. Избранные произведения в двух томах. том Ⅰ. М.：Партийное издательство，1933：Предисловие.

第三章 《马克思恩格斯全集》历史考证版与其他苏联马克思恩格斯文献编纂研究

绍马克思生平活动、阐述马克思主义学说的著作；列宁论马克思和马克思主义的著作《卡尔·马克思》《马克思主义的三个来源和三个组成部分》《马克思主义和修正主义》《卡尔·马克思学说的历史命运》；斯大林论列宁和列宁主义的文章《和第一个美国工人代表团的谈话，1927年9月9日》；马克思的学生保·拉法格和威·李卜克内西写的回忆马克思的文章。"因此，两卷集在相当大的程度上来说，不仅是马克思而且也是恩格斯的著作选集"①，同时也包括列宁等马克思主义经典作家的评论文章，内容层次清楚。

在《卡尔·马克思文选》中，主要收录了马克思和恩格斯的篇幅不大的重要著作。不仅发表了每篇著作的全文，还发表了作者写的序言、导言和后记。与《马克思恩格斯全集》按年代顺序排列不同，这些著作是按照专题排列的。第 1 卷的专题为科学社会主义理论、经济学和哲学，收录的主要著作有：马克思恩格斯的《共产党宣言》，恩格斯的《社会主义从空想到科学的发展》，马克思的《雇佣劳动与资本》，马克思的《工资、价格和利润》，马克思的《〈政治经济学批判〉序言》，恩格斯的《路德维希·费尔巴哈和德国古典哲学的终结》，马克思的《关于费尔巴哈的提纲》等。第 1 卷还收录了《资本论》德文第 1 版序言、德文第 2 版的跋和第 1 卷第二十四章《资本主义积累的历史趋势》第七节。第 2 卷的专题为历史和关于工人阶级革命斗争的战略和策略，收录了恩格斯的《关于共产主义者同盟的历史》、《马克思和"新莱茵报"》（1848—1849年）、《德国的革命和反革命》，马克思恩格斯的《中央委员会告共产主义者同盟书，1847 年 9 月》，马克思的《1848 年至 1850 年的法兰西阶级斗争》《路易·波拿巴的雾月十八日》《国际工人协会成立宣言》《法兰西内战》《哥达纲领批判》。这些著作基本是按照其中所分析事件的历史年代顺序，以及根据马克思和恩格斯革命活动的阶段排列的，例如关于"共产主义者同盟"、关于 1848 年革命及其总结、关于第一国际、关于巴黎公社等。此外，第 2 卷还收录了具有重要理论意义的书信或书信的片段。第 2 卷末尾还收录了一些

---

① Л. А. Левин. Библиография произведений К. Маркса и Ф. Энгельса. М.：Государственное издательство，1948：176.

关于民族问题的论文和书信①。

在《卡尔·马克思文选》中，除了有阿多拉茨基写的序言外，还有编辑者加的许多脚注以及人名索引、名目索引。"马克思的两卷集——是马克思和恩格斯最重要的著作的最为普及的、广大读者最易得到的版本。"② 因此，《卡尔·马克思文选》几乎每年都要再版，所有各版的总印数将近150万册。1940年出版了《卡尔·马克思文选》的最后一版③。这一版由 М. Б. 米丁主编，他为此做了新的序言。这个版本基本上与1933年的版本相同，只增加了一篇斯大林的文章《论辩证唯物主义与历史唯物主义》。在这一版中，马克思和恩格斯著作的译文有的是重新译过的，有的是经过修改的；而对编者加的各种参考资料也做了相应的修改。《卡尔·马克思文选》被译成苏联四种民族的文字：白俄罗斯文、乌克兰文、格鲁吉亚文和乌兹别克文，并且用五种外国文字出版：德文、英文、意大利文、波兰文和罗马尼亚文④。

1940年出版最后一版《卡尔·马克思文选》后，又过了整整8年，即1948年，马恩列研究院才出版了新版的两卷集，但这次是作为马克思和恩格斯的选集出版的，书名改为《马克思恩格斯选集》⑤。内容也相较以前的版本做了扩充，主要是收录了恩格斯的许多著作，例如《家庭、私有制和国家的起源》《论住宅问题》《论权威》《德国农民战争》一书序言、《论俄国的社会问题》等；还收录了《卡尔·马克思文选》中未收录的马克思的一些著作，例如《路易·波拿巴政变记》《不列颠在印度的统治》《不列颠在印度统治的未来结果》《论蒲鲁东（给约·巴·施韦泽的信）》等。在第2卷的最后，还收录了马克思和恩格斯的某些在理论方面极其重要的书信。在新版本里，著作是按照写作的年代顺序排列的，著作的译文是重新审查和校订的，卷首有马恩列研究

---

① Л. А. Левин. Библиография произведении К. Маркса и Ф. Энгельса. М.：Государственное издательство，1948：176—177；Карл Маркс. Избранные произведения в двух томах. том Ⅰ、Ⅱ. М.：Партийное издательство，1933.

② Л. А. Левин. Библиография произведении К. Маркса и Ф. Энгельса. М.：Государственное издательство，1948：177；

③ Карл Маркс. Избранные произведения в двух томах. М.：Государственное издательство политической литературы，1940.

④ 同②177；

⑤ К. Маркс и Ф. Энгльс. Изранные произведения в двух томах. М.：Государственное издательство политической литературы，1948. 印数 400 000 册。

第三章 《马克思恩格斯全集》历史考证版与其他苏联马克思恩格斯文献编纂研究

院写的序言,卷尾有索引,注释仍然采用脚注的形式。从1948年到1955年,该版《马克思恩格斯选集》(两卷集)重印过7次,在1952年和1955年再版过两次。

值得一提的是,1954年,莫斯科外国文书籍出版局出版了中文版《马克思恩格斯文选》(两卷集)①。这个中文版就是根据1952年版《马克思恩格斯选集》(两卷集)翻译而成的。

4. 俄文版《马克思恩格斯选集》(三卷集)

1966年,苏联马列主义研究院编辑出版了俄文版《马克思恩格斯选集》(三卷集)②。"这个版本同以前出版的各版本的区别不仅仅在篇幅上,更重要的是,它的科学水平是最高的,因为这一版是在完成了《马克思恩格斯全集》第2版(所有现存《马克思恩格斯全集》中最完整的)的基础上准备的。"③ 在《马克思恩格斯选集》(三卷集)中,马克思恩格斯文本按照年代顺序排列,"分列在三卷中的著作反映了马克思主义史的科学分期:19世纪40—50年代,即马克思主义形成和发展时期;第一国际时期;第一国际后期"④。

《马克思恩格斯选集》(三卷集)第1卷主要收录了从1845年到1859年的马克思恩格斯著作,其中包括《关于费尔巴哈的提纲》、《〈德意志意识形态〉第一章》、《共产主义原理》、《共产党宣言》、《资产阶级和反革命》、《雇佣劳动与资本》、《中央委员会告共产主义者同盟书》、《1848年至1850年的法兰西阶级斗争》、《德国的革命和反革命》、《路易·波拿巴的雾月十八日》、《不列颠在印度的统治》、《不列颠在印度统治的未来结果》、1856年4月14日马克思在《人民报》创刊四周年纪念会上的讲话、《〈政治经济学批判〉序言》等。"在现在这版中的《德意志意识形态》第一章是对保存到我们手中的马克思恩格斯这个手稿最完整的发表。我们对文本做了新的排列和划分,使之最大限度地与手稿的结构和内容相符合。新发表的文本——是在《马克思恩格斯全集》第

---

① 马克思恩格斯文选:两卷集. 莫斯科:外国文书籍出版局,1954.
② К. Маркс и Ф. Энгльс. Избранные произведения в 3-х томах. М.: Политиздат, 1966. 印数100 000册,由Н. У. 别洛乌索夫、К. И. 孔诺夫、Л. Р. 米斯克维奇编辑。
③④ В. Выгодский, Избранные произведения К. Маркса и Ф. Энгельса. Партийная жизнь, 1966 (17).

2 版第 1 卷①刊载之后马列主义研究院取得的研究成果，——使得对内容极为丰富的《德意志意识形态》的研究更为轻松"②。此外，《马克思恩格斯选集》（三卷集）还首次收录了作为《共产党宣言》准备材料的恩格斯的《共产主义原理》，这可以让更多的读者了解《共产党宣言》的内容及其产生的大致过程。在《马克思恩格斯选集》（三卷集）第 1 卷的末尾，还收录了马克思写的 4 封书信，分别是：马克思致安年科夫（1846 年 12 月 28 日），马克思致约·魏德迈（1852 年 3 月 5 日），马克思致恩格斯（1856 年 4 月 16 日及 1857 年 9 月 25 日）。

《马克思恩格斯选集》（三卷集）第 2 卷主要收录了 1864 年到 1875 年的马克思恩格斯著作。"这个时期马克思在不知疲倦地写作自己重要的著作——《资本论》——的同时，还花费大量的精力和时间同恩格斯一起领导着第一国际——国际工人协会"③。因此，此卷主要收录了以下著作：《工资、价格和利润》，马克思为《资本论》第 1 卷第 1 版作的序言和他为第 2 版作的跋，《资本论》第 1 卷第二十四章；国际工人协会的第一批纲领性文件《国际工人协会成立宣言》和《协会临时章程》，《论蒲鲁东》，《法兰西内战》，恩格斯的《关于工人阶级的政治行动》；第一次收录在《马克思恩格斯选集》（三卷集）中的著作有：马克思的《机密通知》、《临时中央委员会就若干问题给代表的指示》（1866 年马克思为日内瓦国际代表大会作），马克思恩格斯的《所谓国际内部的分裂》。收录的马克思恩格斯的大部头著作有：《论住宅问题》、《论土地国有化》（首次被收录）、《论俄国的社会问题》的片段及其导言，马克思对巴枯宁的著作《国家制度和无政府状态》做的摘要片段，等等。

《马克思恩格斯选集》（三卷集）第 3 卷收录了 1875 年到 1895 年马克思恩格斯的著作和书信。此卷收录了马克思致查苏利奇的信（初稿），马克思的《哥达纲领批判》及 1875 年 3 月 18—28 日恩格斯关于此纲领写作缘由问题与倍倍尔的通信。但此卷收录更多的是恩格斯的哲学著作，其中包括《自然辩证法》引论、《论辩证法》（或称《〈反杜林论〉旧序》）、《劳动在从猿到人转变过程中的作用》、《社会主义从空想到科

---

① 此处维格茨基的论述有误，《德意志意识形态》应载于《马克思恩格斯全集》俄文 2 版的第 3 卷中，而不是第 1 卷中。

②③ В. Выгодский. Избранные произведения К. Маркса и Ф. Энгельса. Партийная жизнь, 1966 (17).

第三章 《马克思恩格斯全集》历史考证版与其他苏联马克思恩格斯文献编纂研究

学的发展》、《家庭、私有制和国家的起源》、《路德维希·费尔巴哈和德国古典哲学的终结》、《1891年社会民主党纲领草案批判》、《暴力在历史中的作用》，以及恩格斯的一系列研究哲学与历史问题的书信，等等。

5. 俄文版《马克思恩格斯选集》（九卷集）

1984年至1988年，马列主义研究院出版了《马克思恩格斯选集》（九卷集）（共10册，第9卷为两册）。九卷集《马克思恩格斯选集》中的马克思恩格斯著作文本与《马克思恩格斯全集》俄文2版中同一著作的文本完全一致，并参考了在准备英文版《马克思恩格斯全集》和MEGA²过程中发现的新材料①。"同先前出版的两卷集的和三卷集的《马克思恩格斯选集》相比较，现在这一版被扩充了，其中收录了《资本论》（1~3卷）、马克思的著作《〈黑格尔法哲学批判〉导言》和《哲学的贫困》，收录了马克思和恩格斯合作撰写的著作《神圣家族》和《德意志意识形态》，还收录了恩格斯的著作《英国工人阶级状况》、《反杜林论》和《自然辩证法》，等等。"②被收录的著作基本上按照年代顺序排列，但《资本论》除外，它被编排在第7~9卷中。每一卷的篇幅为50印张。在第1、3、4和6卷的末尾，还收录了马克思主义创始人在理论和生平方面最重要的书信。此外，每卷的卷首有编者序，卷末有注释、人名索引和名目索引，文中还有页末脚注。

《马克思恩格斯选集》（九卷本）第1卷出版于1984年，主要收录了1843—1845年马克思恩格斯的著作和重要书信，其中包括：马克思的《〈黑格尔法哲学批判〉导言》，马克思恩格斯的《神圣家族》，恩格斯的《英国工人阶级状况》及第一、二版序言。收录的4封书信主要涉及《德法年鉴》的历史、《神圣家族》和《英国工人阶级状况》的写作

---

① 此时，《马克思恩格斯全集》俄文2版第1~50卷，即正卷和补卷，已经全部出齐，而在1966年出版《马克思恩格斯选集》（三卷集）时，《马克思恩格斯全集》俄文2版只是出齐了正卷，即第1~39卷。也就是说，在根据当时的《马克思恩格斯全集》正卷部分编辑的《马克思恩格斯选集》（三卷集）中，有很多重要的马克思恩格斯著作没有被收录。因此，1984年，马列主义研究院开始出版《马克思恩格斯选集》（九卷集）。К. Маркс и Ф. Энгельс. Избранные сочинения в 9 томах. том 1. М.: Издательство политической литературы, 1984, предисловие к избранным сочинениям, XI X.

② К. Маркс и Ф. Энгельс. Избранные сочинения в 9 томах. том 1. М.: Издательство политической литературы, 1984, предисловие к избранным сочинениям, XI X.

和出版等内容。

第2卷出版于1985年，主要收录马克思恩格斯的《德意志意识形态》和被恩格斯誉为"包含着新世界观的天才萌芽的第一个文件"① 的《关于费尔巴哈的提纲》。

第3卷出版于1985年，收录了1846年年底到1852年马克思恩格斯的著作和书信，主要有：《哲学的贫困》及恩格斯为德文1版作的序言《马克思和洛贝尔图斯》、《共产主义原理》、《共产党宣言》及各版序言、《共产党在德国的要求》、《雇佣劳动与资本》、《资产阶级和反革命》、《致科伦工人》、《1848年至1850年的法兰西阶级斗争》、《中央委员会告共产主义者同盟书，1847年9月》、《德国农民战争》、《德国的革命和反革命》。

第4卷出版于1986年，主要收录了1852—1874年马克思恩格斯的篇幅较短的著作和书信：《路易·波拿巴的雾月十八日》《不列颠在印度的统治》《不列颠在印度统治的未来结果》《〈1857—1858年经济学手稿〉导言》《〈政治经济学批判〉序言》《国际工人协会成立宣言》及《国际工人协会共同章程》《论蒲鲁东》《工资、价格和利润》《临时中央委员会就若干问题给代表的指示》《法兰西内战》《所谓国际内部的分裂》《论住宅问题》《论权威》等。

第5卷出版于1986年，主要收录了恩格斯的重要著作《反杜林论》《社会主义从空想到科学的发展》《自然辩证法》及作者为各版写的序言。

第6卷出版于1987年，主要收录了马克思1875—1883年的著作：《哥达纲领批判》《给"祖国纪事"杂志编辑部的信》等。此卷还收录了恩格斯在马克思逝世后（1883年3月至1895年3月）的重要著作和书信，例如《卡尔·马克思》《家庭、私有制和国家的起源》《关于共产主义者同盟的历史》《路德维希·费尔巴哈和德国古典哲学的终结》《1891年社会民主党纲领草案批判》《暴力在历史中的作用》《社会民主党纲领草案批判》《德国的社会主义》《法德农民问题》，以及恩格斯一系列研究哲学与历史问题的书信，等等。

第7～9卷是《资本论》卷。其中，第7卷出版于1987年，内容为《资本论》第1卷，文本依据是《马克思恩格斯全集》俄文2版第23卷

---

① 马克思恩格斯选集：第1卷. 2版. 北京：人民出版社，1995：788.

第三章 《马克思恩格斯全集》历史考证版与其他苏联马克思恩格斯文献编纂研究

(1960年版);第8卷同样出版于1987年,内容为《资本论》第2卷,文本依据为《马克思恩格斯全集》俄文2版第24卷(1961年版);收录《资本论》第3卷的第9卷出版于1988年,参照《马克思恩格斯全集》俄文2版第25卷(上册出版于1961年,下册出版于1962年)的形式,第9卷文本内容也分为上下两册。但是,《马克思恩格斯选集》(九卷集)中刊载的《资本论》,并不是《马克思恩格斯全集》俄文2版中《资本论》的完全重复,而是"在准备过程中对译文加以准确化,扩充了编辑注释,并对人名索引做了一些修改。……名称索引也做了重新的编辑"①,从而使文本内容更加精确。

---

① К. Маркс и Ф. Энгельс. Избранные сочинения в 9 томах. том7. М.: Издательство политической литературы, 1987, предисловие, Ⅺ Ⅹ.

第四章 苏联学者对《1844年经济学哲学手稿》的编辑、研究与传播

《1844年经济学哲学手稿》是马克思早期较为重要的经济学、哲学手稿之一。这部手稿是由梁赞诺夫最早发现的,当时被他误认为是"《神圣家族》的准备材料"。但在其真实面貌呈现之后,手稿立即引起了国际马克思主义学界的高度重视并得到了广泛深入的研究。从《1844年经济学哲学手稿》部分发表到全文发表,乃至对其进行深入的考据与缜密的研究,巴加图利亚、拉宾、奥伊则尔曼等苏联马克思主义学家都付出了重要的学术努力。苏联学者的研究主要包括《1844年经济学哲学手稿》的基本构成、各部分之间的关系、逻辑结构以及写作顺序等方面的内容。相关研究在一定程度上澄清了其基本理论问题,同时对人们在实践中进一步理解马克思主义哲学的理论实质具有重要的启示意义。

一、苏联学者对《1844年经济学哲学手稿》的发现与出版

青年马克思撰写的《1844年经济学哲学手稿》是由梁赞诺夫发

第四章　苏联学者对《1844年经济学哲学手稿》的编辑、研究与传播

现并首先发表的。20世纪初，梁赞诺夫在翻阅马克思的《巴黎手稿》①照相版文本时，发现在摘要笔记本中有三个笔记本是相对独立的理论文本，与其他摘要和评注不同，在这些文本中，马克思对资产阶级政治经济学做出了独立的分析和批判，这就是《1844年经济学哲学手稿》。但是，梁赞诺夫并没有意识到这是一部马克思未能完成，却又十分重要的著述。他将其判断成了"《神圣家族》的准备材料"："在那个独立的笔记本中，我们找到了序言性的草稿，也就是我们现在所发表的一系列评论性的概要和补论，我们用一般性的标题《〈神圣家族〉的准备材料》将其联接起来。"②"这些内容是对《神圣家族》部分章节的最重要的补充，其中马克思对经济学现象、私有财产、各种粗陋的共产主义，甚至蒲鲁东进行了批判。"③

在1927年出版的俄文版《马克思恩格斯文库》第Ⅲ卷上，梁赞诺夫以《〈神圣家族〉的准备材料》为标题，有选择地用俄文发表了《1844年经济学哲学手稿》的部分内容，主要是"笔记本Ⅲ"的大部分内容。"笔记本Ⅲ"并不是一篇完整而合乎逻辑的文稿，它是马克思在阅读时将自己的思考立即记录下来的笔记，分为几个不同的部分。梁赞诺夫根据每部分的内容为其加上了标题。主要结构如下：

卡尔·马克思。《神圣家族》的准备材料
1. [私有财产和劳动]
2. [私有财产和共产主义]

---

① 1843年10月到1845年1月，马克思旅居巴黎。这一时期是马克思探索政治经济学问题的重要起点。通过对国家、法和市民社会关系等问题的研究，马克思认识到，"对市民社会的解剖应该到政治经济学中去寻求"。因此，在旅法期间，他大量研读英法两国著名经济学家的著作，并撰写了大量的手稿，即《巴黎手稿》。《巴黎手稿》分为两大部分：一部分是对他读过的经济学著作所做的摘录和评注（从中学起，马克思就养成做读书笔记的习惯，这样方便日后根据这些笔记展开著述），共有7册笔记和2份摘录的片段（《巴黎笔记》），其中涉及16位经济学家的21部著作，摘要部分篇幅达18个印张左右，仅马克思的有关评注就超过2个印张；另一部分则是一部著作的手稿，即《1844年经济学哲学手稿》。两部分的写作过程相互交叉，因此，这些笔记和摘录是《1844年经济学哲学手稿》写作的基础，二者无法分割。参见 Н. И. Лапин. Молодой Маркс. Издание третье. М.：Издательство Политической литературы，1986：287.

② Д. Рязанов. От «Рейнской газеты» до «Святого семейства»//Д. Рязанов. Архив К. Маркса и Ф. Энгельса，1927：Ⅲ.

③ Сочинения К. Маркса и Ф. Энгельса. Т. Ⅲ. М.-Л.：Государственное издательство，1929：Предисловие редактора ⅩⅦ.

115

3. ［我们怎样理解黑格尔的辩证法？］

4. ［需要、生产和分工］

1929年，梁赞诺夫再次将这部手稿以错误的标题收录到《马克思恩格斯全集》俄文1版第3卷的附录中。由于他的失误，当时这些内容几乎没有引起人们的关注。

值得一提的是，1927年，在巴黎出版的《马克思主义评论》杂志上，也发表了《1844年经济学哲学手稿》笔记本Ⅲ中的两个片段，编者为其加的标题分别是《关于共产主义和私有制的札记》和《关于需要、生产和分工的札记》。但由于不是完整的发表，因此这次发表也没有在欧洲引起任何重大的反响①。

1932年，几乎同时出现了《1844年经济学哲学手稿》的两个德文版本：一是由德国社会民主党人朗兹胡特和迈耶尔编辑的版本，一是阿多拉茨基主编的MEGA¹版。朗兹胡特和迈耶尔较早地意识到，《1844年经济学哲学手稿》是一部独立著作。1931年1月，迈耶尔在苏黎世出版的德国社会民主党的月刊《红色评论》上发表了一则题为《关于马克思的一部未发表的著作》的简短报道，其中指出"发现了马克思的一部早期著作"，即马克思的《1844年经济学哲学手稿》。第二年，这部手稿经过整理，用德文发表在由朗兹胡特和迈耶尔主编的《卡尔·马克思。历史唯物主义。早期著作》（两卷集）的第1卷上，标题为《国民经济学与哲学。论国民经济学同国家、法、道德和市民活动的关系（1844年）》。不过，这个版本仍然没有发表《1844年经济学哲学手稿》的全部内容，只有笔记本Ⅱ和Ⅲ，缺少笔记本Ⅰ。同年，苏联马恩列研究院用原文发表了《1844年经济学哲学手稿》的第一个完整版本，刊载于MEGA¹第Ⅰ部分第3卷中，标题为《1844年经济学哲学手稿。国民经济学批判。附关于黑格尔哲学的一章》。全部文本被编为四个部分，其中第一至第三部分以"国民经济学批判"为题，是整个文本的主体部分，第四部分是作为附录的马克思对黑格尔的《精神现象学》的摘录。

相比较而言，MEGA¹版的《1844年经济学哲学手稿》更具有科学价值。一是这个版本第一次发表了三个笔记本的全文，二是在出版引言

---

① 王东.马克思学新奠基：马克思哲学新解读的方法论导言.北京：北京大学出版社，2006：301.

第四章　苏联学者对《1844年经济学哲学手稿》的编辑、研究与传播

中对文本做了较为准确的说明，三是首次使用了"1844年经济学哲学手稿"这个标题。朗兹胡特和迈耶尔的版本不仅极不完备，而且把笔记本Ⅱ和Ⅲ的文本也编得十分混乱，他们把马克思从黑格尔《精神现象学》一书中所做的摘录，在没有做任何说明的情况下掺了进去。另外，他们也没有提供关于文本史料的基本情况的说明，而为版本做的说明不仅不充分，还存在着许多不准确的地方。1953年，朗兹胡特在斯图加特重新编订了他们的版本，但这个版本仍旧把原来版本的主要缺点保存了下来，其唯一改进之处就是对上一版中某些原稿文字没认清的地方，根据 MEGA¹ 版做了修改①。

根据1932年这两种德文版本编辑出版的其他版本有②：（1）1937年，莫里托尔依据朗兹胡特和迈耶尔版发表了《1844年经济学哲学手稿》的法文译本。（2）1949年，久里奥·埃诺第依据 MEGA¹ 版出版了意大利文版，标题为"马克思：经济学哲学手稿（1844年）"，译者为诺贝尔托·波比奥。（3）1950年，罗马新生出版社出版了意大利文的第二个版本，标题为"马克思：早期哲学著作（《黑格尔法哲学批判》。《经济学哲学手稿［1844年]》)"，译者是加尔瓦诺·戴拉·沃尔佩。在两个意大利文版本中，第二个版本较令人满意。（4）1950年，埃利希·梯耶尔依据 MEGA¹ 版的原文及注释，在联邦德国的科隆与柏林两地出版了新的德文版，但他保留了朗兹胡特和迈耶尔版的标题："卡尔·马克思：国民经济学与哲学"，并略掉了笔记本Ⅰ的前21页，因此，这个版本的价值不大。（5）1955年，民主德国狄茨出版社在《马克思恩格斯短篇经济论文集》中收录了 MEGA¹ 版的《1844年经济学哲学手稿》，但是缺少"黑格尔辩证法和哲学的批判"一节。这个版本在原文辨认方面做了一些更正，不过其他明显的错误依旧被保留下来了。

在苏联，俄译本的《1844年经济学哲学手稿》全文直至1956年才出版。这一方面是由于第二次世界大战的爆发影响和延缓了马恩列研究院的文献搜集、编辑、研究与出版工作，例如造成 MEGA¹ 的夭折，对《马克思恩格斯全集》俄文1版最后几卷的出版迟迟不能完成。另一方面是由于从20世纪30年代开始，偏重对马克思主义基本理论的普及和宣传，开展消除资产阶级思想的消极影响及其残余的斗争，成为整个

---

① ②　布路什林斯基.谈谈卡尔·马克思《经济学—哲学手稿》编辑与出版的历史//马克思早期思想研究.北京：生活·读书·新知三联书店，1963：72，74.

苏联学术界的重要任务，马克思恩格斯著作遗产的出版工作也不能与这项任务相脱节。包括《1844年经济学哲学手稿》在内的马克思早期著作似乎不能够为这项任务的完成提供更多有价值的文本参考作用。因此，直到20世纪50年代中期，整个苏联哲学界对马克思早期著作普遍持轻视态度。不仅1954年拟定的《马克思恩格斯全集》俄文2版的版本规划根本没有提到这些著作，而且以单行本形式出版的这类著作的小册子印数也极少。1955年，苏联哲学家乌·卡尔普申在《对马克思1844年〈经济学哲学手稿〉的唯物辩证法分析》一文中指出："马克思1844年夏天所写的著作《经济学哲学手稿》，可惜到现在还没有以俄译文全部发表过，因此，这部手稿在我们这里知道的人还很少，也还没有成为哲学史研究的对象。"①

1956年，马列主义研究院决定把马克思和恩格斯青年时期的一些著作搜集起来，单独编成《马克思恩格斯全集》俄文2版规划之外的一卷，即《马克思恩格斯早期著作选》，印行6万册。《1844年经济学哲学手稿》以俄译文的形式被收录其中。这一次收录时，马列主义研究院重新核对了手稿中难以辨认的文字，更正了1932年MEGA¹版中的许多重要错误，并改正了马克思在抄录他人字句时的一些明显笔误，重新审订了某些小标题，使之更为明确。马克思的全部引文（包括他忘了加引号的引文）都用小号的字排印，消除了把马克思引用别人的文字加到马克思身上的错误。最后，这个俄文版还加上了编辑部撰写的一篇序言和一些必要的注释。因此，1956年版是较为完善的版本，它成为后来《马克思恩格斯全集》俄文2版补卷第42卷收录的《1844年经济学哲学手稿》的母本，也是1959年由莫斯科外国文书籍出版局出版的英文版《1844年经济学哲学手稿》的底本。

1982年，苏联马列主义研究院和民主德国马列主义研究院合作出版的MEGA²第Ⅰ部分第2卷中再次以原文发表了《1844年经济学哲学手稿》全文，标题为《经济学哲学手稿》。不过，在这里，"为正确地反映手稿的成熟程度和复杂的保存情况"②，第一次同时采用了两种不同的编排方式：一是以马克思写作的时间顺序发排全部文本，二是依马克

---

① В. А. Капушин. Разработа К. Марксом материалистической диалектики в «Экономическо-философских рукописях» 1844 года. Вопросы философии, 1955（3）.

② 关于《1844年经济学哲学手稿》. 马列主义研究资料，1984（2）.

第四章 苏联学者对《1844年经济学哲学手稿》的编辑、研究与传播

思的设想,按理论逻辑和思想内容发排手稿。前者被称为原初文本版,后者是逻辑编排版。此时,苏联马克思主义学者对《1844年经济学哲学手稿》的研究,不论是在文献学方面,还是在文本学方面都已经取得了许多重要的成绩,其原因主要在于:

自1932年全文发表《1844年经济学哲学手稿》后,由于"异化劳动"的概念被发现,朗兹胡特、迈耶尔、马尔库塞等西方哲学家提出重新评价马克思的问题。他们把马克思早期的观点同马克思成熟时期的观点对立起来,要求根据马克思早期著作的精神来解释整个马克思主义,要求用伦理、人性、人道主义的观点来理解科学社会主义理论。第二次世界大战前后,西方出现了按照黑格尔主义、存在主义、新实证主义、结构主义来解释马克思主义、探索法西斯主义起因的倾向,形成了德国的法兰克福学派、法国的"存在主义马克思主义"、意大利的新实证主义马克思主义等各种流派,人、人性、人道主义和异化问题更加引人注意。20世纪50年代,在东欧社会主义阵营中也出现了用异化、人性、人道主义等观点来揭露在现代发达资本主义国家中出现的一些新问题的倾向,进而发展到以此来揭示"斯大林主义"和共产主义运动中存在的消极因素。南斯拉夫的"实践派"、匈牙利的"布达佩斯学派"等"新马克思主义"应运而生。在这种情况下,苏联哲学界再也不能故步自封、自说自话了。一方面,与西方马克思主义学派的斗争不得不让他们重新理解和挖掘马克思早期著作中的思想内容;另一方面,更为重要的是,斯大林逝世后,"解冻"的暗流已在苏联社会的内部涌动。顺应时代的潮流,解释风起云涌的社会现实才是马克思主义哲学研究的真正出路。于是,在1956年《1844年经济学哲学手稿》第一次用俄文全文发表以后,苏联哲学界开始重视对《1844年经济学哲学手稿》的研究,有关这本遗稿的各种研究论著明显增加了。

从1957年起,最早着手对《1844年经济学哲学手稿》的思想内容进行详尽研究的是苏联哲学家Л.Н.帕日特诺夫,他发表的相关文章,如《马克思对黑格尔的主体—客体概念的批判》(《哲学问题》1957年第6期)、《哲学中变革的起源》(《共产党人》1958年第2期)、《马克思〈经济学哲学手稿〉中的美学问题》(《美学问题》1963年第1集),以及出版的专题学术著作《哲学中革命变革的起源——马克思的〈1844年经济学哲学手稿〉》在苏联学术界引起极大反响,并激起了研究《1844年经济学

哲学手稿》的热潮。不过，在 20 世纪 50 年代末到 60 年代初这段时期，苏联学者在研究《1844 年经济学哲学手稿》时关心的问题主要是：异化及异化劳动问题，《1844 年经济学哲学手稿》在马克思主义形成过程中的地位问题，以及马克思主义哲学形成过程问题①。20 世纪 60 年代到 70 年代，苏联学者对《1844 年经济学哲学手稿》的研究达到了更高的阶段和水平，主要研究特点在于，除了做出概括性的结论外，还通过对文本结构、写作背景及过程的分析，力求使结论更加具体化并具有说服力。这一时期，最有代表性的学者及著述有：Н. И. 拉宾的《青年马克思》（莫斯科，政治书籍出版社，1976）、《〈1844 年经济学哲学手稿〉对共产主义的经济学哲学的论证》（见《十九世纪的马克思主义哲学》，莫斯科，科学出版社，1979）, Г. А. 巴加图利亚的《马克思主义政治经济学的辩证唯物主义方法论开始形成。〈经济学哲学手稿〉的方法论特点》（见《马克思的经济学遗产》，莫斯科，思想出版社，1976），Т. И. 奥伊则尔曼的《马克思的〈经济学哲学手稿〉及其解释》（北京，人民出版社，1981），А. И. 马雷什的《卡·马克思的〈1844 年经济学哲学手稿〉》（见《马克思主义政治经济学的形成》，莫斯科，政治书籍出版社，1966）等。

因此，1982 年 MEGA² 版的编者对《1844 年经济学哲学手稿》采用两种不同的编排方式就不足为奇了。

二、苏联学者对《1844 年经济学哲学手稿》的考证与研究

苏联学者对《1844 年经济学哲学手稿》真正意义上的文献学考证

---

① Ю. Н. 达维多夫. 劳动与自由. 莫斯科，1962；Ю. Н. 达维多夫. А. 列菲弗尔及其异化概念. 哲学问题，1963 (4); Э. М. 锡特尼科夫. 资产阶级哲学中的"异化"问题和马克思主义的伪造者们. 莫斯科，1962; И. С. 纳尔斯基. 论"异化"概念的历史哲学发展. 哲学科学，1963 (4); И. С. 纳尔斯基. 马克思著作中的异化概念的发展. 哲学科学，1968 (4); Т. И. 奥伊则尔曼. 马克思主义哲学的形成. 莫斯科，1962; Т. И. 奥伊则尔曼. 异化问题与资产阶级关于马克思主义的神话. 莫斯科：知识出版社，1965; Н. И. 拉宾. 论西方对青年马克思思想的研究. 莫斯科：国家高等学校出版社，1962; М. И. 彼得罗相. 人道主义. 莫斯科：思想出版社，1964.

第四章　苏联学者对《1844年经济学哲学手稿》的编辑、研究与传播

肇始于20世纪60年代后期。此时他们不再局限于对文本本身内容的思辨，而是开始着眼于对马克思在巴黎时期的写作与摘录的全过程的研究，其核心是对《1844年经济学哲学手稿》与《巴黎笔记》之间关系的考证。这种全过程研究进一步明晰了《1844年经济学哲学手稿》的写作过程和内在结构，深化了相关理论认识。

1. 关于《1844年经济学哲学手稿》基本构成的研究

从1932年发表《1844年经济学哲学手稿》时起，苏联学者通常认为，这部著作由三个未完成的手稿组成，它们被写在30厘米×40厘米的纸上，总篇幅约有11个印张，每个手稿都有用罗马数字编成的页码。符·布路什林斯基在《谈谈卡尔·马克思〈经济学—哲学手稿〉编辑与出版的历史》一文中描述了当时人们对手稿逻辑结构的基本看法：笔记本Ⅰ在很大程度上是一部预备材料。用来写作这部分的大张稿纸被马克思分成了三个或两个纵栏；在这个部分的27张稿纸的每一张上，马克思在三栏的每一栏上面都写上了这样的标题："工资""资本的利润""地租"。在前16页稿纸上，马克思在三个标题的下面满满地写上了从亚当·斯密、威廉·舒耳茨、康斯坦丁·贝魁尔、查理·劳顿、欧仁·毕莱和萨伊的著作中细心选择并加以整理的摘录，并对它们做了批判性的分析，逐渐把注意力集中到在他的新唯物主义与共产主义观点的启发下所得出的结论上。从原稿第17页开始，他只填写题为"地租"那一栏了；而从原稿第22页到笔记本Ⅰ的结尾处，马克思在这三栏中所写的文字就不再考虑原来所写的标题了。笔记本Ⅰ的最后6页所谈的是这三个笔记本的基本主题之一——异化劳动。

Н. И. 拉宾做的表（见表4-1）更有助于我们理解笔记本Ⅰ的结构。

表4-1　　　　　　　　笔记本Ⅰ的结构

原文页码	分栏及内容		
第1~6页	工资	资本的利润	地租
第7页	工资	[资本的利润] 工资	[地租]
第8~12页	工资	资本的利润	地租
第13~15页	工资	资本的利润	
第16页	[工资] 地租	资本的利润	

—121

续前表

原文页码	分栏及内容		
第17~21页	工资 （无内容）	地租	资本的利润 （无内容）
第22~27页	［工资］	［资本的利润］ 异化劳动和私有财产	［地租］

注：(1) 符号［］表示此页的标题是括号内的题目，但实际内容是其下的问题。(2) 虚线表示三栏里的内容全都是中间标题下的问题。

资料来源：Н. И. Лапин. Молодой Маркс. Издание третье. М.：Издательство Политической литературы，1986：319.

在笔记本Ⅱ中，只有最后4页（第40~43页）了，前39页大张稿纸已经遗失了。这是特别遗憾的事情，因为笔记本Ⅱ是最重要的：笔记本Ⅰ在很大的程度上带有绪论的性质，而笔记本Ⅲ则是对笔记本Ⅱ的补充（虽然的确是十分重要的补充）。由于马克思习惯把自己著作的标题放到主要文章开头的地方，因此我们可以推测，全稿的标题是放在了笔记本Ⅱ业已遗失的第一页上面。笔记本Ⅱ并没有写完，在它的第43页上，文章的末尾是一连串的点，这表示后面还要发挥的东西，但是到这里中断了。

笔记本Ⅲ由43页（用白线钉上的17大张纸，对折为34张）组成，其内容包括对笔记本Ⅱ的第36页和第39页的补充①、全部作品的序言，以及论述货币在资产阶级社会中的职能的一个小的片段。……全书结论的一章是对黑格尔的辩证法和全部黑格尔哲学进行批判，这一章同样也没有完成②。

"《1844年经济学哲学手稿》由三个未完成的手稿组成"这种说法似乎给人一种《1844年经济学哲学手稿》是由独立的、相互之间没有联系的三个手稿组成的感觉。这种说法在出版《马克思恩格斯全集》俄文2版第42卷时仍被认为是正确的，编者将"这些手稿"分别称为"第一手稿"（Ⅰ рукописи）、"第二手稿"（Ⅱ рукописи）、"第三手稿"（Ⅲ рукописи）。

---

① 这种补充有三个：一个是对第36页的补充（两页手稿的篇幅），另外两个是对第39页的补充（其中一个篇幅不大，只有一段，另一个篇幅很大，有36页手稿）。参见马克思. 1844年经济学哲学手稿. 3版. 北京：人民出版社，2000.

② 布路什林斯基. 谈谈卡尔·马克思《经济学—哲学手稿》编辑与出版的历史//马克思早期思想研究. 北京：生活·读书·新知三联书店，1963：70-71.

第四章　苏联学者对《1844年经济学哲学手稿》的编辑、研究与传播

1976年，巴加图利亚在他的文章《马克思主义政治经济学的辩证唯物主义方法论开始形成。〈经济学哲学手稿〉的方法论特点》中推翻了上述说法，他指出，"这个认识至少是有争论的。不但如此，肯定地说，这实质上不是什么三个手稿而是一个手稿，除了12页以外，它几乎全部掌握在我们手中，这种说法绝不是什么奇谈怪论"[1]。

2. 关于《1844年经济学哲学手稿》各部分之间关系的研究

巴加图利亚认定《1844年经济学哲学手稿》不是三个手稿而是一个手稿的根据是什么呢？他指出："实质上，问题在于被称为'第一手稿'和'第二手稿'的手稿，并不是两个独立的手稿，而是同一个手稿的开头和结尾两个部分。"[2]

从纯粹的形式上看，根据手稿中现有的作者所做的编号，笔记本Ⅰ和笔记本Ⅱ（第1~27页和第40~43页）可以从两方面来看：既可看作两个不同的手稿，也可看作同一个手稿的两个组成部分（但笔记本Ⅲ例外，因为它有单独的编码）。认为它们是两个不同的手稿的主要依据是：马克思为笔记本Ⅰ的每一页都划分为三栏（或两栏），并且加上了标题"工资""资本的利润""地租"；而在笔记本Ⅱ中，这样精确的划分是不存在的，因此，它的各页看起来是另外的样子（笔记本Ⅱ和笔记本Ⅲ的各页划分为两栏而没有标题）。巴加图利亚认为，这种形式上的不同不足以证明笔记本Ⅰ和Ⅱ的独立性。他强调，要注意的一个重要事实是，在笔记本Ⅰ的结尾（第26~27页），马克思拟定了进一步阐述的计划，这个计划正是在笔记本Ⅱ以及构成笔记本Ⅲ基本内容的对笔记本Ⅱ的补充中实现的[3]。因此，巴加图利亚得出结论："按其内容来讲，第二手稿中的几页（第36~43页[4]）是第一手稿最后的两页（第26~27页）的直接继续。因此自然可以认为，同一个手稿在第26~27页和第36~43页之间还有8页（第28~35页），而不是新手稿的35页（第1~35页），如果是新手稿，这个新手稿还应当以改动的形式包括第一

---

[1] Г. А. Багатурия, В. С. Выгодский. Экономическое наследие Карла Маркса. М.: Издательство Мысль, 1976: 208-209.

[2] 同[1]209.

[3] 这个事实是由苏联马克思主义学家Н. И. 拉宾发现的。Н. И. Лапин. Молодой Маркс. Издание третье. М.: Издательство Политической литературы, 1986: 318-322.

[4] 在这里，巴加图利亚认为应该包括笔记本Ⅲ对笔记本Ⅱ的补充内容。

手稿的基本内容。"①

巴加图利亚依据马克思的写作特点，或者说他的研究问题的方法论特点得出了上述结论。他指出，在马克思的一系列著作中可以看到两个典型的方法论特点。第一个特点是，在"为了自己弄清问题"而写的手稿中，经过一定的系统研究，马克思最后常常转到不完整地或简要地叙述自己的想法上，并且写下以后需要进一步研究的计划要点，如《德意志意识形态》第一章的手稿、《〈政治经济学批判〉序言》都具有这个写作特点。在《1844年经济学哲学手稿》的笔记本Ⅰ的最后两页（第26~27页）中，马克思正是采用指出下一步研究任务的方法来结尾的。马克思首先简明地提出了一般的任务：

> 正如我们通过**分析**从**异化的、外化的劳动**的概念得出**私有财产**的概念一样，我们也可以借助这两个因素来阐明国民经济学的一切**范畴**。②

然后，他拟定了初步的和最近的研究目标：

> 我们还打算解决两个任务：（1）从**私有财产**对**真正人的**和**社会的财产**的关系来规定作为异化劳动的结果的**私有财产**的普遍**本质**。（2）我们已经承认**劳动的异化**、劳动的**外化**这个事实，并对这一事实进行了分析。现在要问，**人**是怎样使自己的**劳动外化**、异化的？这种异化又是怎样由人的发展的本质引起的？③

接着，巴加图利亚把笔记本Ⅱ的内容④同笔记本Ⅰ结尾处拟定的任务做了一番比较。他指出，对笔记本Ⅱ第36页的补充谈的是作为私有财产本质的劳动，以及经济学家提供的对这个事实的认识。显而易见，在笔记本Ⅱ的第36页，马克思谈的是私有财产的本质，而这正好属于

---

① Г. А. Багатурия，В. С. Выгодский. Экономическое наследие Карла Маркса. М.：Издательство Мысль，1976：210.

② 马克思恩格斯文集：第1卷. 北京：人民出版社，2009：167.

③ 接着，马克思把第一个任务具体化了："补入（1）私有财产的普遍本质以及私有财产对真正人的财产的关系。"往下是研究私有财产关系，特别是劳动和资本之间的关系的纲要草稿。笔记本Ⅰ以此结尾。（马克思恩格斯文集：第1卷. 北京：人民出版社，2009：167-168.）

④ 虽然笔记本Ⅱ保存下来的页数只有4页（第40~43页），但关于前面数页的内容，特别是第36页和第39页的内容，按照笔记本Ⅲ中所做的补充是能够间接地判断出来的。

第四章 苏联学者对《1844年经济学哲学手稿》的编辑、研究与传播

在笔记本Ⅰ的结尾处拟定的下一步研究的第一个任务。对笔记本Ⅱ第39页的第一个篇幅不大的补充则谈到了无产和有产之间、劳动和资本之间的对立发展到矛盾的程度，还谈到了这些矛盾的解决（同时这里又一次提到了私有财产的主体本质——劳动的定义）。也就是说，在笔记本Ⅱ的第39页，马克思进一步解决了笔记本Ⅰ结尾处拟定的第一个任务。此外，在对笔记本Ⅱ第39页的第二个篇幅较大的补充中，它的开头是概括性的论述："自我异化的扬弃同自我异化走的是一条道路。"① 可见，这也是同马克思拟定的第一个任务相关的。对于第二个任务的研究也包括在对第39页的两个补充中，其中还指出了异化的形成和发展问题，也就是关于"人怎么使他的劳动异化"的问题。而在保存下来的笔记本Ⅱ的第40～43页中，马克思考察了私有财产关系的发展，考察了劳动和资本之间从最初的统一到对立和矛盾的关系的发展，"这样做仍然不是为了别的，而是为了实现第一手稿结尾所制定的大纲"②。通过上述列举事实的比较分析，巴加图利亚证实了他的结论：笔记本Ⅰ和笔记本Ⅱ仅仅是同一手稿的开头和结尾，这是合乎逻辑的。

巴加图利亚依据的马克思的第二个方法论特点是："在任何一个系列研究的结尾，马克思常常拟订甚至起草所要叙述的内容的开头。"③ 例如，在《德意志意识形态》第一章手稿的结尾，马克思拟订了叙述唯物主义历史观的开头。在《1844年经济学哲学手稿》中也存在类似的特点。在笔记本Ⅱ的结尾，即主要正文的结尾，马克思或者是拟订了整个著作的叙述的开头，或者是拟订了整个著作的一个部分的叙述的开头：

> **私有财产**的关系是劳动、资本以及二者的关系。这个关系中的这些成分必定经历的运动是：**第一：二者直接的或间接的统一**。……［第二：］**二者的对立**。……［第三：］**二者各自同自身对立**。……**敌对性的相互对立**。④

---

① 马克思恩格斯文集：第1卷. 北京：人民出版社，2009：182.
②③ Г. А. Багатурия，В. С. Выгодский. Экономическое наследие Карла Маркса. М.：Издательство，Мысль，1976：213.
④ 同①177.

马克思在笔记本Ⅱ的末尾（第43页）就是这样写的。巴加图利亚由此推断，马克思是用这里所引用的话开始有条理地、连续地、有系统地叙述他在唯一的手稿的第26～43页中所研究的问题。这也就意味着笔记本Ⅰ和笔记本Ⅱ是同一手稿的开头和结尾①。

巴加图利亚的考证结论被MEGA²的编者接受了。第一，用"第一手稿"（Первая рукопись）、"第二手稿"（Вторая рукопись）和"第三手稿"（Третья рукопись）为标题编排《1844年经济学哲学手稿》的三个组成部分会造成读者认为它们之间没有关联的误会。因此，在MEGA²第Ⅰ部分第2卷收录的《1844年经济学哲学手稿》中，编者根据马克思在第一个笔记本上亲笔写的"笔记本Ⅰ"（Heft Ⅰ），将三个部分按照"笔记本Ⅰ"（Тетрадь Ⅰ）、"笔记本Ⅱ"（Тетрадь Ⅱ）、"笔记本Ⅲ"（Тетрадь Ⅲ）进行了编排。第二，在MEGA²的编者评注中，编者既说明了巴加图利亚考证的笔记本Ⅰ和笔记本Ⅱ的页码是连续的，中间只缺失了12页的这个假说；同时也说明了笔记本Ⅰ和笔记本Ⅱ的页码不是连续的，笔记本Ⅱ缺失了39页（第1～39页）的假说，不过，MEGA²的编者更倾向于承认第二种假说②。

3. 关于《1844年经济学哲学手稿》逻辑结构的研究

在得出《1844年经济学哲学手稿》的三个笔记本是连续的结论之后，巴加图利亚进一步考察了《1844年经济学哲学手稿》总体的逻辑结构③。巴加图利亚指出，如果认真分析手稿的内容，就可以发现马克思逻辑思维的跳跃性，他在《1844年经济学哲学手稿》中提出了不同内容的六个"开端"。这些"开端"有的在《1844年经济学哲学手稿》中得到了论述和解决，有的则作为他日后研究的重要对象。

第一个"开端"是《1844年经济学哲学手稿》按时间顺序写作的

---

① Г. А. Багатурия，В. С. Выгодский. Экономическое наследие Карла Маркса. М.：Издательство，Мысль，1976：208-214.

② Н. И. Лапин. Молодой Маркс. Издание третье. М.：Издательство Политической литературы，1986：295.

③ 同①214-220.

第四章 苏联学者对《1844年经济学哲学手稿》的编辑、研究与传播

开始,是私有财产问题的切入点,也是马克思一生研究政治经济学的起点。在笔记本Ⅰ中,我们看到的是并列的三栏,马克思同时分析了三个收入来源:"工资""资本的利润"和"地租"。但是,事实上马克思不是首先填写第一栏"工资",而是先填写第二个收入来源,即"资本的利润"[①]。以"资本"范畴作为整部著作研究的起点,表明马克思的这一著作归根结底是研究私有财产的。"资本的利润"一栏的第一句话表明了他的研究初衷:"**资本**,即对他人劳动产品的私有权,是建立在什么基础上的呢?"[②]

第二个"开端"是对作为私有财产基础的异化劳动的分析。巴加图利亚认为,在利用英法经济学家的成就,较为详细地考察资本主义社会的三个基本的经济学基础之后,马克思发现,在批判资产阶级政治经济学之前,应当阐明它的哲学及社会学基础,并以此作为新政治经济学必要的方法论前提。于是,马克思写了作为私有财产基础的异化劳动这一章以及笔记本Ⅱ。

第三个"开端",巴加图利亚认为它出现在笔记本Ⅱ的结尾。马克思在这里提出了一个提纲:"私有财产的关系是劳动、资本以及二者的关系",以及二者关系的简要运动趋势[③]。巴加图利亚指出,虽然这个问题没有被展开,但可以看出,这仍然是关于私有财产的问题,因此证明了私有财产问题的确是《1844年经济学哲学手稿》的核心问题。

后三个"开端"依次位于对笔记本Ⅱ的内容做了广泛补充的笔记本Ⅲ的结尾。

第四个"开端"是关于分工的片段[④]。这个片段虽然不长,马克思也没有做更多更详细的分析,但在与恩格斯合作撰写的《德意志意识形态》中,分工问题不仅起着重要的作用,而且是起点概念之一。由此也

[①] 对这一事实的证明是由 Н. И. 拉宾做出的,并得到了公认。Н. И. Лапин. Молодой Маркс. М.: Издательство Политической литературы, 1976:508—509.

[②] 马克思恩格斯文集:第1卷. 北京:人民出版社,2009:129.

[③] 同②129.

[④] 将分工片段从前文中分离出来是巴加图利亚的功劳。在巴加图利亚说明这个问题以前,分工片段是与"需要"放在一起的(马克思恩格斯全集:第42卷. 北京:人民出版社,1979:132—149)。在此后的版本中,分工片段就同前文分开了,成为独立一章,并由编者加上"分工"标题。

可以看出马克思主义形成过程中的思想传承性。

第五个"开端"位于分工片段之后,即马克思起草的《1844年经济学哲学手稿》的序言中。在序言中,马克思认定,批判黑格尔的辩证法和整个黑格尔哲学应当成为这部著作的最后一章。

第六个"开端"就是序言之后的关于货币的片段。在这个片段中,马克思开始尝试执行他在关于异化劳动这一章中拟订的分析经济范畴的计划了。巴加图利亚指出,虽然货币片段在写作时间顺序上是最后的部分,但在逻辑上却是《1844年经济学哲学手稿》经济学部分的开始。这样,马克思写作的历史链条就呈现在我们眼前:从分析三个收入来源,转到深入研究同其密切相关的哲学问题,然后又重新回到经济学问题本身。但是,在这个时候,他中断了自己的写作,原因可能在于,马克思感觉到了哲学方法论基础的不足,"尤其是缺乏揭露生产力和生产关系的辩证法,也就是缺乏了解构成决定所有经济范畴的基础,即了解物质生产的一般机制的知识。因此,过了一年,在《经济学—哲学手稿》之后出现了《德意志意识形态》"①。

巴加图利亚对《1844年经济学哲学手稿》文本结构分析取得的成果不仅来自他的认真考证,也得益于其他苏联学者的研究成就,特别是 Н. И. 拉宾通过对《巴黎笔记》和《1844年经济学哲学手稿》关系的研究,明确了《1844年经济学哲学手稿》的写作顺序。Н. И. 拉宾的考证成果成为《巴黎手稿》文献学研究最重要的成就。

4. 关于《1844年经济学哲学手稿》写作顺序的研究

众所周知,马克思有一个很好的研究习惯,或者说研究的方法论特点,即先对研究对象的基本文献进行摘录和评注,然后再依据这些笔记著书立说。马克思在写作《1844年经济学哲学手稿》时也坚持了这个写作的基本原则。从1843年10月到1845年1月,马克思开始从事的政治经济学研究的结果被记录在两种材料中:对经济学家的著作进行摘

---

① Г. А. Багатурия, В. С. Выгодский. Экономическое наследие Карла Маркса. М.: Издательство Мысль, 1976: 220.

第四章 苏联学者对《1844年经济学哲学手稿》的编辑、研究与传播

录的《巴黎笔记》[①] 和《1844年经济学哲学手稿》本身。根据一般的思维习惯，人们一直以为，似乎马克思先做了全部摘录，然后才着手独立研究他在手稿中的观点。然而，Н. И. 拉宾在对照《巴黎笔记》和《1844年经济学哲学手稿》影印件的基础上推翻了这种假想。

Н. И. 拉宾依据《巴黎笔记》的内容在《1844年经济学哲学手稿》中出现的时间来推断《1844年经济学哲学手稿》的写作顺序。他发现，第一，在笔记本Ⅰ中完全没有关于李嘉图和穆勒著作引文的《巴黎笔记》第4册和第5册的内容，仅有的一段引自李嘉图著作的引文在笔记本Ⅰ中是转引的，而它在《巴黎笔记》第4册中却是直接引用的。在笔记本Ⅱ和笔记本Ⅲ中却广泛地应用了《巴黎笔记》第4册和第5册的内容。第二，第4、5册中的"穆勒评注"对商品交换和货币异化职能的研究没有反映在笔记本Ⅰ中，在关于异化劳动一章里也没有反映，但在笔记本Ⅱ和笔记本Ⅲ中得到了明显的反映。第三，更重要的是，笔记本Ⅱ和笔记本Ⅲ所反映出来的经济学水平要高于笔记本Ⅰ的异化劳动片段。根据以上事实，Н. И. 拉宾得出结论：马克思从1843年10月到1844年8月的经济学研究分为两个主要阶段：第一阶段初读恩格斯的《政治经济学批判大纲》，摘录萨伊、斯卡尔贝克及斯密的著作（第1、2、3册笔记），完成《1844年经济学哲学手稿》的笔记本Ⅰ；第二阶段摘录李嘉图、穆勒以及其他经济学家的著作（第4、5册笔记），写恩格斯的《政治经济学批判大纲》的提要，完成《1844年经济学哲学手稿》的笔记本Ⅱ和笔记本Ⅲ[②]。Н. И. 拉宾叙述的马克思的写作

---

① 《巴黎笔记》共7册和2页摘录片段，但跟《手稿》直接有关的摘录有5册，包括萨伊、斯卡尔贝克、斯密、李嘉图、詹姆斯·穆勒、麦克库洛赫、普雷沃、德斯杜特·德·特拉西等人著作的摘要。另外，在第5册笔记本中有一页没有编号，该页的内容也与其他页完全不同，上面写的是恩格斯《政治经济学批判大纲》的提要。1932年，MEGA¹用原文发表了《巴黎笔记》的重要部分；1981年，MEGA²用原文首次发表了全文。用俄文发表过的《巴黎笔记》的部分，仅有马克思对恩格斯的《政治经济学批判大纲》一文的摘要（马克思恩格斯全集：第42卷. 北京：人民出版社，1979：3-4.），马克思对詹姆斯·穆勒《政治经济学原理》一书的摘要（马克思恩格斯全集：第42卷. 北京：人民出版社，1979：5-42.），以及马克思对《勒·勒瓦瑟尔 DE LA SARTHE 回忆录》的摘要（马克思恩格斯全集：第40卷. 北京：人民出版社，1982：372-388.）. Н. И. Лапин. Молодой Маркс. Издание третье. М.：Издательство Политической литературы，1986：287.

② 拉宾. 马克思的青年时代. 北京：生活·读书·新知三联书店，1982：231-232.

顺序如表 4-2 所示：

表 4-2　　　　　　　　拉宾叙述的马克思的写作顺序

阶段	内容
第一阶段	1. 马克思首次接触恩格斯的《政治经济学批判大纲》，阅读赫斯的《二十一印张》及《论货币的本质》
	2. 对萨伊、斯卡尔贝克及斯密的著作的摘录和评注（第 1、2、3 册《巴黎笔记》）
	3. 笔记本 I 的前半部分，即对"工资""资本的利润""地租"这三个收入来源的对比分析
	4. 笔记本 I 的后半部分，即"异化劳动和私有财产"章
第二阶段	1. 对李嘉图、穆勒、麦克库洛赫等人著作的摘录和评注，恩格斯《政治经济学批判大纲》的提要（第 4、5 册《巴黎笔记》）
	2. 笔记本 II
	3. 笔记本 III

资料来源：韩立新.《巴黎手稿》的文献学研究及其意义. 马克思主义与现实，2007（1）.

Н. И. 拉宾提出的"两个阶段说"引起全世界几乎所有马克思文献学家的重视，《巴黎笔记》和《1844 年经济学哲学手稿》的写作是交叉进行的这一结论得到了公认。现在，几乎所有的文献学家都认为，马克思 1844 年进行的经济学研究存在着两个泾渭分明的阶段。尽管文献学家对第二阶段手稿的写作顺序在理解上有分歧[①]，但他们都认为《1844 年经济学哲学手稿》的内容在前后两个阶段发生了巨大变化，第二个阶段的经济学水平明显高于第一个阶段。

需要特别指出的是，Н. И. 拉宾还对笔记本 I 中的并行的"三个收入来源"的写作阶段和写作顺序做了仔细的研究。通过对手稿内容与原文照相复制品的对照分析，Н. И. 拉宾采纳了 MEGA² 编者的论证结论："工资""资本的利润"和"地租"这三个片段的写作过程不是一气呵成的，如果关于异化劳动的片段构成单独的阶段的话，那么

---

① 韩立新.《巴黎手稿》的文献学研究及其意义. 马克思主义与现实，2007（1）.

第四章　苏联学者对《1844年经济学哲学手稿》的编辑、研究与传播

"三个收入来源"的写作是经过了四个阶段①。在每个阶段马克思都是写完一个片段的一部分就去写另一个片段的一部分，而且在不同阶段上过渡的顺序也各不相同。具体为：第一阶段：关于"工资"片段的开头（第1～7页，此页码为马克思自己编写的手稿页码，原文为罗马数字），关于"资本的利润"片段的开头（第1～5页，其中第5页的内容是马克思在第一和第二阶段两个阶段内完成的，上半部分为关于"资本的利润"片段的开头部分），关于"地租"片段的开头（第1～6页）。第二阶段：此阶段马克思没有分析工资问题；关于"资本的利润"片段的第二阶段的分析（第5～6页，第8～10页，其中第5页接开头部分马克思继续写下第二阶段的分析内容），关于"地租"片段的第二阶段分析（第8～11页，其中第11页的内容是在第二和第四阶段两个阶段内完成的，上半部分为关于"地租"片段的第二阶段分析部分）。第三阶段：关于"工资"片段的结尾（第8～15页），关于"资本的利润"片段的结尾（第11～16页）；此阶段马克思没有分析地租问题。第四阶段：关于"地租"片段的结尾（第11～12页，第16～21页，其中第11页接第二阶段部分）。表4-3为其论述提供了比较直观的说明②：

---

①　这是 Н. И. 拉宾在《马克思的青年时代》第3版、补充版（莫斯科1986年版，Н. И. Лапин. Молодой Маркс. Издание третье. М.：Издательство Политической литературы，1986：318-322，466.）中根据 MEGA² 编者的论证做出的结论，与其在《马克思的青年时代》第1版（莫斯科1976年版）做的假设相比，这个考证更加细致。在《马克思的青年时代》第1版中，他将三个并行片段的写作划分为三个主要阶段，三阶段的划分依据的是原文页码第7页和第15～16页形成的两个标识（可参见表1），即第7页全部写的是关于工资片段的内容，第13～16页分成"工资"和"资本的利润"两个部分。不过，"工资"片段的结尾在第15页上，第16页的"工资"标题下的一栏写的却是地租的片段，而"资本的利润"标题下写的是"资本的利润"片段的结尾。因此，当时 Н. И. 拉宾将其大致划分为三个主要阶段：(1) 关于"工资"片段的开头（第1～7页），关于"资本的利润"片段的开头（第1～7页），关于"地租"片段的开头（第1～6页）。(2) 关于"工资"片段的结尾（第8～15页），关于"资本的利润"片段的结尾（第8～16页），关于"地租"片段的第二阶段的分析（第8～12页）。(3) 关于"地租"片段的结尾（第16～21页）。（拉宾. 马克思的青年时代. 北京：生活·读书·新知三联书店，1982：344.）

②　中央编译局2014年出版的《1844年经济学哲学手稿》单行本第一次刊出了按照手稿写作顺序编排的文本，作为附录。文本编排的依据就是 MEGA² 版（马克思. 1844年经济学哲学手稿. 北京：人民出版社，2014：143-197）.

表 4-3　　　　　　　　　与表 4-1 对照分析

阶段	原文页码		
	工资	资本的利润	地租
1	第 1~7 页	第 1~5 页	第 1~6 页
2		第 5~6 页，第 8~10 页	第 8~11 页
3	第 8~15 页	第 11~16 页	
4			第 11~12 页，第 16~21 页

资料来源：Н. И. Лапин. Молодой Маркс. Издание третье. М.：Издательство Политической литературы，1986：317-319，466.

在解决了"三个收入来源"的写作阶段的问题之后，Н. И. 拉宾又提出一个看似不是问题的问题，即"工资""资本的利润"和"地租""三个收入来源"在手稿中是并排排列的，同时又是从左向右依次排列的，那么，马克思对三个问题的写作真的像人们通常所认为的那样，是从"工资"片段开始写起，次递向下的吗？Н. И. 拉宾通过对照照片复制品中的原文进行考证得出结论：不是。马克思对"三个收入来源"分析的真正起点不是"工资"，而是"资本的利润"①。

Н. И. 拉宾指出，首先，早在 1844 年马克思已经不再是一位仅仅抱有同情劳动人民之心的人道主义者了，他是以深入研究事物本质的学者的身份来考察工人阶级状况的。在这个意义上，马克思一开始就认为资本和与资本的利润这种特殊现象有关的资本的本质是资产阶级社会所有问题的根源。

其次，马克思对斯密著作②连续摘录过程中的中断的片段，可以被看作他尝试弄清资本的本质问题的开始。Н. И. 拉宾发现，在摘录斯密的著作时，马克思并不是顺着章节次递摘录的，其中他故意跨过第一卷的"论收入的来源"一章，从下一卷的头几章开始摘录，这些章节的内容恰恰是关于资本的本质问题，然后，马克思才开始了对"论收入的来

---

① Н. И. Лапин. Молодой Маркс. Издание Мретье. М.：Издательство Политической литературы，1986：320.
② 《巴黎笔记》的第 2、3 册几乎全是亚当·斯密的主要著作《国民财富的性质和原因的研究》（《国富论》）一书的摘录。在研究斯密著作的过程中，马克思的注意力集中在工人、资本家和土地占有者这三个主要阶级的收入来源上。斯密著作的第 8~11 章的标题正是"工资""资本的利润"和"地租"，正是这一结构和马克思想要进行经济学研究的明确目的促使他钻研这三个问题。

第四章 苏联学者对《1844年经济学哲学手稿》的编辑、研究与传播

源"一章的摘录。这个事实还可以从另一个方面得到证明,即马克思正是从资本的本质和性质开始讨论"资本的利润"的,之后才论述了资本的利润本身。

最后,还应当注意到的事实是,关于"工资"片段的内容不仅是对工资问题的理论归纳,在一定程度上,也是对另外两个收入来源的理论归纳。在论"工资"片段的文本中,马克思归纳性地利用了将近10处另两个片段中的材料,这自然可以得出结论:在第一阶段中"工资"片段的结束是马克思对另外两个收入来源的具体经济材料的理论归纳。那么,马克思可不可以先对已经占有的材料做总结性的论述,然后再在其他栏中具体分析呢? Н. И. 拉宾承认这种可能是有的,但他认为,更合乎逻辑的思路是:从大量占有材料到初步的分析,再到作者真正思想的归纳总结。因此,马克思在笔记本Ⅰ的第一阶段的具体创作过程应该是:(1)在摘录经济学家著作的笔记本中积累材料;(2)在论"资本的利润"和"地租"的正文中选择和初步分析这些材料;(3)在论"工资"的片段中归纳分析这些材料并做补充。

根据上面的三点分析,Н. И. 拉宾再次证明了他的假设,即马克思对三个收入来源的分析的第一阶段开始于"资本的利润"片段,结束于"工资"片段的理论归纳①。

综上所述,在梁赞诺夫发现并编排出版《1844年经济学哲学手稿》之后,苏联学者巴加图利亚、拉宾、奥伊则尔曼等围绕该文本的基本构成、各部分之间的关系、逻辑结构以及写作顺序等问题展开深入考据与缜密研究,提出了很多有代表性和有影响力的观点。深入解读和分析这些源自文献考据的结论,对我们进一步理解《1844年经济学哲学手稿》的理论内涵和现实意义具有重要的借鉴价值。

---

① Н. И. Лапин. Молодой Маркс. Издание третье. М.: Издательство Политической литературы,1986:318-323.

第五章　苏联学者对《德意志意识形态》的编辑、研究与传播

　　《德意志意识形态》全名为《德意志意识形态。对费尔巴哈、布·鲍威尔和施蒂纳所代表的现代德国哲学以及各式各样先知所代表的德国社会主义的批判》，是马克思主义奠基人创立新世界观时写作的重要著作之一。这部著作共分两卷，第一卷批判青年黑格尔派的唯心主义，第二卷批判德国小资产阶级的"真正的社会主义"。重要的理论内容主要集中在第一卷第一章"费尔巴哈"中，与其他论战性的章节不同，马克思恩格斯在其中第一次全面地阐述和论证了历史唯物主义基本原理，使《德意志意识形态》成为马克思主义形成史上的决定性阶段。但是，这部代表着马克思主义哲学重要理论的文献，却由于写作过程的断断续续及内容多次删改、手稿保存地点的多次转换及保存者的不同态度，使这部本身就相当松散的遗稿或零落四方，或遭到"老鼠的牙齿的批判"，或字迹模糊不清不易辨认。因此，完整地出版《德意志意识形态》是一件极其困难的事情。苏联马克思主义学家为搜集、整理、编排、发表及研究这部马克思恩格斯生前没有完成的手稿做出了重要贡献。尽管在现在看来他们的工作不甚完善或存在着不足和错误，但他们为这份无价的著述所付出的努力是不可忽视的，其研究成果对我们目前乃至今后的研究仍有启示意义。

第五章　苏联学者对《德意志意识形态》的编辑、研究与传播

一、苏联学者对《德意志意识形态》的文献学研究

1. 苏联学者对《德意志意识形态》文献的搜集、发表与考证

众所周知，苏联对《德意志意识形态》的文献学研究发端于梁赞诺夫。1923年，当梁赞诺夫着手复印和拍摄保存在德国社会民主党档案馆及该党个别领袖手里的马克思恩格斯遗著时，他曾在伯恩施坦的住处亲手从书架上拿下了《德意志意识形态》的手稿。在第一次发表"费尔巴哈"章时，梁赞诺夫专门撰写了"编者导言"，介绍了他从伯恩施坦手中获得的《德意志意识形态》的情况：

> 我费了九牛二虎之力，终于能够把我们关心的这部零落四方的手稿基本上搜集完整了。我之所以说是"基本上"，是因为我能得到的手稿说了归齐也只是伯恩施坦给我的。我们压根没有恩格斯自己编的手稿目录；我们也不能确定，手稿的具体数量是否有准确全面的统计，因为在恩格斯死后，处理遗稿者的轻率实在是常人无法想象的。
>
> 在阅读了伯恩施坦保存的手稿之后，我可以明确的是，我拿到的手稿分以下几部分：
>
> 1. 序号为罗马数字Ⅰ的手稿，论"真正的社会主义"的哲学。
> 2. 序号为罗马数字Ⅲ的手稿，是篇幅很大的"圣麦克斯"。……这是《德意志意识形态》篇幅最大的部分，事实上其篇幅不见得比施蒂纳的著作本身少多少。
> 3. 序号为罗马数字Ⅳ的手稿，论"真正的社会主义"的历史编纂学。……其中对社会主义的历史编纂学家卡尔·格律恩进行了毫不容情的批评。
> 4. 序号为罗马数字Ⅴ手稿上，"霍尔斯坦的格奥尔格·库曼博士"或"真正的社会主义"的预言。
>
> 除了这些手稿，我还从伯恩施坦手中拿到了一大部分手稿，标题为"Ｌ·费尔巴哈"。仔细浏览之后，我发现伯恩施坦编的页码（1—116）是错的，他把两部不同的手稿混在一起了。有一部分的

确是论费尔巴哈的，但标题为"福音书批判之研究"的另一部分根本不是著作，而是包含着恩格斯（约 1841 年）从三部福音批判书上抄录下来的摘要，其中第一部是布鲁诺·鲍威尔写的《复类福音书的福音史批判》。

上面这组手稿里缺少了序号为罗马数字Ⅱ的手稿。伯恩施坦明白地告诉我，这一部分手稿是论布鲁诺·鲍威尔的，但是给梅林拿走了，他没有退还。随后，在我确定了梅林的遗件中并没有该手稿之后（我从爱德华·傅克斯那里确认了这一点），我仔细地浏览了《莱比锡宗教会议》的手稿。我才发现恩格斯在那手稿的最后一页上标上了罗马数字Ⅱ，并且还注有标题"布鲁诺·鲍威尔"。①

在 1924 年出版的《马克思恩格斯文库》俄文版第Ⅰ卷中，梁赞诺夫第一次用俄文发表了马克思的《关于费尔巴哈的提纲》（没有经过恩格斯修改过的原始手稿）、《〈德意志意识形态〉序言草稿》以及马克思恩格斯的《德意志意识形态》中的"费尔巴哈"章（П. С. 尤什凯维奇②译）。梁赞诺夫为这章加了个标题：《马克思和恩格斯论费尔巴哈（〈德意志意识形态〉第一部分）》，并写了八千余字编者导言。1926 年出版的《马克思恩格斯文库》德文版第Ⅰ卷（由 П. Л. 维克尔准备）第一次以原文的形式刊出了《关于费尔巴哈的提纲》和"费尔巴哈"章这两份重要文献。

1932 年，马恩列研究院用原文出版了《德意志意识形态》的第一个完整版本，刊载于 MEGA¹ 第Ⅰ部分第 5 卷上，由 П. Л. 维克尔准备，阿多拉茨基主编。这个版本通常被称为阿多拉茨基版。遗憾的是，这个版本缺少注释。值得一提的是，在苏联即将出版该著作的《德意志意识形态》全本时，德国社会民主党也迫不及待地寻求该著作的出版。同年，甚至比马恩列研究院还早几个星期，朗兹胡特和迈耶尔就出版了《卡尔·马克思。历史唯物主义。早期著作》③，其中用德文发表了《德

---

① 梁赞诺夫. 梁赞诺夫版《德意志意识形态·费尔巴哈》. 南京：南京大学出版社，2008：8-9.

② П. С. 尤什凯维奇（1873—1945），孟什维克者，因信奉马赫主义，提出用经验批判主义补充马克思主义而受到列宁的批判。后来他脱离了政治活动，专门从事哲学著作的翻译工作。

③ K. Marx. Der historische Materialismus，Bd. 2，Leipzig，1932：1-535.

第五章　苏联学者对《德意志意识形态》的编辑、研究与传播

意志意识形态》所谓的完整版本。这个版本并不全，一是没有全部刊出被勾去的文本异文，二是缺少"圣布鲁诺"章，三是"费尔巴哈"章被漏掉了整整一段。此外，印刷错误和对原稿马虎的甄别，特别是对作者没有完成的"费尔巴哈"章的粗糙编排造成这个版本很不科学。因此，通过对这两个版本的对比，完全可以证明，真正完整而科学的《德意志意识形态》德文版是由马恩列研究院首先出版的[①]。

1933 年，马恩列研究院在《马克思恩格斯全集》俄文 1 版第 4 卷中，首次根据 1932 年的德文版翻译和发表了《德意志意识形态》完整的俄译本。这卷《马克思恩格斯全集》由 Б. 贝霍夫斯基准备，阿多拉茨基主编。《德意志意识形态》这个俄译本在 1933—1938 年曾多次再版[②]。

1955 年，新版俄译本《德意志意识形态》以收录于《马克思恩格斯全集》俄文 2 版第 3 卷的形式出版，这一卷由 И. И. 普赖斯和 А. А. 维博准备，这一译本 1956 年以单行本的形式再版。同时，这个译本也成为中、法、英、意、日以及一些东欧人民民主国家的译本的基础。1955 年俄译本在译文上较 1932 年的版本有了许多改善，并编写了详尽的注释，但文本的编排同 1932 年的版本完全一致，因此，这两个版本应算作一个版本。

1965 年，马列主义研究院在《哲学问题》杂志第 10 和第 11 期上发表了新编排的"费尔巴哈"章的俄译版本，它是由 Г. А. 巴加图利亚准备，符·布路什林斯基编的，通常被称为巴加图利亚版。巴加图利亚版不仅在文本编排方面有了新的形式，而且还收录了以前没有发现的片断[③]。1966 年，莫斯科的国家政治书籍出版社出版了巴加图利亚版的单

[①] Г. А. Багатурия. К истории написания, опубликования и исследования «Немецкой-идеологии» Маркса и Энгельса//Из истории формирования и развития марксизма. М.: Государственное издательство полической литературы, 1959: 79.

[②] 1933、1937 和 1938 年，以收录于《马克思恩格斯全集》俄文 1 版第 4 卷的形式出版和再版；1933、1934 和 1935 年，以单行本的形式出版和再版。

[③] 1962 年，阿姆斯特丹国际社会史研究所发现了《德意志意识形态》的三张（六页）新手稿，其中两张属于《德意志意识形态》第一卷第一章，另一张属于第三章。1962 年，《国际社会史评论》第七卷第一分册首次按原文以《马克思和恩格斯〈德意志意识形态〉的几处补充文字》为标题发表了这些手稿。1974 年，莫斯科马列主义研究院将这些片段以《卡·马克思和弗·恩格斯.〈德意志意识形态〉第一卷手稿片断》为标题收录到《马克思恩格斯全集》俄文 2 版第 42 卷中。

行本，标题为《费尔巴哈。唯物主义观点和唯心主义观点的对立（新发表的〈德意志意识形态〉的第一章）》。马列主义研究院为这个单行本写了序言，并在附录中刊载了马克思的《关于费尔巴哈的提纲》（1845年手稿、1888年第一次发表）、《政治经济学批判》第一分册序言（摘录）、1846年12月28日致帕·瓦·安年科夫的信（摘录）、恩格斯的《路德维希·费尔巴哈和德国古典哲学的终结》的序言、1846年10月18日致马克思的信（摘录）。此外还有43条注释，人名索引、书报索引和名目索引。在1966年和1985年出版的《马克思恩格斯选集》三卷集和九卷集第2卷里，都原封不动地收录了这个版本。

1972年，由莫斯科马列主义研究院和柏林马列主义研究院联合编辑出版的MEGA²试编卷中包括了"费尔巴哈"章。其新颖之处在于排版方式上的变化，即已经开始按照原始手稿的样式将一页纸对折分开，使读者对左边恩格斯的誊写稿与右边马克思和恩格斯的修改、补充之间的关系一目了然。但是，在每一段文字的相应部位只标注了马克思的页码，对于恩格斯标注页码和马克思标注页码的关系仍然是放在文章后面的解释中加以说明的①。

在对《德意志意识形态》进行搜集、整理和发表的过程中，苏联学者不拘于研究某一问题，而是对《德意志意识形态》的写作时间、写作过程、发表情况等问题都进行了详细的考证和分析，既梳理了脉络线索，又甄别了历史事实，从而有助于更加客观地理解原著的内容。在这里不能不提及苏联著名文献学专家巴加图利亚的研究，20世纪50年代末，他以异常精细的态度专注于《德意志意识形态》的研究，取得了一系列重要的考证成果，主要有：《马克思和恩格斯〈德意志意识形态〉的写作、发表及研究史》（见论文集《马克思主义的形成和发展史》，莫斯科国家政治书籍出版社1959年版，第48～85页）、《马克思和恩格斯〈德意志意识形态〉第一章手稿的结构和内容》（载《哲学问题》，1965年第10期）、《〈关于费尔巴哈的提纲〉和〈德意志意识形态〉》（载《马克思恩格斯著作研究室科学情报公报》，1965年第12期）、《马克思和恩格斯的手稿遗产研究经验谈。〈德意志意识形态〉第一章的结构》（见《史料学。理论和方法论问题》，莫斯科1969年版，第260～309页）、

---

① 聂锦芳. 文本的命运（下）：《德意志意识形态》手稿保存、刊布与版本源流考. 河北学刊，2007（5）.

第五章 苏联学者对《德意志意识形态》的编辑、研究与传播

《马克思和恩格斯〈德意志意识形态〉在马克思主义史上的意义》(博士论文,莫斯科 1971 年版)①。对巴加图利亚所取得的重要的考证成就,笔者择其要者予以介绍。

马克思恩格斯开始写作《德意志意识形态》的时间是 1845 年 11 月而不是 1845 年 9 月。在 1932 年出版的、由苏联学者 П. Л. 维克尔准备的 MEGA¹ 中,第一个完整版本的《德意志意识形态》曾注明,马克思恩格斯开始写作手稿的日期是 1845 年 9 月。此后,这个日期被苏联马克思学界所认同,并一直持续到 20 世纪 50 年代末 60 年代初。确定《德意志意识形态》的开始写作日期的依据是《维干德季刊》杂志②于 1845 年 9 月出版的第 3 卷,其上载有马克思恩格斯主要批判的文章——鲍威尔的《评路德维希·费尔巴哈》、施蒂纳的《施蒂纳的评论者》等。巴加图利亚在 1959 年发表的《马克思和恩格斯〈德意志意识形态〉的写作、发表及研究史》中也曾赞同上述说法③,但是,在 1965 年发表的《〈关于费尔巴哈的提纲〉和〈德意志意识形态〉》中,他首先推翻了这种看法。通过仔细查阅收藏在列宁图书馆中的 1845 年专门介绍莱比锡书报的刊物《德国书报业行市报》,巴加图利亚发现,《维干德季刊》第 3 卷是在 1845 年 10 月 16—18 日之间出版的,而不是 9 月;在奥格斯堡《总汇报》上,关于《维干德季刊》第 3 卷出版的广告是在 1845 年 11 月 9 日登出的;而且收藏在马列主义研究院图书馆中的一本《维干德季刊》第 3 卷上,有哥特字体的铅笔签字"1845 年 10 月 30 日出版"。这三个细节让巴加图利亚确凿地判定:1845 年 10 月 16—18 日之间出版的杂志,于 1845 年 11 月 1 日左右出现在书市上,大约于 11 月初到达在布鲁塞尔的马克思恩格斯的手中。因此可以认

---

① Г. Д. Головина. К истории создания и перво начальных планов публикации рукописей «Немецкой идеологии» К. Маркса и Ф. Энгельса//Страницы истории марксизмаи международного рабочего движениив XIX веке. часть I. М.,1979:3-4;聂锦芳. 文本的命运(下):《德意志意识形态》手稿保存、刊布与版本源流考. 河北学刊,2007(5).

② 《维干德季刊》(《Wigand's Vierteljahrsschrift》)是青年黑格尔派的哲学杂志,1844—1845 年由奥·维干德在莱比锡出版。参加该杂志工作的有鲍威尔、施蒂纳、费尔巴哈等人。(马克思恩格斯全集:第 3 卷. 北京:人民出版社,1960:699.)

③ Г. А. Багатурия. К истории написания, опубликования и исследования «Немецкой идеологии» Маркса и Энгельса//Изистории формирования иразвития марксизма. М.:Государственное издательство полической литературы,1959:66.

139

定,马克思恩格斯开始写作《德意志意识形态》的时间是 1845 年 11 月①。

莫泽斯·赫斯参与了《德意志意识形态》的写作。马克思在 1846 年 8 月 1 日给卡·列斯凯的信中曾说道:《德意志意识形态》是马克思编辑的"和恩格斯等人合写的著作"②。巴加图利亚指出,"在'和恩格斯等人'中间至少有莫泽斯·赫斯,他——特别是在 1845 年——曾对马克思产生过极大的影响。赫斯与《德意志意识形态》中的两章有直接关系:第 1 卷的论卢格章和第 2 卷的论库尔曼章"③。

论卢格章题为"格拉齐安诺博士,德国哲学界的小丑",其主要内容为分析和批判卢格于 1846 年年初在莱比锡出版的回忆录《巴黎二载》。赫斯应当在 1846 年上半年写成这篇评论。有两点事实可以证明它是《德意志意识形态》第 1 卷计划的章节。其一,卢格在《巴黎二载》一书中对马克思特别是对赫斯进行了强烈的指责,赫斯马上在由他编辑的《社会明镜》杂志上发表了关于这部著作的评论,驳斥了卢格的攻击。同年夏天,卢格在卡·海因岑出版的文集《反对派》上发表文章回应赫斯。7 月 27 日,赫斯则在《科隆日报》上刊登了要反驳卢格的预告,并于第二天写信给马克思,说他打算将这一章作为单行本出版,如果马克思同意,就请马克思叫人把手稿寄给他。7 月 28—29 日,马克思回信表示同意:"因为我们的著作的出版可能还要拖延很长时间,所以我劝你把你评卢格的那篇文章抽回去。这篇文章你几乎全都可以用上。……如果手稿还没有寄给丹尼尔斯,那就让他们把评卢格的那篇文章直接寄给你。"④ 在这里,"我们的著作"指的就是《德意志意识形态》。其二,在"莱比锡宗教会议"的结尾,手稿曾删去了这样一句话:"在舞台深处出现了 Dottore Graziano〔格拉齐安诺博士〕或称作'非常机智而有政治头脑的人'的阿尔诺德·卢格

---

① 巴加图利亚.《关于费尔巴哈的提纲》和《德意志意识形态》. 马列主义研究资料, 1984(1).

② 马克思恩格斯全集:第 47 卷. 2 版. 北京:人民出版社, 2004:382-383.

③ Г. А. Багатурия. К истории написания, опубликования и исследования «Немецкой идеологии» Маркса и Энгельса//Из истории формирования и развития марксизма. М.: Государственное издательство полической литературы, 1959:61.

④ 同②380.

第五章 苏联学者对《德意志意识形态》的编辑、研究与传播

('维干德'第192页)"①。马克思为什么删掉了这段话呢?巴加图利亚分析认为,可能是出于对结构的考虑,认为将论卢格章从"莱比锡宗教会议"中拿掉更合适一些;直接的原因也可能是赫斯拿回了自己的手稿;但更可能的原因是1846年夏马克思恩格斯与赫斯产生了严重的分歧②。

论库尔曼章,即《德意志意识形态》第2卷第5章,最初的标题为"圣格奥尔格·库尔曼的著作",恩格斯在修改过程中,勾掉了它,改为"五、'霍尔施坦的格奥尔格·库尔曼博士'或'真正的社会主义'的预言"。在由魏德迈手抄的文稿中,有一处不大的修改是由马克思做的。在手稿的结尾有"莫·赫斯"的签字。巴加图利亚指出,有一个事实可以证明这一章是由赫斯起草的:1845年12月,赫斯在《社会明镜》杂志第4辑上发表了一篇没有署名的评论,文章的第二部分——与论库尔曼章完全一致③。接着,巴加图利亚大胆地猜测,赫斯对论施蒂纳章的撰写也间接地起到了某些作用。这可以从恩格斯分别于1844年11月19日和1845年1月20日写给马克思的两封信中看出,还可以从1845年1月17日赫斯写给马克思的信中看出④。

2. 苏联时期出版的"费尔巴哈"章三个版本比较

作为《德意志意识形态》第1卷第1章的"费尔巴哈"章,并不在马克思恩格斯最初的写作计划中。也就是说,在开始写作时,作者并没有把分析费尔巴哈的观点与批判鲍威尔和施蒂纳的著述分开。而是在写作过程中,马克思恩格斯产生了分章的计划,决定专门写"圣布鲁诺"和"圣麦克斯"这两章来批判鲍威尔和施蒂纳。大概到快写完"圣麦克斯"时,马克思恩格斯重新拟定了第1卷的框架。他们从批判鲍威尔和费尔巴哈的内容中抽出"费尔巴哈"和"历史"部分,从批判施蒂纳章中抽出论述他们自己历史唯物主义观点的内容,并将这些部分组成单独的、绪论性的一章,即"费尔巴哈"章。巴加图利亚考证认为,第1卷

---

① 马克思恩格斯全集:第3卷.北京:人民出版社,1960:90.
② Г. А. Багатурия. К истории написания, опубликования и исследования «Немецкой идеологии» Марксаи Энгельса//Из истории формирования и развития марксизма. М.: Государственное издательство полической литературы,1959:63-64.
③ 同②64.
④ 同②64-65.

的第 1 章和第 2、3 章的写作是交叉进行的①。"这样做是出于客观的需要，因为当时的工人运动中存在着幻想，必须用科学的世界观来武装工人阶级。"② 但是，第 1 章手稿没有写完，还存在破损和缺页的问题，并且有一部分没有编页码；编了页码的部分由于有不同的编者所编页码也不完全一致，因而不同的出版者对这一章的编排差异极大。这影响着对马克思的思想逻辑的理解。

从手稿的原始结构来看，除序言之外，"费尔巴哈"章由在不同时间和思想脉络中写成的五份相对独立的手稿组成。第一、二、三手稿是马克思恩格斯从"圣麦克斯"章中抽出挪到这一章中的理论插叙，马克思把这三份手稿用统一的页码连在一起（第 1~72 页，其中缺失了 9 页，即第 3~7 页、36~39 页）。第四、五手稿是这一章开端的两个誊清稿，即"第一誊清稿"（共 5 页，无作者编码）和"第二誊清稿"（共 16 页，5 个印张），它们是马克思恩格斯在修订这一章初稿时誊清的。主手稿和誊清稿并不构成统一整体。就手稿的存留情况来看，有马克思、恩格斯和伯恩施坦三种笔迹的编码；但手稿中的编码有很多涂改，这表明有些部分并不连续，而是由各个单独部分汇总而成的。五个手稿的编码情况如下③：

第一个手稿，恩格斯的编码是第 6~11 页，马克思的编码是第 1~29 页（其中缺 3~7 页），恩格斯的 1 页相当于马克思的 4 页；

第二个手稿，恩格斯的编码是第 20、21 页，马克思的编码是第 30~35 页；

第三个手稿，恩格斯的编码是第 84~92 页，马克思的编码是第 40~72 页（其中缺 36~39 页）；

"第一誊清稿"，共 5 页，这个手稿的第 1、2 页的文字和第二誊清稿的相应部分相同（只有个别不重要的词不同）；

"第二誊清稿"，共 16 页，恩格斯的编码为第 1~5 页。

---

① 巴加图利亚指出，《德意志意识形态》第 1 卷三章的写作顺序是：第 1 章第一手稿；第 2 章；第 3 章开头；第 1 章第二手稿；第 3 章继续；第 1 章第三手稿；第 3 章结尾；第一誊清稿；第二誊清稿。（巴加图利亚.《德意志意识形态》第一章手稿的结构和内容. 姚颖，译//韩立新. 新版《德意志意识形态》研究. 北京：中国人民大学出版社，2008；35.）

② 单志澄.《德意志意识形态》写作、发表和出版的经过. 马列主义研究资料，1985（4）.

③ 聂锦芳. 文本的命运（下）：《德意志意识形态》手稿保存、刊布与版本源流考. 河北学刊，2007（5）.

第五章　苏联学者对《德意志意识形态》的编辑、研究与传播

伯恩施坦的编码未区分原始手稿和誊清稿，他将全部手稿放在一起统一编码，即从第1页到第116页。经过梁赞诺夫的仔细鉴别，证明其中的第15～40页是错编进去的，实际上应为90页。

可以说，"费尔巴哈"章是一份没有完整的连续编码、难以排列的未定稿，如何将其进行合理的排列组合至今都争论不休。但是，我们应当意识到，这不仅仅是为实证进行的争论，而是为准确地把握马克思恩格斯的思想轨迹，正确地理解历史唯物主义内涵所做的不懈努力。在这个意义上，考察比较苏联时期发表的三个重要版本的编排对于了解苏联哲学界如何研究马克思主义形成史具有重要的价值。

梁赞诺夫版（1924—1926年的版本）

梁赞诺夫在恩斯特·卓贝尔的帮助下第一次对"费尔巴哈"章进行了文本编排。他首次区分了原始手稿和誊清稿两大部分。他对原始手稿采取的是如实排印的方式，编排次序基本上与马克思的编码相同。他将恩格斯写在原始手稿最末一页边上的铅笔标题"Ⅰ费尔巴哈。唯物主义观点和唯心主义观点的对立"作为全章的标题。手稿中凡能够辨认的修改或删掉的一些字句都保留在正文中，用小字号表示并用符号〈 〉括起来；那些修改得过于复杂或经过许多遍修改的字句，则给出最终的定稿文字，但在脚注中给出最初文字，并指出是马克思的修改。梁赞诺夫只选了两份誊清稿中的一份，即第二誊清稿放在文本中。他将其中第1～2张的内容放在原始手稿的开头，作为导言以及导言和主手稿第一部分之间的文本；第3～5张的内容则被挪到了原始手稿的末尾，因为他认为，这部分文字是对原始手稿全部内容的概括总结，也可以看作马克思为此前论述所写的未完成的结论，他为这个片段加的标题为"分工和所有制形式"[1]。此外，梁赞诺夫还把序言编入《德意志意识形态》的手稿中，并首次刊发。

从当时的情况来看，梁赞诺夫版的价值在于：首先，《德意志意识形态》中如此重要的一章从不被重视到公开发表，这对马克思主义形成史的研究是一个很大的贡献。其次，该章的发表驳斥了当时关于马克思和恩格斯是费尔巴哈主义者的错误看法。当然，这个版本存在的缺陷也非常明显，如对原文的辨认和译文都存在意思上的错误，因为那时对马

---

[1] 梁赞诺夫. 梁赞诺夫版《德意志意识形态·费尔巴哈》. 南京：南京大学出版社，2008：17-21.

克思恩格斯的手稿及其结构,还未能展开充分的研究①。因此,巴加图利亚认为,这个版本只"具有纯粹的历史意义"②。

阿多拉茨基版（1932—1933年、1955—1956年的版本）

与梁赞诺夫版的编排不同,阿多拉茨基版的编者将"费尔巴哈"章的手稿人为地分为三个部分,并加上了新的标题③:

一、费尔巴哈。唯物主义观点和唯心主义观点的对立

A. 一般意识形态,德意志意识形态

1. 历史
2. 关于意识的生产

B. 意识形态的现实基础

1. 交往和生产力
2. 国家和法同所有制的关系
3. 自然产生的和由文明创造的生产工具与所有制形式

C. 共产主义。——交往形式本身的生产

在这里,"一"和"A"是手稿中原有的标题,"B"及B中的"3"的标题和序号是阿多拉茨基版的编者根据内容添加的,其他的标题则是马克思和恩格斯在手稿页边做的批注,序号则是编者加的,编者认为,这些批注"对于正确处理手稿提供了必要的和足够的指示"④。A、B、C三大标题将"费尔巴哈"章明显地分成了依次递进的三大部分,即意识→意识形态的基础→共产主义;而整章文本也被分为大约40节,节和节之间的布局被人为地更改了,这样编者主观地赋予了手稿"完整的"体系构架。

由上述情况可以看出,除了作为开始部分的两个誊清稿外,阿多拉茨基版的编者无视马克思对原始手稿的第1～72页的编码,将手稿按照自己的理解做了重大的调整和新的编排。更为严重的是,他们还删去了马克思亲笔作的一个札记,即马克思在原始手稿最后一页写下的一些格

---

① 单志澄.《德意志意识形态》写作、发表和出版的经过. 马列主义研究资料,1985(4).

② 巴加图利亚.《德意志意识形态》第一章手稿的结构和内容. 姚颖,译//韩立新. 新版《德意志意识形态》研究,北京:中国人民大学出版社,2008:33.

③ 马克思恩格斯全集:第3卷. 北京:人民出版社,1960.

④ 同②33.

第五章　苏联学者对《德意志意识形态》的编辑、研究与传播

言句式的补充说明[①]。

尽管阿多拉茨基版《德意志意识形态》在出版后产生了很大的影响，但编排者的做法后来受到很多研究者的批评。首先，作为 MEGA[1] 中的一卷，这个版本却没有按照"历史考证版"的通常要求进行编排，这是令人不解的；其次，正如巴加图利亚指出的那样，这样的编排破坏了手稿的研究和叙述的内在逻辑，以人为的甚至是许多虚假的内容，打破和改变了手稿的实质联系，编者加的标题也不符合手稿的结构和内容[②]。

巴加图利亚版（1965—1966 年的版本）

巴加图利亚版的《德意志意识形态》摒弃了阿多拉茨基版在编排上的错误做法，严格地根据手稿的编码次序进行编排。这种编排似乎又回到了梁赞诺夫版的样态，实际上，巴加图利亚是在充分研究手稿结构和内容的基础上做出的编排。更进一步的是，他依据原文的内容对原文进行了段落划分，并加上了必要的提示，从而有利于对手稿内容的理解与把握。大体说来，在这个版本中五个手稿被分成四部分共 27 节（包括没有标题的导言），主要结构如下[③]：

[Ⅰ]
导言
1. 一般意识形态，特别是德意志意识形态
2. 对历史的唯物主义理解的前提
3. 生产和交往。劳动分工和所有制形式：部落的，古代的，封建的所有制
4. 对历史的唯物主义理解的实质。社会存在和社会意识

[Ⅱ]
1. 人的真正解放的条件
——（缺失 5 页手稿）
2. 批判费尔巴哈唯物主义的直观性、不彻底性
3. 最初的历史关系，或社会活动的基本方面：生活资料的生

---

① 单志澄.《德意志意识形态》写作、发表和出版的经过. 马列主义研究资料，1985（4）.
② 巴加图利亚.《德意志意识形态》第一章手稿的结构和内容. 姚颖，译//韩立新. 新版《德意志意识形态》研究，北京：中国人民大学出版社，2008：34.
③ 同②36-37.

产，新需要的产生，人的生产（家庭），交往，意识

4. 社会分工及其结果：私有制，国家，社会活动的"异化"
5. 作为共产主义物质前提的生产力的发展
6. 对历史的唯物主义理解的结论。历史过程的继承性，历史向世界历史的转变，共产主义革命的必然性
7. 对历史的唯物主义理解概要
8. 以往一切对历史的唯物主义理解，特别是黑格尔之后的德国哲学，何以不能成立
9. 对费尔巴哈及其对历史的唯心主义理解的补充批判

[Ⅲ]

1. 统治阶级和占统治地位的意识。黑格尔关于精神在历史中占统治地位的观念是如何形成的

[Ⅳ]

——（缺失4页手稿）

1. 生产工具和所有制形式
2. 物质劳动和精神劳动的分工。城市和乡村的分离。行会制度
3. 劳动的进一步分工。商品从工业中独立出来。在不同城市之间的劳动分工。工场手工业
4. 最广泛的劳动分工。大工业
5. 作为社会革命基础的生产力和交往形式的矛盾
6. 个人竞争与阶级形成。个人与其生活活动条件之间的对立发展。在资本主义社会条件下单个人的虚假共同体和在共产主义条件下个人的真正联合。社会生活活动的条件对联合起来的个人的服从
7. 个人与其生活活动条件之间的矛盾是生产力与交往形式之间的矛盾。生产力的发展与交往形式的更替
8. 暴力（征服）在历史中的作用
9. 在大工业和自由竞争条件下生产力与交往形式之间矛盾的发展。劳动与资本之间的对立
10. 消灭私有制的必然性、条件和结果
11. 国家和法对所有制的关系

第五章　苏联学者对《德意志意识形态》的编辑、研究与传播

12. 社会意识的形式

通过对这四个部分逻辑结构的分析，巴加图利亚指出，组成"费尔巴哈"章的每个手稿都是已经写完的、有内在逻辑的整体，它们相互补充，对唯物主义历史观在整体上做了完整的叙述。此外，巴加图利亚还复原了马克思恩格斯写作第一章的总体计划：（1）对德意志意识形态做一般的评述；（2）叙述自己的唯物主义历史观；（3）将唯物主义历史观与唯心主义历史观相对立；（4）批判唯心主义历史观。具体如下：

1）对德意志意识形态的一般评述（第一部分的导言和第1节，第二部分第1节）。

2）唯物主义历史观的前提（第一部分第2节）。

3）唯物主义历史观的基本概念：生产（第二部分第3~5节，第一部分第3节，第四部分第1~5节）；交往（第四部分第6~10节）；政治上层建筑（第四部分第11节）；社会意识的形式（第三部分第1节，第四部分第12节）。

4）关于唯物主义历史观的本质的结论和概括（第二部分第6~7节，第一部分第4节）。

5）对一般唯心主义历史观的批判，特别是对青年黑格尔派和费尔巴哈的批判（第二部分第8~9节和第2节，第三部分第1节）。

需要指出的是，巴加图利亚版原始手稿的编排与马克思的编码是一致的。编排的顺序为：开始部分以第二誊清稿为主，并补充了第一誊清稿中未删去的部分，之后是马克思编码的原始手稿。此外，这个新版本还收入了班纳于1962年在阿姆斯特丹国际社会史研究所发现的被马克思编码为第1、2、29页的三页手稿。因此，这版是"费尔巴哈"章现存版本中内容最全的①。

以上我们按时间顺序考察了苏联时期"费尔巴哈"章三个重要版本的情况，从中可以清楚地看到，在手稿的编排上，阿多拉茨基的版本否定了梁赞诺夫的版本，巴加图利亚的版本又否定了阿多拉茨基的版本，回到了梁赞诺夫的版本。但是，这不是简单的回归，而是否定之否定的

---

① 单志澄.《德意志意识形态》写作、发表和出版的经过. 马列主义研究资料，1985（4）.

逻辑复归，是对《德意志意识形态》手稿进行多年充分研究的结果，是对手稿本来面目的逐渐恢复。在这个过程中，巴加图利亚的研究具有划时代的意义。此后，从原始手稿的角度研究《德意志意识形态》成为国际马克思主义文献学研究的新热潮。

二、苏联学者对《德意志意识形态》的思想解读

1. 关于《德意志意识形态》中异化问题的研究

从20世纪50—60年代起，苏联哲学界兴起了对"异化"概念的研究热潮。一方面，这是由于斯大林逝世后，"解冻"思潮在苏联社会兴起；另一方面，由于《1844年经济学哲学手稿》《德意志意识形态》等马克思的早期著作发表，西方马克思学家开始利用人道主义和异化问题攻击和批判苏联的意识形态和社会主义制度，这使得苏联学者不得不加强对这些问题的研究，以便做出相应的回击。西方马克思学者认为，"异化"是马克思主义哲学的根本概念和中心概念，因而青年马克思才是真正的马克思，马克思早期著作才是马克思主义著作里的经典。他们由此做出论断：马克思早期思想及著作与其中晚期的思想及著作是断裂的，马克思和恩格斯是存在分歧的，甚至列宁主义同马克思主义也是相背离的。苏联马克思主义者对这种观点给予了坚决的回击，他们通过发表大量的著作来证明，在马克思的全部创作活动中，异化概念始终被牢牢地保留着，只是其内容在不同时期有所不同而已[1]。因此，不应局限于用《1844年经济学哲学手稿》这一部著述来孤立考察异化问题，而是以发展的视角——从《1844年经济学哲学手稿》到《德意志意识形态》，从《1857—1858年经济学手稿》到《资本论》——把异化同资本

---

[1] Ю. Н. 达维多夫. 劳动与自由. 莫斯科，1962；Ю. Н. 达维多夫. А. 列菲弗尔及其异化概念. 哲学问题，1963（1）；Э. М. 锡特尼科夫. 资产阶级哲学中的"异化"问题和马克思主义的伪造者们. 莫斯科，1962；И. С. 纳尔斯基. 论"异化"概念在哲学史上的演变. 哲学科学，1963（4）；И. С. 纳尔斯基. 马克思著作中的异化概念的发展. 哲学科学，1968（4）；Т. И. 奥伊则尔曼. 异化问题和资产阶级关于马克思主义的神话. 莫斯科，1965；Т. И. 奥伊则尔曼. 马克思主义的形成. 莫斯科，1986；А. П. 奥古尔佐夫. 马克思主义的异化概念和存在主义. 莫斯科，1971.

第五章　苏联学者对《德意志意识形态》的编辑、研究与传播

主义生产关系，同物的关系对人的统治联系起来，乃是苏联马克思主义者研究异化问题的特色。

那么，在《德意志意识形态》中异化问题是否存在？若存在，又是以何种形式被阐述的？与《1844年经济学哲学手稿》相比较其超越在哪里？笔者将列举几位苏联学者的观点来解答上述问题。

苏联学者Ю. Н. 达维多夫认为，在《德意志意识形态》中，马克思恩格斯将历史哲学思想体系的重心从异化问题转向分工问题是他们抛弃黑格尔和费尔巴哈的明证。在《德意志意识形态》中，"异化"一词受到了抨击，马克思除非另加按语，例如"用哲学家易懂的话来说"，"如果暂时还用一下这个哲学术语"①，否则就不再使用它了。此时的马克思似乎发现，"异化"这个词不够确切，会使人产生过多的哲学思辨的回想，而识别隐藏于其后的真实问题才是最主要的。按照马克思后来的看法，分工问题才是异化问题的根源，也只有从这个观点出发，才能解释德国哲学传统中所谓的人的异化的问题。因此，Ю. Н. 达维多夫指出，在《德意志意识形态》中，马克思不仅批判了费尔巴哈、鲍威尔、施蒂纳，而且还有自我批评的成分，因为他在《1844年经济学哲学手稿》中提出的劳动异化的图式中，还有很多东西是从费尔巴哈关于人的宗教自我异化概念袭用过来的。

Ю. Н. 达维多夫进一步指出，在《德意志意识形态》中，马克思不仅尖锐地批判了"异化"术语，而且还摒弃了"劳动异化"的概念，直接提出"消灭劳动"②。劳动异化和劳动就其实质而言是同一的。这里的劳动不是指一般的消耗人的肉体和精神力量的活动，而是指作为分工体系——这个体系注定了许许多多个人只能从事各种片面的活动，因而造成他们畸形发展——的劳动，这种由私有制体系所实现的劳动乃是"凌驾于个人之上的力量"。因此，问题并不在于劳动发生异化，而在于劳动本身就是异化本身。扬弃劳动异化、消灭劳动的先决条件是：消灭分工，全面发展人的能力。这两个条件是互为前提、相互作用的。"因为现存的交往形式和生产力是全面的，所以只有全面发展的个人才可能占有它们，即才可能使它们变成自己的自由的生活活动。"③ 也就是说，

---

① 马克思恩格斯全集：第3卷. 北京：人民出版社：1960：39, 316.
② 同①61, 78, 223-224, 241.
③ 同①516.

人只有全面发展自己的能力，才能够从分工的限制中解脱出来，从而才能够自由地从一种活动转向另一种活动，并再次提高自己，获得全面的发展。劳动本身被消灭，取而代之的是"自我活动"的实现。按照马克思的看法，凡是由个性的自我发挥和全面发展人的创造能力的需要而"决定的"活动，凡是"劳动和享乐之间的对立的基础消失了"① 的地方，都是"自我活动"，而不是劳动。因而，只有摆脱分工、在自己的活动中实现本身能力的全部完整性的人，受自己的"内在"指挥，即出于创造性实现自己个性的需要，而不是受"外来"指挥的人，把所有那些"讨厌的和危险的生产"让机器来干，而自己只保留"愉快而自由的活动"的人，才是《德意志意识形态》中所说的"非异化的"个人②。

苏联学者 И. С. 纳尔斯基试图证明，在马克思的世界观中，从博士论文到《资本论》，异化范畴始终如一地处于中心地位，马克思在成熟时期既没有否定"异化"概念，也没有用另一种范畴体系来代替它。特别重要的是，正是在《资本论》中异化的秘密才彻底被弄清楚。И. С. 纳尔斯基认为，《1844 年经济学哲学手稿》是马克思生成一系列异化观点的最重要阶段。他的异化概念既与黑格尔的精神自我异化有根本区别，也同费尔巴哈"一般的人"的异化有重大差别，马克思把人的异化看成是人的劳动在其四个相互交织的方面异化的结果。但是，因为当时马克思还没有形成关于各社会经济形态之间差别的理论，所以他对异化在资本主义社会形态与前资本主义社会形态中的质的区别只是刚刚有所意识。在《德意志意识形态》中，一方面，马克思批判思辨的异化观，谴责施蒂纳的"任务不是从现实个人的现实异化和这种异化的经验条件中来描绘现实的个人，他的做法又是：用关于异化、**异物、圣物**的空洞思想来代替一切纯经验关系的发展"③。另一方面，马克思有意识地从历史唯物主义方面对异化范畴做广泛的考察，他将异化确定为"历史发展的主要因素之一"，它是社会的"统治我们的、不受我们控制的、与

---

① 马克思恩格斯全集：第 3 卷. 北京：人民出版社，1960：239.
② 达维多夫.《德意志意识形态》中的异化问题//沈真. 马克思恩格斯早期哲学思想研究. 北京：中国社会科学出版社，1982：424-429.
③ 同①317.

第五章 苏联学者对《德意志意识形态》的编辑、研究与传播

我们愿望背道而驰的并抹煞我们的打算的物质力量"①。通过对人类历史发展的描述,马克思指明,在人类历史的全过程中具体的、受社会制约的人的异化从出现阶级的时候起就已经开始发展了。

特别值得指出的是,И. С. 纳尔斯基尝试揭示马克思曾运用"异化"范畴分析某些上层建筑的概念,И. С. 纳尔斯基将其称为"上层建筑的异化形态"。"上层建筑的异化形态"指的是生产上的直接剥削和失业范围以外的那些劳动异化的方面与后果,包括精神的,即意识形态与社会心理方面的异化形态。上层建筑的异化形态同样遵循着辩证矛盾的法则,它们既加剧了对劳动人民的压迫,又促使劳动人民起来反抗。例如,增设国家官僚机构,建立侵犯人身的法制,把资产阶级政党变为相对独立的压迫力量,所有这一切不仅把对工人的剥削发展到了极致,而且也增强了工人的愤怒情绪和反抗的决心。此外,还有另一类的上层建筑的异化形态,即社会心理学、道德、文化、科学与宗教方面的。资产阶级经常借助于这些形态迷惑、欺骗和麻痹无产阶级,使其反抗意志消沉,丧失人的尊严和骄傲,从而失去斗争的能力。马克思对这两类上层建筑的异化形态都进行了充分的揭露、分析和痛斥,这使得马克思始终以一位革命的无产阶级人道主义者的形象出现在世人的面前②。但是,И. С. 纳尔斯基的上述观点不为其他苏联马克思主义者所接受,主要原因是他所引证的例子也能用另一些历史唯物主义的范畴来说明。大多数学者认为,在马克思观点的发展过程中,异化概念被具体化、确切化了,从而失去了那种无所不包的性质。所以,异化范畴是否始终是马克思的研究手段,这一直是个悬而未决的问题。

Т. И. 奥伊则尔曼也指出,在《德意志意识形态》中,马克思恩格斯几乎没有使用"异化"这个同人本主义的唯物主义有联系的术语,这个术语是属于马克思主义以前的哲学的。也就是说,在这部以严格科学的词句阐述对共产主义客观前提的唯物主义理解的著作中,异化概念已经不再起像它在马克思以前的著作里所起的那种作用了。如果说马克思主义创始人仍旧使用异化术语,那也只是在引号下使用的,而实质上要谈的是私有制和社会分工是社会生产力发展不足的必

---

① 马克思恩格斯全集:第3卷. 北京:人民出版社,1960:37.
② И. С. Нарский. Вопросы отчуждения в произведений К. Маркса. Философские науки, 1967 (4).

然结果①。

А. И. 季塔连科和 Б. Н. 沃隆佐夫则认为，异化概念和马克思在《德意志意识形态》中制定的那些更具体严密的科学概念反映的是同一个现实，只是异化是同伦理哲学的、人道主义的、精神心理的观点融合在一起的。但是，在《德意志意识形态》中，马克思第一次试图完整地论证马克思主义唯物主义历史观的一般原理，而异化概念作为一个方法论工具不足以实现这个目的，因为它的含义还不确切。另外的证明在于，《德意志意识形态》不用甚至批判的异化理论，在《1857—1858年经济学手稿》中却被广泛地应用。在这个时期，马克思主义的基本范畴已经形成，但马克思给自己提出的任务是全面地阐述资本主义社会一切经济的、社会的、政治的和精神的过程，而异化在这里正是可以使这种阐述达到完美地步的十分重要的补充，因为异化概念本身就是对资产阶级关系的概括，也是对个性所造成的非人道现象的概括。那么，在《资本论》中，马克思也正是在这个意义上使用异化概念的②。

总之，大多数苏联学者认为，在《德意志意识形态》中，马克思以较少的异化词汇阐述了最为明确的异化思想。尽管他们的有些论述可能十分牵强甚至存在漏洞，但他们的研究对于我们理解异化的内涵以及《德意志意识形态》的内容不乏启示。

2.《德意志意识形态》与马克思主义社会结构理论的生成

在哲学史上，马克思第一次从历史唯物主义角度明确表述了社会结构理论。历史唯物主义的基本观念有两个主要方面：社会结构理论和社会形态更替理论，第一个方面决定着第二个方面。因此，历史唯物主义作为认识社会的科学工具，首先要分析社会结构，考虑到社会结构的发展趋势，并在社会结构的背景下揭示社会生活的各种现象及社会的基本特征。可以说，社会结构理论的诞生标志着历史唯物主义的真正形成。

通过对马克思的社会结构理论内容的分析及对其形成过程的考察，巴加图利亚多年前曾得出结论：在《德意志意识形态》中，唯物主义历

---

① Т. И. Ойзерман. Формирование философии марксизма. М.：Мысль，1986：345.

② А. И. Титаренко，Б. Н. Вороницов. Оместе понятия отчуждения в системекатегории марксизма. Вопросы философии，1978（11）.

第五章 苏联学者对《德意志意识形态》的编辑、研究与传播

史观第一次被全面地描述出来,即形成了关于社会结构和历史分期的完整理论。这以后的马克思思想发展的全部历史都是对这一完整理论的深化、确切化和发展。在这个意义上,可以认为,在《德意志意识形态》中完成了唯物主义历史观的形成过程,从此时起开始了它进一步深化的阶段①。

巴加图利亚对社会结构理论经典表述的分析

巴加图利亚从马克思在1859年《〈政治经济学批判〉序言》中对社会结构的基本原理做的经典表述谈起。马克思的表述如下:

> 人们在自己生活的社会生产中发生一定的、必然的、不以他们的意志为转移的关系,即同他们的物质生产力的一定发展阶段相适合的生产关系。这些生产关系的总和构成社会的经济结构,即有法律的和政治的上层建筑竖立其上并有一定的社会意识形式与之相适应的现实基础。物质生活的生产方式制约着整个社会生活、政治生活和精神生活的过程。②

巴加图利亚指出,在这段话中,马克思两次列举了社会结构的基本要素,每次都指出四个要素。如果把这些要素按它们互相制约的次序来排列,就会得到如下的两个序列:

(1) 生产力——生产关系——政治上层建筑——社会意识形式

(2) 生产方式——社会生活——政治生活——精神生活的过程

这两个序列在原则上是一致的,并相互补充。对比马克思著作和书信中对社会结构的各基本要素做出规定的地方,就会发现,马克思的概念具有多样性。他从不同的角度考察这种结构,把它的同样的要素或同级的要素规定在不同的范畴中,有时作为对象,有时作为关系,有时作为过程。但这两个序列也有区别,从某种意义上说,第一个序列较为具体,第二个序列较为概括,同时也较为完整。把上述两个序列结合起来,巴加图利亚用下面的公式来简要地表示马克思所描述的整个社会结构:

"生产力→生产关系→社会关系→政治上层建筑→社会意识形

---

① Г. А. Багатурия. Первое великое открытие Маркса——Формирование и развитие материалистического понимания истории. Маркс——историк. М.: Издательство «Наука», 1968: 148.

② 马克思恩格斯文集:第2卷. 北京:人民出版社,2009:591.

态"，或"生产力→生产关系和其他社会关系→政治上层建筑→社会意识形态"①

这里产生了两个问题：第一，从马克思的序言中引用的那段引文里并没有"社会关系"这个环节，那么它同"生产关系"之间存在何种联系呢？第二，为什么马克思不是从生产力，即第一个环节开始叙述，而直接从生产关系，即第二个环节开始呢？巴加图利亚的解释是：第一，大家都知道，生产关系的总和构成社会的经济结构，即经济基础，但它并没有将所有社会关系全部包括进去，它只组成社会关系的骨架，是一种支撑结构。通过分析《共产党宣言》可以知道，社会关系包括三个重要部分：（1）生产关系，即与技术的生产关系不同的社会的生产关系，阶级关系；（2）家庭关系；（3）民族关系，理解为社会间的关系，即各个社会间的关系，国际关系。这三类社会关系被马克思认为是三种不同水平的关系，在某种程度上与有一定形式的社会体（阶级、家庭、社会）相适应。第二，马克思把生产关系当作出发点的做法符合一个最重要的事实，即在所有的社会关系中，在人与人之间的所有关系中，生产关系是主要的、决定性的关系。此外，马克思是在一部经济学著作的序言中阐明上述观点的，他不是在写历史唯物主义教科书。因此，他关注的焦点自然是生产关系，是社会结构中成为研究经济科学的主要对象的那个环节。马克思抓住这个基本环节，并弄清了它和其他环节的关系。

弄清唯物主义历史观的本质，特别是弄清对社会结构的辩证唯物主义的理解之后，再考察这个基本观念的形成过程，巴加图利亚的这种做法是符合辩证法的规律性及其基本要求的。

巴加图利亚关于社会结构理论的形成过程的分析

通过进行认真的文本考察，巴加图利亚认为，马克思主义历史观的起点是在1842年秋。从这时起，马克思开始从唯心主义、革命民主主

---

① Г. А. Багатурия. Первое великое открытие Маркса——Формирование и развитие материалистического понимания истории//Маркс——историк. М.：Издательство «Наука»，1968：138. 在这里，箭头指示互相联系地发挥作用的基本方向（本章中其他处箭头的含义与此相同）。巴加图利亚指出，如果是更准确的图，应将要素从下向上排列，而不是从左向右排列；并应表明经济基础与政治上层建筑的直接依赖关系。更为确切的公式应当表示各个要素之间的相互关系，用图式可表示为：{〔（生产力↑↓生产关系）↑↓社会关系〕↑↓政治上层建筑}↑↓社会意识形态。

第五章　苏联学者对《德意志意识形态》的编辑、研究与传播

义转向唯物主义和共产主义。《关于林木盗窃法的辩论》和《摩泽尔记者的辩护》两篇论文证明了这种转变的开始。因为从这两篇文章中可以发现，马克思的注意力开始集中在了同社会结构的第二个环节，即生产关系相关联的一些现象上：阶级、私有财产、物质的特别是私人的利益。《莱茵报》被查封之后，为了解决对黑格尔哲学正确性的怀疑的问题，马克思从社会活动转入了书斋研究之中。1843年春夏，马克思在克罗伊茨纳赫批判地分析了黑格尔社会哲学的精髓——黑格尔的法哲学，在《黑格尔法哲学批判》手稿中，他得出与黑格尔相反的结论：不是国家决定市民社会，而是市民社会决定国家①。也就是说，他摸索到了经济基础和政治上层建筑之间的关系，即前者决定后者，而不是相反。这是未来唯物史观的第一个作为出发点的原理。不过在《黑格尔法哲学批判》手稿中，这个思想不可能像在《〈政治经济学批判〉序言》中表述得那样鲜明，因为这个结论还没有被马克思自觉地意识到，他也不知道市民社会是由什么决定的。但是，这不妨碍表明，1843年马克思就在某种程度上摸索到了社会结构链条中的第二个和第三个环节之间的相互关系。克罗伊茨纳赫的研究成果反映在1844年春天马克思在《德法年鉴》发表的《论犹太人问题》和《〈黑格尔法哲学批判〉导言》两篇文章上，此时，马克思彻底地完成了由唯心主义向唯物主义、由革命民主主义向共产主义的转变。

1844年夏，辩证唯物主义历史观的形成进入了第二阶段，这个阶段是以《1844年经济学哲学手稿》为代表的。众所周知，异化劳动是《1844年经济学哲学手稿》的核心问题，它是在私有制背后发现的，阶级的，特别是资产阶级的社会存在的更深刻的基础。马克思在逻辑上已经开始从分析私有制过渡到分析私有制的产生过程了，也就是说，异化

---

① 巴加图利亚通过分析马克思在《〈黑格尔法哲学批判〉导言》、《德意志意识形态》、1846年12月28日致安年科夫的信以及恩格斯在《路德维希·费尔巴哈和德国古典哲学的终结》中对"市民社会"这个范畴的表述，得出结论："市民社会是历史上一定的（在社会发展的每个阶段上）人们之间物质关系的总和，是一定的社会组织、社会制度、社会的阶级的经济结构，是历史上一定的经济关系，即生产关系的总和。市民社会是由生产力的发展决定的，而市民社会又决定着国家和法，即作为决定政治的和其他的，即意识形态的上层建筑的基础。因而归根到底，市民社会的概念同马克思在《〈政治经济学批判〉序言》中表述的作为生产关系总和的基础这个概念是相同的。"（Г. А. Багатурия. Первое великое открытие Маркса——Формирование и развитие материалистического понимания истории//Маркс——историк. М.：Издательство «Наука»，1968：122-123.）

劳动的历史性必然产生私有制的历史性与之相适应。更确切地说，劳动方式决定着财产形式，而劳动范畴在某些方面相当于生产范畴。因此，沿着这个方向分析，此时马克思的思想接近于发现生产力和生产关系的辩证法了①。这个结论还可以在《1844年经济学哲学手稿》中马克思谈到的生产在社会生活中起决定作用那里得到证明，"宗教、家庭、国家、法、道德、科学、艺术等等，都不过是生产的一些**特殊**的方式，并且受生产的普遍规律的支配"②。由此可见，此时，马克思首次形成了关于物质生产（劳动）在社会生活中起决定作用的思想。生产决定着社会的所有其他方面，并使它们从属于自己，使它们成为生产本身的特殊形式。

巴加图利亚分析指出，将《1844年经济学哲学手稿》与1843年的《黑格尔法哲学批判》比较可以发现，在认识总的社会结构关系上，马克思至少在三个方面取得了进步：第一，1844年马克思揭示了社会的更深刻的基础，在市民社会组织的背后，他发现了社会的基础是物质生产；在私有制统治的背后，他发现了劳动异化现象。第二，1844年的概念已经带有更一般的全面性，马克思不限于弄清家庭、市民社会和国家之间的关系，或私有制、国家和法之间的关系，而是要概括社会生活的所有基本方面——从物质生产到社会意识。第三，1844年，马克思在分析生产的内部机制上也已经较为深入了。所以说，马克思1844年的观念比1843年的更深刻更全面。如果用图解来表示，1843年，马克思弄清了这样的关系：社会关系→政治上层建筑，生产关系→政治上层建筑；1844年，马克思则弄清了：（生产力＋生产关系）→（社会关系＋政治上层建筑＋社会意识形态），生产力→生产关系③。

在写作《1844年经济学哲学手稿》时所取得的成果，在《神圣家族》中的由马克思所写的部分中自然得到了一定的反映和发展。马克思发展了生产起决定作用的思想，表述了关于物质生产是历史的发源地的概括性原理；采用了"生产方式""**经济**状况和**工业**状况"这些术语，

---

① Г. А. Багатурия. Первое великое открытие Маркса——Формирование и развитие материалистического понимания истории//Маркс——историк. М.：Издательство «Наука»，1968：196.

② 马克思恩格斯文集：第1卷. 北京：人民出版社，2009：186.

③ Г. А. Багатурия，В. С. Выгодский. Экономическое наследие Карла Маркса. М.：Издательство «Мысль»，1976：196-197.

第五章　苏联学者对《德意志意识形态》的编辑、研究与传播

并把"对象"视为"人对人的社会关系",这已逐渐接近于生产关系的概念①。列宁在其关于《神圣家族》的笔记中特别注意到这一点,这已经"表明马克思如何接近自己的整个'体系'(如果可以这样说的话)的基本思想——即如何接近生产的社会关系这个思想"②。

1845年春是辩证唯物主义历史观形成的决定性阶段,也就是社会结构理论获得全面表述的决定性阶段。当时马克思和恩格斯打算合著能够阐述"我们的见解"③ 的新著作——《德意志意识形态》,但真正开始写作手稿还是在1845年11月。巴加图利亚认为,尽管1845年春马克思已经形成了历史唯物主义的理论,但与写作《德意志意识形态》时期相比,两个时期的理论是处于不同水平的。1845年春还处于"钻研"阶段,写作《德意志意识形态》时已经彻底地"自己弄清问题"了④。这个论点只能根据间接的材料来判断,最重要的证明是马克思在1845年春写作的《关于费尔巴哈的提纲》。巴加图利亚通过比较分析《关于费尔巴哈的提纲》和《德意志意识形态》认为:《关于费尔巴哈的提纲》是《德意志意识形态》的思想的准备。这也说明了马克思理论发展的两个阶段之间的关系:一个是唯物主义历史观的"天才的萌芽",一个是历史唯物主义的第一次全面制定,而在制定的过程中又对理论本身做了彻底的明确化⑤。

把《德意志意识形态》与马克思以前的全部著作相比较,可以发现决定了《德意志意识形态》在马克思主义史中特殊地位的质的新内容,即生产力和生产关系的辩证法。这一发现的成果可以归纳为:第一,阐明了人类社会的整个结构,即生产力→生产关系和其他社会关系→政治上层建筑→社会意识形态;第二,阐明了社会历史发展的一般规律性,即关于社会形态的学说的基础;第三,得出了无产阶级共产主义革命必然性的结论,即资产阶级社会内部的生产力和生产关系之间矛盾发展的必然结果。总之,在发现生产力和生产关系辩证法的基础上,马克思已经制定出了唯物史观的完整观念。当然,在《德意

---

① 马克思恩格斯全集:第2卷. 北京:人民出版社,1957:191,156,52.
② 列宁全集:第55卷. 2版增订版. 北京:人民出版社,2017:13.
③④ 马克思恩格斯选集:第2卷. 2版. 北京:人民出版社,1995:34.
⑤ 巴加图利亚.《关于费尔巴哈的提纲》和《德意志意识形态》. 马列主义研究资料,1984(1).

志意识形态》中,这个发现被表述为生产力和交往形式之间的关系,在表述形式上还不够准确,但马克思在其中已经阐明了比只归结为生产力的第一性更为复杂的观点:生产力决定交往形式,生产力的发展使得原来的交往形式不再符合更先进的生产力,从而使交往形式变成生产力的桎梏,必须通过社会革命的方式来解决因生产力和交往形式之间的矛盾所产生的历史更替,等等。那么,在《德意志意识形态》中能够发现这样重要理论的前提是什么呢?换句话说,为什么对生产力和生产关系的辩证理解恰好出现在这份手稿中呢?巴加图利亚认为:从马克思思想发展的历史进程来看,1845年,马克思从布鲁塞尔到曼彻斯特,再回到布鲁塞尔,他一直努力从事着政治经济学的研究,这应当与其唯物主义历史观的形成有着密切的联系。从理论本身的发展来看,在《德意志意识形态》中,生产力和生产关系之间的关系是通过这样的关系来反映的,即生产力——劳动分工——所有制形式①,劳动分工在这里起着中介的作用,而这一范畴在《德意志意识形态》中起着比在马克思后来的其他著作中更大的作用。众所周知,在《1844年经济学哲学手稿》中马克思就已经开始注意"分工"的问题了②,巴加图利亚大胆假设,马克思正是在1845年大量研究经济学著作时,通过深入研究劳动分工而发现了生产力和生产关系的辩证法。但这还需要进一步的专门研究才能证明③。

现在,再回过头来看上文可述的《〈政治经济学批判〉序言》中的经典论述,我们可以得知,正是在《德意志意识形态》中,马克思发现并揭示了整个社会一般结构中最重要的、也是最基础的环节,即生产力→生产关系,作为生产力和生产关系统一的生产本身的内在结构。同时,他也在这里阐明了上层建筑的结构,政治的和意识的上层建筑的关系以及它们的组成因素,从而也就完全阐明了整个社会结构的图式:生产力——生产关系——政治上层建筑——社会意识形式。

---

① 所有制形式被马克思具体化为"根据个人与劳动的材料、工具和产品的关系决定他们相互之间的关系"。也就是说,所有制形式等于生产关系。(马克思恩格斯全集:第3卷. 1版. 北京:人民出版社,1960;25.)

② 马克思恩格斯文集:第1卷. 北京:人民出版社,2009;236-242.

③ Г. А. Багатурия: Первое великое открытие Маркса——Формирование и развитие материалистического понимания истории//Маркс——историк. М.: Издательство «Наука», 1968;139-140.

第五章 苏联学者对《德意志意识形态》的编辑、研究与传播

也就是说,在《德意志意识形态》中,马克思第一次创立了完整的马克思主义关于社会结构的理论,而在此之前马克思只是制定了这个理论的个别因素。因此,有充分的理由证明,《德意志意识形态》是马克思主义社会结构理论的生成地①。

---

① 概括地说,1842年秋,马克思开始关注与生产关系相联系的一些现象;1843年春夏,马克思摸索到了经济基础与上层建筑之间的关系;1844年,马克思进一步弄清了(生产力+生产关系)与(社会关系+政治上层建筑+社会意识形态)之间的关系;1845年,马克思弄清并阐明了生产力与生产关系之间的关系,从而阐明了整个社会结构理论。通过考察表明,马克思对社会结构的认识完全符合辩证法的规律:从社会结构的外部到内部,从现象的外表到本质,从局部到整体。

第六章 《哲学的贫困》俄文版的编辑、出版与传播

　　《哲学的贫困》是马克思主义哲学和马克思主义政治经济学形成和发展史上的经典著作，具有重要的历史文献价值，而该著作在俄国革命前及苏联时期的流传与出版可以使我们认识到其现实意义。苏联马克思主义学者马雷什、费多谢耶夫、卢森贝、维戈茨基、阿多拉茨基等曾对该著作的思想内涵做过深入研究，试图界定该著作的理论内涵与历史地位，他们认为该著作是马克思思想的里程碑。梳理并分辨苏联学者对这部马克思主义经典著作的考据与解读成果，对我们理解《哲学的贫困》的历史价值，并生发其时代精神，具有一定的启示意义。

一、《哲学的贫困》在俄国革命前及苏联时期的流传与出版

　　《哲学的贫困》是马克思公开发表的第一部论述历史唯物主义的著作。列宁曾在《国家与革命》中将《哲学的贫困》和《共产党宣言》并列为"成熟的马克思主义的最初著作"。但是关于这部重要著作在马克思和恩格斯逝世前后的出版与传播过程，我们知之甚少，从而降低了对它的重视程度。十月社会主义革命胜利前后，《哲学的贫困》在俄国的普及率极高，从1886年第一个俄译本出现到苏联时期多次重译与再版，

第六章 《哲学的贫困》俄义版的编辑、出版与传播

无不体现着这部著作对苏联民众的巨大影响。因此梳理《哲学的贫困》在这个时期的出版史，对我们在当今时代审视《哲学的贫困》的重要思想具有不可或缺的启示意义。

1. 《哲学的贫困》在马克思恩格斯生前的出版

《哲学的贫困》全称为《哲学的贫困。答蒲鲁东先生的"贫困的哲学"》，马克思起初曾想以"蒲鲁东先生的经济矛盾体系中的矛盾，或哲学的贫困"为书名，最后公开出版时改为现在的书名。蒲鲁东的著作《经济矛盾的体系，或贫困的哲学》在1846年10月15日出版，马克思早在1846年10月23日左右就从恩格斯的信中知道了此事。马克思得到这本著作稍晚一些，在12月中下旬。他用两天的时间浏览一遍后，于1846年12月28日致信俄国文学家帕·瓦·安年科夫："它整个说来是一本坏书，是一本很坏的书。"① 马克思在信中对蒲鲁东的思想做了详细的评论，提出了许多重要的思想，这些成为《哲学的贫困》所阐述的思想的集中表现和最初形式。梁赞诺夫在1928年俄文版单行本序言中推测，"大概，马克思在写完这封信后就形成了答蒲鲁东的计划。关于这个计划他告知了恩格斯。遗憾的是，这封信丢失了。我们知道的只有恩格斯的回信"②。

恩格斯在1847年1月15日致马克思的信中写道："你用法文写东西驳斥蒲鲁东，这很好。但愿在这封信到达的时候，这本小册子已经完成。"③ 由此可以看出，1847年1月，马克思已经开始用法文写这部著作了。"也许是由于马克思认为批判对象蒲鲁东的《贫困的哲学》是用法文写的，包括这本书在内的蒲鲁东的著作，给当时的法国思想和政治运动带来不容忽视的影响，因而对此需要进行彻底批判。还有一个理由，也许是马克思的诞生地莱茵普鲁士的特里尔，同比利时和法国的国境接近，有时还是法国领土，因而受法国文化和思想的影响很深。也就是说，也许是由于法语是马克思的第二个祖国语言。"④ 日本学者田中菊

---

① 马克思恩格斯文集：第10卷. 北京：人民出版社，2009：41-42.
② К. Маркс. Нищета философии. М.：Государственное издательство，1930：3.
③ 马克思恩格斯文集：第10卷. 北京：人民出版社，2009：54.
④ 田中菊次.《哲学的贫困》马克思批注影印本出版和马克思研究的发展. 国外社会科学，1983（1）：28.

次的这段分析还可以通过马克思写给安年科夫的信加以佐证，信中他附加了这样的话："又及：您或许会问我，我写信给您为什么不用流利的德文，而用蹩脚的法文？这是因为我所涉及的是一个法国作者。"① 这样，"蒲鲁东可以自己来答复这篇批评"②。

1847年4月初，《哲学的贫困》基本完成并付印。6月15日，马克思为该书作了序。1847年7月，《哲学的贫困》交福格勒在布鲁塞尔出版，共印800册。其中150册运交给巴黎的出版商弗兰克，因而弗兰克的名字也被刊印在《哲学的贫困》的扉页上。法文版的《哲学的贫困》在马克思生前没有再版。但是，大致在1870年到1875年之间，马克思曾在他私人留存的这一版的几册书上为第2版做过修订。此时，马克思正拖着病体加紧修订《资本论》第1卷，并进行第2卷和第3卷的写作。1872年1月、1874年2月和11月，威廉·李卜克内西劝说马克思出版《哲学的贫困》新版本。马克思于1874年答应了他的请求。马克思分别使用黑铅笔和蓝铅笔两次对《哲学的贫困》做亲笔修订，但这两次修订工作都没有完成③。因此，《哲学的贫困》在马克思生前没有出过修订版。1880年，法国的《平等报》编辑部向马克思提出请求，希望能转载《哲学的贫困》中的几段，马克思欣然同意，并专门作了一篇题名为《关于"哲学的贫困"》的引言，阐述了重新发表《哲学的贫困》的意义④。

1885年1月下旬，由伯恩施坦和考茨基合译⑤、经恩格斯审订的《哲学的贫困》德文第1版在斯图加特出版。在校订过程中，根据马克

---

① 马克思恩格斯全集：第27卷. 北京：人民出版社，1972：488.
② 马克思恩格斯全集：第4卷. 北京：人民出版社，1958：42.
③ 田中菊次.《哲学的贫困》马克思批注影印本出版和马克思研究的发展. 国外社会科学，1983（1）：26.
④ 马克思恩格斯全集：第19卷. 北京：人民出版社，1963：248-249.
⑤ 1883年11月8日前，一位在鲁道尔施塔特的名叫麦克斯·克瓦尔克的博士致信恩格斯，希望恩格斯能允许他将马克思的《哲学的贫困》从法文译成德文。恩格斯不希望由他来做这件事情，立即写信给伯恩施坦。伯恩施坦答应了恩格斯要他翻译《哲学的贫困》的请求。恩格斯在11月13日致伯恩施坦的信中说："为了克瓦尔克的事，您搬走了我心上的一块石头。我去信告诉他，说您是第一个提出要翻译《贫困》的。这样，他的事就了结了。……如果我同意这个招摇过市的霍亨索伦王朝的崇拜者和保守的国家社会主义者翻译《贫困》的话，那马克思会把我在睡梦中掐死的。"后来，卡·考茨基也参加了翻译。（马克思恩格斯全集：第36卷. 北京：人民出版社，1975：70，72，73，724.）

第六章 《哲学的贫困》俄文版的编辑、出版与传播

思在1876年1月1日送给娜·吴亭娜（第一国际俄国支部委员尼·伊·吴亭的妻子）的一本1847年法文版上的修订，恩格斯对文本做了许多修改，加了许多注释。在附录中，恩格斯还收入了几篇相关文章：(1) 马克思《论蒲鲁东》一文，摘自1865年《社会民主党人报》；(2) 1859年柏林出版的马克思《政治经济学批判》的片段，"即约翰·格雷提出的劳动货币交换乌托邦的一段"；(3) 马克思《关于自由贸易的问题演说》[1848年]，"这个演说和"哲学的贫困"属于著者的同一个发展时代"①。更为重要的是，恩格斯在为其所作的序言中，通过批判德国崇拜"国家社会主义"的理论家、经济学者洛贝尔图斯，揭示了马克思的经济学说在19世纪40—60年代的创立过程，这使得德文第1版《哲学的贫困》在19世纪80年代更具有现实意义。

在《资本论》第1卷出版后，洛贝尔图斯著文指责马克思"剽窃"了他的著作，并且"不注明出处"就大量引用了他的著作《关于德国国家经济状况的认识》。实际上，马克思在世时，既没有读过洛贝尔图斯的上述著作，也没有读到他的指责，因而马克思无法对这种无端的指责进行驳斥。马克思逝世后，恩格斯为马克思做了公正的辩护。他对洛贝尔图斯的答复一部分放在《资本论》第2卷的序言里，另一部分则放到了《哲学的贫困》序言中。"没有别的办法，因为这两本书将同时出，而指责是洛贝尔图斯本人十分明确地提出来的。在《资本论》里我得庄严郑重，而在《贫困》的序言里我可以畅所欲言。"② 在《哲学的贫困》序言中，恩格斯指出，洛贝尔图斯所谓的马克思从他那里借用的思想，英国的经济学家早就表述过，是洛贝尔图斯的"惊人的无知"造成了他的"因狂热而进行诽谤"③。1885年1月初，这篇序言就以《马克思和洛贝尔图斯》为题被刊登在《新时代》杂志第1期上了。

1891年，在西班牙的马德里出版了由X. 梅萨翻译的《哲学的贫困》的修订第1版。1892年，德文第2版出版。除德文第1版序言外，恩格斯又为其作了一篇简短的序言，纠正了原文中两处不准确的地方。恩格斯逝世后，1896年，马克思的女儿劳拉·拉法格整理的法文版第2

---

① 马克思恩格斯全集：第21卷. 北京：人民出版社，1965：220.
② 马克思恩格斯全集：第36卷. 北京：人民出版社，1975：202.
③ 同①206.

版出版①，该版也根据马克思送给娜·吴亭娜的那本书上的修正做了更正②。1895 年，意大利文第 1 版在博洛尼亚出版；1898 年，由巴加洛夫翻译的保加利亚文第 1 版在瓦尔纳出版；1900 年，由科维尔奇翻译的英文第 1 版在伦敦出版，等等。从那时起，《哲学的贫困》被翻译为 30 多种文字在许多国家出版。

2.《哲学的贫困》在十月革命前的俄国的出版

早在 19 世纪 40 年代，俄国先进的社会人士和政治活动家就已经熟知科学共产主义创始人的重要著作，其中包括《哲学的贫困》法文第 1 版，它已经出现在彼得拉舍夫斯基派的图书馆里了。马克思在 1868 年 10 月 12 日致路·库格曼的信中写道，他找不到任何一个地方像俄国那样普及他的一些著作，例如《哲学的贫困》《政治经济学批判》③。

1883 年，俄国第一个马克思主义团体——劳动解放社在日内瓦成立。成立之时，他们还发出了"关于出版《现代社会主义丛书》的通告"，从这个时候起，马克思恩格斯著作的俄文译本就在这套丛书内作为该社的正式出版物发行。"老实说，从'劳动解放社'的出版活动起，才开始有了俄国马克思主义书籍的真正历史。以前的一切只能认为是前史。'劳动解放社'的译本是革命前时期的最优秀的译本。"这主要是因为"该社的版本在国外出版，不受检查，所以都是全文，并且没有任何为了通过书报检查而做的删改。这也是这些版本比 1905—1907 年在俄国出版的大多数版本优越的地方"④。劳动解放社的出版活动与恩格斯的帮助密不可分。恩格斯给他们推荐供翻译的著作，解答译者的问题并为其提供一切相关的资料。劳动解放社出版的一切书籍都送给恩格斯，恩格斯给予了这套俄译本很高的评价，他在给俄国革命家的信中几次表达了这个意见。

---

① 马克思. 哲学的贫困. 3 版. 北京：人民出版社，1961：179；Л. А. Левин. Библиография произведений К. Маркса и Ф. Энгельса. М.：Государственное издательство，1948：23，69，85，124-125.

② 早在 1885 年恩格斯出版《哲学的贫困》德文第 1 版时，劳拉·拉法格也在准备出版法文第 2 版，但是这一版的准备工作拖延了，直到恩格斯逝世以后，这一版才在巴黎出版。

③ 马克思恩格斯全集：第 32 卷. 北京：人民出版社，1974：554.

④ Л. А. Левин，Библиография произведений К. Маркса и Ф. Энгельса. М.：Государственное издательство，1948：120，121.

第六章 《哲学的贫困》俄文版的编辑、出版与传播

1886年，劳动解放社出版了由查苏利奇从德文版翻译过来的《哲学的贫困》俄文第1版。早在1884年3月2日，查苏利奇就致信恩格斯，请求恩格斯允许他们将马克思的《哲学的贫困》以俄文出版；此外，她还请求将恩格斯当时打算为准备付印的该书德文第1版所写的序言寄去，而且还希望恩格斯看看俄文版的校样，并提出意见①。3月6日，恩格斯复信给查苏利奇，表示得到这个消息非常高兴，并指示道：

> 《哲学的贫困》俄文译本出版的日子，不论对我或对马克思的女儿们来说，都将是一个节日。不言而喻，我是很愿意把对您也许有用的一切材料提供给您的。我的意见如下。
>
> 除了德文译本，目前正在巴黎出版一个新的法文版本。我正在为这两个版本写一些注释，我将把注释的全文寄给您。
>
> 马克思在柏林《社会民主党人报》（1865年）上发表的一篇《论蒲鲁东》的文章，可以用来作为序言，这篇文章差不多完全包括了我们所需要的东西。……这篇文章只保存下来一份，……如果在马克思或我的文稿里找不出第二份（几星期之内我就可以知道），那么您能很容易地通过伯恩施坦弄到一个抄本。
>
> 我一定要给德文版专门写一篇序言，……在我看来，俄国读者对此恐怕是不会感兴趣的，因为我们的冒牌社会主义者还没有渗透到他们当中去。但是，您对这一点会有自己的看法；这篇序言如果您认为有用，您可以自行处理。②

当《哲学的贫困》俄文第1版在日内瓦出版时，查苏利奇不仅在书中加入了恩格斯为德文第1版写的序言，还在附录中刊载了马克思在科隆陪审法庭上的辩护词的片段及《政治经济学批判》的片段等。

19世纪后半期的沙皇俄国十分黑暗，严格的书报检查制度禁止一切有关马克思主义的出版物在俄国社会传播，许多劳动解放社的出版物都是以手抄本的形式流传。但是，在19世纪90年代后半期突然出现了一种"非常独特的现象"，"在一个完全没有出版自由的专制制度国家里，在猖獗的政治反动势力对于稍有一点政治上的不满和反抗的苗头都

---

① 马克思恩格斯全集：第36卷. 北京：人民出版社，1975：734.
② 同①121-122.

横加迫害的时代,革命的马克思主义的理论忽然在**受检查的**书刊上打开了一条道路,虽然说明这个理论的语言是伊索式的,但是一切'感觉兴趣的人'都是可以理解的。政府只是习惯于把(革命的)民意主义的理论当作危险的理论,照例没有发觉这一理论的内部演变,而欢迎**一切**对这个理论的批评。等到政府醒悟过来的时候,等到书报检查官和宪兵这支笨重的队伍侦察到新的敌人而猛扑过来的时候,已经过去不少(按照我们俄国的尺度来计算)时间了。在这段时间里,马克思主义的书一本又一本地出版,马克思主义的杂志和报纸相继创办起来,大家都纷纷变成了马克思主义者,人们都来奉承马克思主义者,向马克思主义者献殷勤,出版商因为马克思主义书籍的畅销而兴高采烈"①。正因为如此,1898年,俄国基辅的库什涅列夫协会印刷厂公开出版了《哲学的贫困》第1章的单行本。但为了迎合书报检查机关的意旨,书中没有指明作者是谁,并歪曲了马克思有关革命实质的主张②。

但是,在莫斯科和圣彼得堡出版的《哲学的贫困》就没有那么幸运了。1899年5月1日,莫斯科的书报检查机关禁止了由 B. 波波夫翻译的《哲学的贫困》的出版,并且还禁止劳动解放社出版的《哲学的贫困》在俄国的宣传和翻印③。1901年,圣彼得堡的贾布利茨基和皮亚京出版社公开出版了由 T. 皮亚京和 И. 别利亚夫斯基从法文版翻译过来的、带有恩格斯序言的《哲学的贫困》的完整译本,但这个版本的图书很快就被沙皇政府没收了④。书报检查官认为,"该书在其现在的形式中,包含了旨在摧毁现存经济制度、国家制度和社会制度的论断,以及对预言无产阶级革命的、社会主义和共产主义的有害学说的宣传"⑤。这两次公开出版的失败与沙皇政府审查态度的转变有关。20世纪初,俄国持续不断的工人罢工、农民运动和学生运动使沙皇政府终于弄清了自己真正的"敌人",于是他们加大了书报检查的压力。1900—1905年,马克思恩格斯著作及其俄译本基本不可能在俄国公开出版,只能在

---

① 列宁选集:第1卷. 3版. 北京:人民出版社,1995:303.

②③ И. Ф. Ковалев. Озапрении царской цензурой про изведения К. Маркса «Нищета философии». Исторический архив,1959(2):57.

④ Л. А. Левин. Библиография про изведении К. Маркса и Ф. Энгельса. М.:Государственное издательство,1948:135;Литературное наследство К. Маркса и Ф. Энгельса:История публикации и изучения в СССР. М.:Политиздат,1969:39.

⑤ 同②58.

第六章 《哲学的贫困》俄文版的编辑、出版与传播

国外发行，其出版活动主要在日内瓦开展得比较广泛。

在1905—1907年的第一次俄国革命时期，俄国群众对革命作品的需求有了极大的增长，他们如饥似渴地阅读以前被禁的书籍。而在革命浪潮的冲击下，沙皇政府被迫允许在俄国刊印马克思主义的著作。在这种情况下，"商人不再做燕麦生意，而开始做更能赚钱的买卖——出售民主派的廉价小册子了"①。马克思恩格斯的著作在其整个历史上第一次以大量的版本和大量的册数在俄国公开出版。1905年，圣彼得堡的"启蒙"书籍出版社出版了由 В. Д. 乌尔里希翻译的《哲学的贫困》。该书是"启蒙"丛书中的一部重要著作。该书包括恩格斯为德文第1版所作的序言和马克思的《论蒲鲁东》②。此外，孟什维克也翻印了马克思恩格斯的某些著作，它们被刊登在不同的集子里，如《哲学的贫困》就收在《知识就是利益》这个集子1908年的第1期里。

1905年革命失败后，1908—1917年进入了俄国的反动时期。在这个时期，马克思主义的著作被大量销毁，布尔什维克的出版社也纷纷被取缔，马克思恩格斯著作的出版和发表进入低潮。因此，《哲学的贫困》没有再版。

3. 《哲学的贫困》在苏联时期的出版

十月革命胜利后，俄国人民十分迫切地渴望读到政治文献，特别是马克思恩格斯的著作，因此，大量出版马克思主义创始人的著作成为年轻的苏维埃共和国的主要事业。但是，在苏维埃政权建立之初，文献出版的条件极其艰苦，"印刷设备损坏、纸张和油墨缺乏、有经验的出版印刷干部奔赴前线和阵亡"③。更为困难的是，此时苏维埃俄国还没有一个统一的马克思主义研究和出版中心，马克思恩格斯的著作不仅在莫斯科和彼得格勒的中央出版社出版，而且也在阿尔汉格尔斯克、库尔斯克、基辅、哈尔科夫、雅罗斯拉夫尔、塔什干、伊尔库茨克、明斯克等许多城市出版。由于出版社分散且没有统一的监督，因此只能翻印革命

---

① 列宁全集：第22卷．2版增订版．北京：人民出版社，2017：91．

② К. Маркс. Нищета философии. С.-Петербургъ, Книгоиздательское Т-во «Просвещение», 1905.

③ 人民出版社资料组．《马克思恩格斯全集》的编纂工作．北京：人民出版社，1977：7．

前的马克思恩格斯著作的版本,但好多都是被沙皇政府的书报检查机关删改得不成样子的版本[①]。此时,《哲学的贫困》有四种译本流传,即查苏利奇译本、皮亚京及别利亚夫斯基译本、C. A. 阿列克谢耶夫译本和 В. Д. 乌尔里希译本。

1918 年,《马克思恩格斯全集》俄文 1 版出版工作第一次启动。在版本的编排计划中,曾打算第 2 卷收录《哲学的贫困》[②]。但是,在 1918 年到 1922 年的四年内,《马克思恩格斯全集》第 1 版的第一次启动仅出版了 4 卷:第 3、4、5、6 卷。第 3 卷收录了马克思恩格斯在 1848 年革命和巴黎公社经验基础上所写的最重要的历史学著作,第 4~6 卷则是《资本论》前三卷的内容。

为了能集中出版力量,苏维埃人民委员会于 1919 年 5 月 19 日颁布了关于创立国家出版社的法令,B. 沃洛夫斯基被任命为国家出版社的负责人。检查整个共和国范围内的出版活动就属于国家出版社的重要职责之一。为此,国家出版社下设了一个专门委员会"马克思委员会",委员会负责检查对马克思恩格斯著作的翻译和再版,Д. 梁赞诺夫、И. 斯克沃尔佐夫-斯捷潘诺夫、M. 沃尔夫松、Н. Л. 梅谢里亚科夫是委员会的成员。这时出版了一些按原文校订过的重要著作的译本,其中就包括《哲学的贫困》[③]。

1921 年马克思恩格斯研究院成立后,不仅要编辑出版《马克思恩格斯全集》,还要重新刊印马克思恩格斯某些最重要的著作。1928 年,在梁赞诺夫的主持下,国家出版社出版了由查苏利奇翻译、普列汉诺夫校订的《哲学的贫困》单行本。梁赞诺夫亲自为其作序。在这个单行本中,不仅收录了恩格斯为德文版第 1、2 版作的序言,马克思的《论蒲鲁东》,还将 1846 年 12 月 28 马克思致安年科夫的信作为附录收录。在单行本的末尾还附有详细的注释和人名索引。1929 年,该单行本的正文被收录到《马克思恩格斯全集》俄文 1 版的第 5 卷中。梁赞诺夫在这卷的"编者序"中指出:"确实,这个译本不是从原文,而是从德文翻译过来的,

---

[①] 人民出版社资料组.《马克思恩格斯全集》的编纂工作. 北京:人民出版社,1977:7-9.

[②] Литературное наследство К. Маркса и Ф. Энгельса: История публикации и изучения в СССР. М.: Политиздат, 1969: 92.

[③] 同①9.

第六章 《哲学的贫困》俄文版的编辑、出版与传播

但我们认真地核对了1847年法文版的原本。……恩格斯为德文版写的序言连同恩格斯在1883—1895年写的其他文章都将收录在第13卷中。"① 1930年，该单行本被再版。

1938年11月14日，联共（布）中央委员会在《关于〈联共（布）党史简明教程〉出版后的宣传工作的决议》中指出了马克思主义经典作家著作出版中的严重错误。中央委员会要求马恩列研究院的工作人员从根本上改革全部工作体系，并指出"清理意识形态部门的疏忽，特别要在马恩列研究院不合格的工作中寻找容许在《马克思恩格斯全集》翻译成俄语时歪曲和不准确的言辞出现的疏忽"的必要性。决议责成研究院在短期内修正被歪曲的内容，尽快重新出版《马克思恩格斯全集》。因此，从1939年起，苏联开始了出版和发表马克思恩格斯著作的新时期。1939—1940年，马恩列研究院重新出版了一系列马克思恩格斯的著作，包括《卡尔·马克思文选》（两卷集）、《共产党宣言》、《社会主义从空想到科学的发展》、《雇佣劳动与资本》、《工资、价格和利润》、《德国农民战争》、《1848年至1850年的法兰西阶级斗争》、《费尔巴哈论》、《路易·波拿巴的雾月十八日》等。1941年，新版的《哲学的贫困》俄文单行本问世②。

1955年，从法文第1版翻译过来，并参考了1885年、1892年德文版，以及1896年法文第2版所做修正的俄文版《哲学的贫困》被收入《马克思恩格斯全集》俄文2版第4卷。恩格斯为德文版第1、2版所作的序言分别被收入《马克思恩格斯全集》俄文2版的第21、22卷。1956年，苏联国家政治书籍出版社根据《马克思恩格斯全集》俄文2版出版了《哲学的贫困》单行本，共184页。除正文之外，还包括马恩列研究院所做的说明，恩格斯为德文版第1、2版所作的序言，以及附录。附录包括1846年12月28马克思致帕·瓦·安年科夫的信、《关于自由贸易问题的演说》、《政治经济学批判》（摘录）以及《论蒲鲁东》四篇文章。从那时起到1973年，《哲学的贫困》单行本在苏联以14种语言出版了33次，总印数达到683 000份。此后，苏联再没有出版过该文本的新版本。1978年，北京外文出版社根据《马克思恩格斯全

---

① К. Маркс и Ф. Энгельс Сочения. т. V. М.：Государственное издательство，1929：ⅩⅩⅩ.
② Е. Кандель составил. О публикации литературного наследства К. Маркса и Ф. Энгельса. М.：Государственное издательство политической литературы，1947：40-41.

集》俄文 2 版的文本出版了俄文版《哲学的贫困》单行本，32 开，平装本。

1880 年，马克思在为《平等报》发表《哲学的贫困》的片段所写的引言中指出："在该书中还处于萌芽状态的东西，经过二十年的研究之后，变成了理论，在'**资本论**'中得到了发挥。所以，阅读'**哲学的贫困**'以及马克思和恩格斯于 1848 年发表的'**共产党宣言**'，可以作为研究'**资本论**'和现代其他社会主义者的著作的入门"①。由此可见，这部著作重要的历史意义和理论意义不可低估。特别是由于《哲学的贫困》在恩格斯逝世前后直至苏联时期出版较为频繁，苏联马克思主义者对它的研究也达到了较为深入的境地，梳理该文本在这个时期的出版史，把握前人的解读思路，对当前马克思哲学文本研究仍有重要的启示意义。

二、苏联学者对《哲学的贫困》的研究

《哲学的贫困》是马克思为了回应蒲鲁东《经济矛盾的体系，或贫困的哲学》一书而撰写的。尽管用法文写成的这部著作在布鲁塞尔和巴黎出版了，但马克思的直接目的并没有达到。一方面，总印数为 800 本的小册子对同时代的人几乎没有什么影响；另一方面，蒲鲁东对法国工人以及对一般罗曼语系国家无产阶级的影响不但没有减弱，反而继续增强。蒲鲁东称这本书是"谩骂、歪曲和剽窃的罗列"，这部书成为两个人论战的高峰②。马克思很可能打算予以回应，但是，因为家事和 1848 年革命，回应被搁置了。可是，上述情况并不影响《哲学的贫困》的价值及其划时代的意义。苏联马克思主义学者力图从《哲学的贫困》在历史唯物主义和马克思主义政治经济学形成与发展中的地位来证明："这部书不但是马克思生活上的一个里程碑，而且也是科学史上的一个里程碑。"③

---

① 马克思恩格斯全集：第 19 卷. 北京：人民出版社，1963：248.
② 麦克莱伦. 马克思传. 3 版. 北京：中国人民大学出版社，2005：153.
③ 梅林. 马克思传. 北京：人民出版社，1965：159.

第六章 《哲学的贫困》俄文版的编辑、出版与传播

1. 《哲学的贫困》在历史唯物主义形成中的地位

关于《哲学的贫困》在历史唯物主义形成中的地位，很多学者认为，这是"第一部成熟的马克思主义著作"①，是历史唯物主义第一次公开的科学阐述。这种认识基于马克思、恩格斯和列宁对这部著作的评价。一是这种看法继承了马克思评论这本书时秉持的观点。马克思在对唯物史观实质做出精辟说明的《〈政治经济学批判〉序言》中明确指出："我们见解中有决定意义的论点，在我的1847年出版的为反对蒲鲁东而写的著作《哲学的贫困》中第一次作了科学的、虽然只是论战性的概述。"② 二是恩格斯在同法国社会主义者和民主主义者路易·勃朗交谈时，将马克思这部著作称为"我们的纲领"③，也就是说，《哲学的贫困》是与《共产党宣言》同等重要的指导无产阶级革命运动的理论著作。三是列宁在《国家与革命》一书中，明确地把《哲学的贫困》和在其后与恩格斯合写的《共产党宣言》并列为"成熟的马克思主义的头两部著作"④。

梅林在《马克思传》中比较准确地评价了《哲学的贫困》："在这部著作中，历史唯物主义世界观的最重要之点第一次得到了科学的阐发。……正是在反驳蒲鲁东的这部著作中，他以一种无往不胜的论战所特有的令人信服的明确性发挥了这些原理"，从而奠定了历史唯物主义的基础⑤。马雷什更加鲜明地指出："在哲学方面，《哲学的贫困》完全是成熟的著作。在这一著作中，构成马克思和恩格斯在此之前的著作，首先是《神圣家族》和《德意志意识形态》的内容的那些奠基的思想，得到了进一步发展。"⑥ 借用列宁的评价，《哲学的贫困》的巨大意义在于，"对蒲鲁东所提出的解决各种历史问题的办法的批判，是从唯物主义原则出发的"⑦，其"特点是经过严格考验的历史唯物主义。从哲学部分

---

① Т. И. Ойзерман. Формирование философии марксизма. М.：Мысль, 1986：386.
② 马克思恩格斯文集：第2卷. 北京：人民出版社，2009：593.
③ 马克思恩格斯全集：第27卷. 北京：人民出版社，1972：109.
④ 列宁选集：第3卷. 3版. 北京：人民出版社，1995：128.
⑤ 梅林. 马克思传. 北京：人民出版社，1965：159.
⑥ А. И. Малыш. Формирование марксистской политической экономии. М.：Издательство политической литературы, 1966：173-174.
⑦ 列宁全集：第1卷. 2版增订版. 北京：人民出版社，2013：112.

—171

来说，这一著作叙述了无产阶级政党科学世界观的基础，并且达到了马克思主义真正经典著作的水平。"①费多谢耶夫则指出："在《哲学的贫困》中马克思第一次通过出版物科学地，虽然还是以论战的形式阐述了他主要是在写作《德意志意识形态》时发挥的历史唯物主义的基本原理。"②卢森贝发挥了恩格斯的评价，认为在《哲学的贫困》中马克思表述的一些原则能够成为制定无产阶级的纲领的原则，并且"辩证唯物主义的原理第一次最充分最全面地（与马克思先前的一些著作相比较）被推广去说明社会的经济生活，被应用去研究通过经济范畴表现出来的生产关系。从而，历史唯物主义得到了更加充分的发展"③。

梅林认为，1847年的马克思是一位李嘉图派社会主义者，苏联学者普遍不同意这种观点。马雷什明确表示，这种说法是对马克思的贬低，"是毫无根据的。虽然马克思也从李嘉图那里借用了一系列原理，但是从总的情况来看，到了1847年，马克思已经远远超过了资产阶级政治经济学的古典学派"④。费多谢耶夫则从批判蒲鲁东的角度委婉地驳斥了梅林的观点，认为蒲鲁东"重犯了英国李嘉图学派社会主义者布雷、汤普逊等人的错误，这些人都企图从资产阶级政治经济学的公设中，特别是从劳动价值论中推论出社会主义制度。马克思在1845—1846年的科学研究中已经揭露了这些企图是空想的。他在《哲学的贫困》中指出，蒲鲁东的'科学发现'同布雷和这一流派的其他作家的空想计划是相似的。"⑤卢森贝也指出，马克思把蒲鲁东的"经济矛盾的体系"与李嘉图的学说做对比，绝不是说自己就是他的学说的拥护者，而是与之划清了界限⑥。

关于《哲学的贫困》对历史唯物主义形成的具体贡献，苏联学者认为主要体现在以下两个方面：

---

① 马雷什.《哲学的贫困》是《资本论》的萌芽//马列著作编译资料：第9辑. 北京：人民出版社，1980：119.

② 费多谢耶夫，等. 卡尔·马克思. 北京：生活·读书·新知三联书店，1980：141.

③ Д. И. Розенберг. Очерк и развития экономического учения Маркса и Энгельса в сороковые годы XIX века. М.：Издательство академии наук СССР，1954：221-222.

④ А. И. Малыш. Формирование марксистской политической экономии. М.：Издательство политической литературы，1966：174.

⑤ 同②142.

⑥ 同③223-224.

第六章 《哲学的贫困》俄文版的编辑、出版与传播

第一,规范了历史唯物主义基本范畴的科学术语。由马克思独创的"生产关系"范畴是历史唯物主义的基本范畴。这个范畴最初萌芽于《黑格尔法哲学批判》,在《德意志意识形态》中初具形态,但此时马克思还只是用"交往方式""交往形式"来表述生产中形成的人和人之间的相互关系,这种表述具有多义性。在《哲学的贫困》中,马克思将"生产关系"这一概念与生产力联系在一起,只具有一义性,从而更加准确地概括了生产力与生产关系的辩证关系和相互作用的基本原理。"马克思在这里使用了确切的术语,不像在《德意志意识形态》中那样把生产关系称为'交往形式',而是称为'经济关系''社会关系'"①。此外,在《哲学的贫困》中,"生产力"的概念也前进了一步,"生产力不仅包括生产工具,而且还包括劳动者本身"②。

第二,明确了标志着历史唯物主义形成的重要思想。在《资本论》序言中,马克思指出:"我的观点是把经济的社会形态的发展理解为一种自然史的过程。不管个人在主观上怎样超脱各种关系,他在社会意义上总是这些关系的产物。"③ 在这里,马克思表达了历史唯物主义除生产力与生产关系辩证原理之外的又一重要思想,即"把经济的社会形态的发展理解为一种自然史的过程"。在《哲学的贫困》中,马克思从两个方面来阐述这个重要思想:一方面,在反驳蒲鲁东否认经济规律的客观性,断言在社会生产中起决定作用的是生产者和消费者的自由意志时,马克思指出,生产者通常不能自由地选择生产力和生产关系。"人们遇见的某种生产力及其组织形式——生产关系都是现成的。……生产者每次并不是他的'自由意志',要他生产什么就生产什么,而是他的实际可能性和他的意志以外的现实情况要求他生产什么才生产什么……消费是由生产决定的。"④ 另一方面,在批驳古典经济学家对于历史的议论的"奇怪的手法"时,马克思指出,社会形式不是永恒不变的,它是历史的产物。"马克思证明,无论封建主义关系还是资本主义关系都是历史上暂时的关系。如上所述,在《德

---

① 费多谢耶夫,等. 卡尔·马克思. 北京:生活·读书·新知三联书店,1980:140.
② 同①143.
③ 马克思恩格斯文集:第5卷. 北京:人民出版社,2009:10.
④ А. И. Малыш. Формирование марксистской политической экономии. М.:Издательство политической литературы,1966:175.

意志意识形态》一书中马克思已经接近了关于经济形态及其顺次更替的学说。在《哲学的贫困》一书中这个学说已经得到了十分明确的表述"①。

2.《哲学的贫困》在马克思主义政治经济学发展中的地位

关于如何估量19世纪40年代马克思经济学思想的发展程度，苏联哲学界的看法不尽相同。20世纪50年代以前，比较流行的是阿多拉茨基的观点②，他认为，"马克思从1843年开始研究和批判政治经济学之后，到1847年已掌握了政治经济学的对象并基本上建立了自己的剩余价值学说"③。卢森贝在1940年出版的《政治经济学史》中基本上持相同态度，认为《哲学的贫困》是马克思主义政治经济学发展中的重要阶段。马克思在这里已经完成了政治经济学的革命"④。后来，他又重申并阐发了这个观点，认为在"对'劳动——商品'的新理解中已经打下了它的基础。在《哲学的贫困》一书中，马克思讲的还是'劳动的价值'，但是，第一，他揭示了劳动这种商品的特殊属性：它创造的价值大于它本身的价值。第二，马克思指出了这个多余部分以利润的形式为资本家所占有，并不违反价值规律"。因此，"《哲学的贫困》是历史唯物主义方面的经典著作，也是政治经济学方面的经典著作"⑤。

维戈茨基不同意阿多拉茨基和卢森贝的看法，认为他们对《哲学的贫困》成熟程度的估计偏高，"未必能说在《哲学的贫困》中有对'劳动——商品'的新理解。至于说到'劳动——商品'创造的价值大于它本身的价值，那么斯密和李嘉图已经认识到这点了。……尽管马克思在《雇佣劳动与资本》中已经非常接近于在价值规律基础上解决劳动与资

---

① Д. И. Розенберг. Очерки развития экономического учения Маркса и Энгельса в сороковые годы ⅩⅠⅩ века. М.：Издательство академии наук СССР，1954：231.

② 20世纪30年代，阿多拉茨基根据马克思恩格斯有关《资本论》的书信，撰写了一篇长文《马克思写作〈资本论〉的劳作》，载《无产阶级革命》，1938年第9期。这是最早的一篇有关《资本论》创作史的专题论文，它介绍了马克思从1843年开始研究政治经济学，创作《资本论》的全过程。（马健行，郭继严. 近三十年来苏联学术界对《资本论》创作史的研究//《资本论》研究资料和动态，1981：第1辑. 南京：江苏人民出版社，1981.）

③ 阿多拉茨基选集. 北京：生活·读书·新知三联书店，1964：227.

④ 卢森贝. 政治经济学史. 北京：生活·读书·新知三联书店，1959：455.

⑤ 同①228.

第六章 《哲学的贫困》俄文版的编辑、出版与传播

本相交换的问题，但是他还没有加以证明"[1]。维戈茨基从以下三方面证明，《哲学的贫困》是包含马克思经济理论萌芽的著作，19世纪40年代后半期是马克思创立政治经济理论的起点。

第一，在《哲学的贫困》阶段，马克思没有对资产阶级古典经济学家经济理论的基本原理做彻底的、科学的批判，只能说明马克思经济理论还处于萌芽时期。维戈茨基认为，马克思对待资产阶级古典政治经济学的态度在很大程度上是判断马克思经济学观点是否成熟的标准。1844年，马克思完全否认劳动价值理论，意味着不存在为发展马克思主义经济理论本身所必需的出发点和前提。到了1847年，马克思放弃对古典政治经济学完全否定的态度，开始坚持李嘉图的价值理论。"这时马克思还没有克服古典学派的经济理论，因而也还没有制定出他自己的理论。……在《哲学的贫困》中所包含的对资产阶级政治经济学的批判，只是涉及它的一般方法论原则……马克思在《哲学的贫困》中所得出的对价值的一切基本规定，同李嘉图所作的规定是一致的"[2]。只有到19世纪50年代末、60年代前半期，马克思对资产阶级政治经济学做了深刻全面的批判分析，才是马克思经济理论在这个时期业已制定的证明。

第二，马克思货币理论的成熟程度是其价值理论成熟程度的标志。在《哲学的贫困》中，马克思基本赞同李嘉图货币理论，即"货币数量论"，只把货币作为流通手段来看待。马克思写道："在一切商品中，只有作为货币的金银不是由生产费用来确定的商品；这一点是确实无疑的，因为金银在流通中可以用纸币来代替。"[3] 维戈茨基指出："虽然马克思在《哲学的贫困》中提出了在商品生产条件下货币的必要性问题，但是他还没有解决这个货币理论的基本问题。"这个问题只有在马克思制定了他的价值理论后，作为价值理论的结果之一才有可能解决。"因此，马克思在1857—1858年经济学手稿中所制定的货币理论，同时也就成为马克思只是在这个手稿中第一次创立自己的价值理论的重要标志。"[4]

第三，马克思在各个不同历史时期对科学共产主义理论进行论证的

---

[1] В. С. Выгодский. История одного великого открытия К. Маркса. М.：Мысль，1965：31.
[2] 维戈茨基.《资本论》创作史. 福州：福建人民出版社，1983：3-4.
[3] 马克思恩格斯全集：第4卷. 北京：人民出版社，1958：125.
[4] 同②7.

程度，也是他的经济理论在不同时期成熟程度的重要标志。为了说明这个问题，维戈茨基举了马克思对待工人联合会为争取提高工资的态度的例子。他指出，由于在 19 世纪 40 年代，马克思还赞同一个错误观点，即"在资本主义条件下劳动力的正常价格与实际上最低限度的工资是相等的"[1]。因此，尽管在《哲学的贫困》中专门有一节讲罢工和工人同盟，马克思高度评价了工人联合会及工人罢工斗争的政治意义，但他却"低估了工人阶级通过罢工斗争和工人联合会活动来大大改变自己经济状况的可能性"。到了 1853 年，马克思在一篇发表在《纽约每日论坛报》上的义章中，对工人为争取提高工资而斗争的提法就已经不同了。他说，那种"认为罢工对'工人本身'的利益是极其有害的"的说法是不正确的，因为资本主义发展的周期性会引起工资的变化和与此有密切联系的雇主和工人之间经常不断的斗争。因此，维戈茨基认为，19 世纪 40 年代中期是马克思创立自己经济理论的起点。"为了完全克服资产阶级政治经济学，应当阐明自己的理论，而这一点马克思在这个时期还没有做到。不过，在《哲学的贫困》中马克思已经非常接近于制定自己的价值理论"了[2]。

维戈茨基的观点被大多数苏联学者采纳。他们认为，在 19 世纪 40 年代，马克思虽然论述到剩余价值问题，也相当接近于在价值规律基础上说明劳动与资本相交换的问题，但在当时并没有加以科学论证。因此，如果认为在 40 年代马克思就已经"基本上建立了自己的剩余价值学说"，或在《哲学的贫困》中就"已经完成了政治经济学的革命"，那是不恰当的，那就有意或无意地贬低了马克思后期成熟著作的价值[3]。

马雷什在其专著《马克思主义政治经济学的形成》中写道："毫无疑问，……《哲学的贫困》使人确信，马克思在当时总的来说很了解利润来自何处……但是这种一般的知识还不能决定马克思的经济学说的特点及其超过资产阶级古典作家学说的优越性。……说实在的，直到 1848 年，马克思所达到的对劳动与资本的关系问题的了解，还不可能

---

[1] 维戈茨基. 《资本论》创作史. 福州：福建人民出版社，1983：12.
[2] 同[1]20.
[3] 陈征，严正，林述舜. 评介国外部分学者对《资本论》的研究. 福州：福建人民出版社，1986：226.

第六章 《哲学的贫困》俄文版的编辑、出版与传播

有剩余价值理论。"① 马雷什认为"从马克思主义政治经济学的观点来看，《哲学的贫困》无论如何还不是经典著作，其中也没有足够的科学共产主义的经济学依据"②。尽管马克思在这部著作中第一次把自己称为德国经济学家，"但是不能不看到，到1847年的时候，马克思较为系统地研究政治经济学才仅仅三年多一点时间。恩格斯回忆说：'那时候，马克思还从来没有到过不列颠博物馆的阅览室。除了巴黎和布鲁塞尔图书馆的书籍，除了我的书籍和札记以外，他只是在我们于1845年夏天一起到英国作六星期的旅行的时候，浏览了曼彻斯特可以找到的书籍。'经济学观点的完整体系还没有形成。某些观点暂时还处于胎儿时期"③。

费多谢耶夫在其主编的马克思传记《卡尔·马克思》中也采用了维戈茨基和马雷什的观点，"在《哲学的贫困》中，马克思提出了他的剩余价值的一些最初原理。这些理论是他在后来写的著作中发挥的。""这本书对他说来可以说是政治经济学方面公开发表的处女作。"④ 可见，很多学者对《哲学的贫困》在马克思主义政治经济学领域的价值估量不同，但都认为它是马克思政治经济学研究的标志性著作。

综上所述，《哲学的贫困》是理解马克思思想发展的重要文本，其历史价值具有里程碑的意义。苏联学者从历史唯物主义与马克思主义政治经济学形成与发展史的角度审视《哲学的贫困》的历史地位，相关解读反映了马克思思想发展的历程，他们也在一定程度上分析了该文本的重要思想内涵，这对我们理解《哲学的贫困》的历史价值并生发其时代精神，具有一定的启示意义。在《哲学的贫困》发表170多年后的今天，我们应在深入解读它的同时把握马克思对"贫困的哲学"与"劳动的价值"的历史性书写及其实践启示，探求促进当代社会发展的科学路径。

---

① А. И. Малыш. Формирование марксистской политической экономии. М.：Издательство политической литературы，1966：198-199.
② 同①173.
③ 同①171-172.
④ 费多谢耶夫，等. 卡尔·马克思. 北京：生活·读书·新知三联书店，1980：145，141.

第七章 《共产党宣言》俄文版重要版本的比较研究

作为国际共产主义运动的第一份纲领性文件，《共产党宣言》是马克思主义史上传播最广的经典著作，自1848年公开出版以来，"它至少在70个国家以100多种文字出版1 000余次，总印数达3 000多万册"，在出版数量方面，大概只有《圣经》可以与之相比①。考证该著作在俄国及苏联时期的编辑、研究和传播情况，可以清楚地认识其历史价值和现实意义，从而准确把握《共产党宣言》文本思想与实践探索的内在关联。苏联时期编辑出版的《共产党宣言》版本众多，这些版本从翻译到编排逐渐完善，对其他国家译本具有重要影响。巴加图利亚和赵哈泽编辑的《共产党宣言》160周年纪念版是在苏联解体后出版的第一个重要俄译版本，与苏联时期最后一版的出版相隔21年。巴加图利亚在其中添加了许多新的注释，从现代角度对《共产党宣言》的思想做了重新解读。通过对《共产党宣言》俄文160周年纪念版与苏联时期重要版本的比较研究，可以把握当代俄罗斯马克思主义学者对马克思主义理论的新理解，这对我们深入解读《共产党宣言》的时代精神具有一定的启示意义。

---

① Г. А. Багатурия, Д. В. Джохадзе. Первая программа Союза коммунистов «Манифест коммунистической парти» в контексте истории. М.：Издательство ВИУ，2007：5.

第七章 《共产党宣言》俄文版重要版本的比较研究

一、《共产党宣言》在俄国十月革命前的重要版本

十月革命前，俄国革命者就已熟知《共产党宣言》，并纷纷将其翻译成俄文译本，想方设法输回俄国国内进行宣传。虽然当时的翻译者成分复杂，传播环境恶劣，但传播效果显著，《共产党宣言》在俄国的普及程度极高。这使得马克思主义在俄国日益深入人心，从而为十月革命的胜利打下坚实的理论基础。

1. 《共产党宣言》俄文版首译本考证

19世纪50—60年代，А. И. 赫尔岑、Н. Н. 柳巴温等侨居国外的俄国革命者都非常熟悉《共产党宣言》。1851年，同马克思通信的Н. И. 萨宗诺夫甚至还将德文版的《共产党宣言》翻译成法文。但在俄国，由于沙皇政府严酷的书报检查制度，哪怕是带有一点点《共产党宣言》词句暗示的印刷品都不允许出版，因此，《共产党宣言》的第一个俄译本是在日内瓦出版的。

1870年4月29日，马克思在得知《共产党宣言》俄译本出版后，他致信恩格斯说："给你寄去一本我们的《共产党宣言》的俄译本。我在《工人报》和其他报上看到，由巴枯宁继承的《钟声》出版社还有这个译本；因此我向日内瓦函购了六本。这对我们总是有意义的。"[①] 此后，在《共产党宣言》的1872年德文版序言、1882年俄文版序言和1888年英文版序言中，马克思恩格斯都曾提起过《共产党宣言》俄译本的情况[②]。但是，由于巴枯宁和马克思长期的恶劣关系，以及他对马克思主义的批判态度，让人很难相信他会翻译并出版这样一部马克思主义的经典著作；更何况这个由小号铅字印刷成的共24页的小册子，没

---

① 马克思恩格斯全集：第32卷. 北京：人民出版社，1974：478.
② 在《共产党宣言》1872年德文版序言中，马克思恩格斯指出："俄译本是60年代在日内瓦出版的。"（马克思恩格斯文集：第2卷. 北京：人民出版社，2009：5）1882年俄文版序言的第一句话就是："巴枯宁翻译的《共产党宣言》俄文第一版，60年代初由《钟声》印刷所出版。"（马克思恩格斯文集：第2卷. 北京：人民出版社，2009：7）在1888年英文版序言中，恩格斯写道："由巴枯宁翻译的第一个俄文本约于1863年在日内瓦由赫尔岑办的《钟声》印刷所出版。"（马克思恩格斯文集：第2卷. 北京：人民出版社，2009：13）

有封面和扉页，也没有指明作者、出版地点、出版时间及译者和出版社①。因此，一些苏联马克思主义学者十分怀疑这个版本的出版时间、出版地点以及译者。

在出版时间上，马克思恩格斯的说法是，《共产党宣言》的俄译本在19世纪60年代初刊行问世。特别是在1888年英文版序言中，恩格斯明确指出，"约于1863年"出版。但是，苏联马克思主义文献学家 Л. А. 列文经过考证，断定马克思恩格斯的说法"不准确"，有文献可以证明，《共产党宣言》最早的俄译本于1869年年底出版。1870年1月11日或23日，在俄国的维尔日勃洛沃边境站，沙俄宪兵队逮捕了一位从日内瓦来的名叫 В. 亚历山大·罗夫斯卡娅的女士，她是"涅恰也夫案件"②中的被告之一。当时，她"携带了大量违禁的宣传印刷品"，主要是巴枯宁和涅恰也夫思想的传单，但"其中也有一件与他们毫无共同之处的东西，就是《共产党宣言》的俄译本"③。1871年8月30日，俄国经济学家、民粹主义思想家、《资本论》俄文版的翻译者 Н. Ф. 丹尼尔逊（笔名为尼古拉-逊）曾在信中把这件事情告诉了马克思。

根据1873年出版的马克思恩格斯的《社会主义民主同盟和国际工人协会》一书第八部分"同盟在俄国"的内容④，我们可以得知，1869年3月，流亡的涅恰也夫来到日内瓦，他假冒根本不存在的"俄国革命委员会"代表与巴枯宁会面。巴枯宁非常喜欢和信任涅恰也夫，并和他一起以"世界革命联盟"的名义出版了《革命问题方法》和《革命原则》等一些小册子，这些小册子中就有《共产党宣言》俄译本。这一事实还可以通过1872年11月1日第一国际俄国支部成员 Н. И. 吴亭致马克思的信得到证实：

> 附上您的俄文单行本。它们来自1869年12月日内瓦出版的《人民裁判》第2期，尽管该期标题是《彼得堡，1870年冬》。这

---

① Л. А. Левин. «Манифест коммунистической партии» в России. М.：Госкультпросветиздат，1956：6.

② 马克思恩格斯全集：第18卷. 北京：人民出版社，1964：439.

③ Переписка К. Маркса и Ф. Энгельса с русскими политическими деятелями. Изд. 2-е. М.，1951：75.

④ 同②439－483.

第七章 《共产党宣言》俄文版重要版本的比较研究

是根据题为《未来社会制度的主要基础》这篇文章出的单行本,该文的附注中有如下一条:"读者可以在我们发表的《共产党宣言》这部著作中找到我们的基本原则在理论上的详细发挥;这里我们主要阐述实现这些原则的实际途径"。他们确实用俄文翻译了《共产党宣言》,并同其他小册子一起出版——这对您来说是多么的荣幸。①

这段文字虽然不能明确《共产党宣言》的翻译时间,但却能确定其出版时间,即1869年年底,出版的目的是进一步阐释巴枯宁和涅恰也夫的思想。

在出版地点上,苏联著名的图书编目家 Б. С. 施涅尔索认为,《共产党宣言》的第一个俄译本不是在日内瓦,而是在伦敦出版的②。现在看来,这个说法是不准确的。Л. А. 列文指出:第一,早在1865年,《钟声》印刷所就已经从伦敦迁往日内瓦了。而且马克思在1870年4月29日致恩格斯的信中明确说到,他从日内瓦的《钟声》印刷所订购了6册《共产党宣言》的俄译本。第二,日内瓦的印刷所——实际上是"自由俄国印刷所"——承印了由赫尔岑和奥格辽夫主办的俄国革命民主主义报纸《钟声》。在这份报纸的1870年4月第3~16号上曾屡次刊登一则公告:"在自由俄国的其他出版物中,近期可以花一法郎在《钟声》编辑社获得1847年的《共产党宣言》俄译本。"第三,《共产党宣言》俄译本所采用的铅字和纸张都和《钟声》所用的铅字和纸张类似③。

在译者方面,针对马克思恩格斯认为是巴枯宁的说法,Б. 科兹明发表文章对此表示质疑。他认为,巴枯宁在此前后的日记、书信和谈话录中从未提及此事,如果译者是他,"他是不会沉默的"④。还有人指出,巴枯宁和涅恰也夫是马克思主义的反对者,俄文首译本怎么可能由

---

① Переписка К. Маркса и Ф. Энгельса с русскими политическими деятелями. Изд. 2-е. М., 1951:63.

② Б. Шнеерсон. Опыт библиографии произведений Карла Маркса и Энгельса в русских переводах. М.:Красная новь,1924:149.

③ Л. А. Левин. «Манифест коммунистической партии» в России. М.:Госкультпросветиздат,1956:8.

④ Б. Козьмин. О первом русском переводе «Коммунистического Манифеста», Каторга и ссылка,1933(3).

他们翻译和出版呢？对于这些疑问，Л. А. 列文引用了 Н. И. 吴亭致马克思的信，来说明巴枯宁和涅恰也夫出版《共产党宣言》俄译本的原因："他们确实用俄文翻译了《共产党宣言》，并同其他小册子一起出版——这对您来说是多么的荣幸。这些骗子就这样把纲领攫为己有，同时又写文章歪曲和按自己的意思解释这个纲领，而这些文章又都与您给我单行本的那篇文章相类似。——里面没有一处提到您的姓名。"① Н. И. 吴亭的这番话也恰恰解释了巴枯宁的译本不大准确，甚至有些地方还歪曲了马克思恩格斯原意的原因。更为重要的是，巴枯宁和涅恰也夫试图利用《共产党宣言》的威信争取"世界革命联盟"在俄国的拥护者，并"使这个荒诞的实际组织计划具有一种理论基础的外观"②。

此外，Л. А. 列文还进一步指出：

> 巴枯宁是一个大阴谋家，他经常搞挑拨离间。应该把翻译《共产党宣言》这件事视为他耍两面派的手段之一，即尝试从共产国际内部"阴谋分化工人运动的领导者"。他非常清楚，马克思在第一国际和工人运动中起着什么样的作用。因此，他向马克思献媚，为的是取得马克思的信任，同时试着把马克思与第一国际里的拥护者隔离开。对此，巴枯宁很清楚，公开反对马克思，这意味着会立即失败。③

这种分析也可以从 1869 年 10 月 28 日巴枯宁写给赫尔岑的信中得到证实，这个时间恰恰是巴枯宁翻译《共产党宣言》的时间④。巴枯宁的《共产党宣言》译本基本只在俄国境外传播，因此，苏联国内也仅藏三本⑤。

尽管在时间上巴枯宁翻译的《共产党宣言》是首个俄译本，但苏联学者从不把《共产党宣言》俄文版的真正历史从这一版算起。在他们看

---

① Переписка К. Маркса и Ф. Энгельса с русскими политическими деятелями. Изд. 2-е. М. ： Государственное издательство политической литературы，1951：63.

② 马克思恩格斯全集：第 18 卷. 北京：人民出版社，1964：471.

③ Л. А. Левин. «Манифест коммунистической партии» в России. М. ： Госкультпросветиздат，1956：8-9.

④ М. Бакунин. Письма к А. Герцену и Н. П. Огареву. СПБ.，1906：34.

⑤ 其中两本在苏联马列主义研究院中保存，一本在苏联国家图书馆保存。(Л. А. Левин. «Манифесткоммунистическойпартии» в России. М. ： Госкультпросветиздат，1956：10.）

第七章 《共产党宣言》俄文版重要版本的比较研究

来,第一个《共产党宣言》的俄译本是由普列汉诺夫翻译、马克思恩格斯亲自作序、1882年5月在日内瓦出版的版本,这个版本也是俄国第一个马克思主义团体——劳动解放社的首个出版物①。不同于巴枯宁译本的形式粗糙、内容歪曲,普列汉诺夫译本具有以下两个显著的特点:

第一,收录内容丰富,结构安排合理。普列汉诺夫译本《共产党宣言》以1872年德文版为母本,除了正文和马克思恩格斯为本版作的序外,这个版本还包括译者的简短序言、1872年德文版序言,附录中则包含《法兰西内战》的片段、《国际工人协会章程》。此外,普列汉诺夫还为该版写了两个注释②。普列汉诺夫在序言中指出,将《法兰西内战》的片段放在附录中,是因为马克思恩格斯在1872年德文版序言中谈到粉碎资产阶级国家机器时,希望读者能够参考这部著作的内容③。对于普列汉诺夫的这个做法,恩格斯曾在1884年1月1日致伯恩施坦的信中给予称赞,"俄国人做得很对,他们已经把《内战》一书中的这个地方载入自己的《宣言》译本的附录"④。而将《国际工人协会章程》收入附录的原因在于:第一国际是根据在《共产党宣言》中第一次制定的原则而做的卓有成效的试验⑤。

第二,译文严谨准确,版本经典权威。对于译文本身,马克思恩格斯都曾给予高度的评价。特别是恩格斯在1883年6月29日致弗·阿·左尔格的信中说:"翻译《宣言》是异常困难的,俄译本是目前我看到的所有译本中最好的译本。"⑥ 这里的"俄译本"指的就是普列汉诺夫的译本。更重要的是,马克思恩格斯为这一版本写的序言具有经典意义。这篇序言是普列汉诺夫通过民粹派"俄国社会革命丛书"编辑 П. Л. 拉甫罗夫请求马克思写的,因为当时普列汉诺夫还不认识马克

---

① 众所周知,劳动解放社于1883年在日内瓦成立,而1882年出版的普列汉诺夫版《共产党宣言》是在劳动解放社成立之前,在民粹派的"俄国社会革命丛书"中出版的,但这个版本仍然被认为是劳动解放社的第一个出版物,这是因为该版本是根据受《共产党宣言》影响、在思想上转变到马克思主义立场上的普列汉诺夫的提议而翻译出版的。

② Л. А. Левин. «Манифест коммунистической партии» в России. М.: Госкультпросветиздат, 1956: 121.

③ 马克思恩格斯文集:第2卷. 北京:人民出版社,2009:6.

④ 马克思恩格斯全集:第36卷. 北京:人民出版社,1975:81.

⑤ Л. А. Левин. «Манифест коммунистической партии» в России. М.: Госкультпросветиздат, 1956: 18.

⑥ 同④46.

思。1882年1月，П. Л. 拉甫罗夫将普列汉诺夫翻译《共产党宣言》的事情告诉马克思：

> 我们正在出版"俄国社会革命丛书"，这套丛书的头两册已经给您寄去了……第二册的内容是1848年德国共产党人宣言的译文，附有某个年轻人（普列汉诺夫）、您最热情的学生之一所写的注释。我们将把第二版序言也收入这本书中。现在我想转到我们的请求上来，我们这里的"俄国社会革命丛书"编辑请求宣言的作者，也就是您和恩格斯，你们能否费心为我们的出版物专门写几行序言。我们的读者非常想知道，宣言的作者在1882年是怎样说明宣言的，这将在读者中赋予我们译文更大价值。如果您和恩格斯同意我们的请求，我们将万分感激。①

马克思恩格斯为新的俄译本的出版感到高兴，他们十分重视这篇序言。不久，也就是1882年1月23日，马克思将俄文版序言随信寄给了 П. Л. 拉甫罗夫。在这篇序言中，马克思恩格斯特别指出了俄国革命的前途，预测了俄国村社的命运。序言于1882年2月5日在俄国民意党的杂志《民意》上用俄文发表，4月13日在德国社会民主党中央机关报《社会民主党人报》上用德文发表，恩格斯在为1890年德文版《共产党宣言》所写的序言中也全文收入了这篇序言②。由此可见，1882年俄文版序言在19世纪末具有极大的理论价值和现实意义。

2. 从19世纪末到十月革命前夜《共产党宣言》俄文版的翻译出版情况

从1882年到1899年，俄国再没有出版过任何一版俄文版《共产党宣言》。到19世纪90年代末，普列汉诺夫译本也已经变成罕见的书了③。此时，随着俄国社会民主主义运动的深入展开，不论是俄国社会

---

① Переписка К. Маркса и Ф. Энгельса с русскими политическими деятелями. Изд. 2-е. М.：Государственное издательство политической литературы，1951：257.
② 马克思恩格斯文集：第2卷. 北京：人民出版社，2009：17-18.
③ 虽然在俄国曾经秘密地出版了普列汉诺夫版《共产党宣言》的胶印本、油印本和石印本，但是它们的印数有限，而且往往仅在印刷地，如莫斯科、彼得堡、下新城、喀山、萨马拉等地流传。其中有很多还没有与读者见面就被俄国警察没收了。

第七章 《共产党宣言》俄文版重要版本的比较研究

民主党人,还是进步人士都迫切地需要读到俄文版的《共产党宣言》。1898年,正值《共产党宣言》问世五十周年,普列汉诺夫开始准备再版他的译本。但是第2版直到一年多后才出版,主要是因为普列汉诺夫为写新的序言花去了很多时间。尽管这样就失去了纪念意义,但普列汉诺夫认为,只有附上一篇详细的序言,帮助读者弄清马克思恩格斯的基本思想,同时彻底揭露伯恩施坦、王德威尔得、桑巴特等修正主义者和其他一些"批评家"对《共产党宣言》的攻击和歪曲才是最有意义的。1900年夏,普列汉诺夫译本《共产党宣言》第2版在日内瓦"革命组织'社会民主党人'"出版社出版。同年,普列汉诺夫的新版序言以《阶级斗争学说的最初阶段》为书名在瓦尔纳用保加利亚文出版了单行本,1902年这篇序言又刊载于德国的《新时代》杂志上。1905年,普列汉诺夫译本《共产党宣言》在敖德萨出版了第3版①。在十月革命前,乃至革命胜利后的最初几年里,普列汉诺夫版的《共产党宣言》是被翻印最多的译本。

值得一提的是,列宁在萨马拉时期(1889—1893年),为了让萨马拉的马克思主义小组成员更好地学习和掌握马克思主义经典著作的思想,他把德文版《共产党宣言》翻译成俄文,以手稿的形式供大家传阅。但不幸的是,这份珍贵的译稿没有保存下来,在一次警察突然审查时,一位革命者的母亲由于害怕而将译稿销毁了。

1903年,"俄国无产阶级丛书"在日内瓦的库克林出版社出版了由 В. А. 波谢翻译的《共产党宣言》新译本。由于 В. А. 波谢与劳动解放社,特别是与普列汉诺夫的敌对关系,所以他极力诋毁普列汉诺夫科学而准确的翻译,这使得新版本的价值比普列汉诺夫版的低了很多②。

1905—1907年,第一次俄国革命爆发,俄国群众对革命书籍的需求极大增长,他们如饥似渴地阅读着以前被查禁的读物。而在革命浪潮的激荡下,沙皇政府被迫允许在俄国刊印马克思主义经典著作。在这种情况下,马克思恩格斯的著作在历史上第一次大规模地公开出版。其中,《共产党宣言》俄译本不论是从版本数量上来说,还是从翻译的数量上来说,在马克思主义著作中都占第一位。在这个时期,《共产党宣

---

① Л. А. Левин. «Манифест коммунистической партии» в России. М.: Госкультпросветиздат, 1956: 139-141.

② 同①36.

言》俄译本分为两种类型：受到书报检查的版本和没有受到书报检查而公开出版的版本。两种类型共有15个版本①：

（1）С. А. 阿列克谢耶夫译，《资产阶级、无产阶级和共产主义》，敖德萨 Е. М. 阿列克谢耶夫出版社1905年版，共48页，10 000册。

（2）普列汉诺夫译，《论共产主义》序言和第四章，敖德萨海燕出版社1905年版，共30页，8 000册。

（3）普列汉诺夫译，《论共产主义》及序言，敖德萨海燕出版社1905年版，共88页。

（4）С. А. 阿列克谢耶夫译，《资产阶级、无产阶级和共产主义》第2版（附德文版序言），敖德萨 Е. М. 阿列克谢耶夫出版社1905年版，共56页，5 000册。

（5）С. А. 阿列克谢耶夫译，《资产阶级、无产阶级和共产主义》第2版增补本（附德文版序言和普列汉诺夫俄文版序言），敖德萨 Е. М. 阿列克谢耶夫出版社1905年版，共28页，3 000册。

（6）Г. 陶布曼译，《历史哲学》，圣彼得堡铁锤出版社1905年版，共32页，4 000册。

（7）《现代阶级斗争》，敖德萨 М. С. 科兹曼出版社1905年版，共32页，1 500册。

（8）恰宾斯基主编的"《曙光》丛书"，《社会阶级和共产主义》，圣彼得堡1905年出版，共32页，14 000册。

（9）С. А. 阿列克谢耶夫译，《资本主义和共产主义》，莫斯科钟声出版社1905年版，共47页。

（10）普列汉诺夫译，《共产党宣言》，圣彼得堡新世界出版社1905年版。

（11）《共产党宣言》（附普列汉诺夫译及序言），圣彼得堡新世界出版社1905年版。

（12）В. А. 波谢译，《共产党宣言》（全译本，附马克思恩格斯的序言），圣彼得堡1906年出版。

（13）В. В. 沃洛夫斯基译，《共产党宣言》（附考茨基的序言），圣彼得堡知识出版社1906年版，共58页。

---

① Л. А. Левин. «Манифест коммунистической партии» в России. М.：Госкультпросветиздат，1956：47—51.

(14) Ш. 安德烈著，《共产党宣言。历史导言及其注解》，В. 沙阿译，圣彼得堡 Г. Ф. 利沃维奇出版社 1906 年版，第 11~59 页。

(15) Ш. 安德烈著，《〈共产党宣言〉导言及注解》，译自法文版，莫斯科彼得洛夫斯基丛书出版社 1906 年版，共 172 页。

在上述 15 个版本当中，前 9 个版本是遭到书报检查的版本，因此，它们的书名不得不更改，而内容也遭到了删减或窜改；后 6 个版本是没有遭到检查的，所以它们的内容是完整的。需要说明的是，在这些版本中，译文最优秀的是 1906 年 10 月出版的沃洛夫斯基译本，其上发表了马克思恩格斯为德文版所写的全部序言及注解。Л. А. 列文认为，这个版本"是第一个公开出版的布尔什维克的《宣言》版本"，"只有普列汉诺夫的译文才能与之相比"①。更为重要的是，在翻译过程中，沃洛夫斯基注重译文的真实性，而不是为了使文字优美而随意对待原文，他还努力改正普列汉诺夫译本中一些不确切的表述和政治性的错误，从而让这个译本更加富有战斗性。

1908—1917 年，第一次俄国革命失败后，马克思主义著作在俄国的出版骤然减少。由于反动势力的反扑，许多位于莫斯科和彼得堡的布尔什维克出版社遭到查封，流传广泛的马克思主义著作的出版受到管制，因此，直到 1916 年年底，没有翻译、出版或翻印过任何一版《共产党宣言》。此外，由于 1905—1907 年马克思主义著作在俄国国内的大量公开出版，在国外出版逐渐失去了意义。随着彼得堡、莫斯科和敖德萨日益成为出版马克思恩格斯著作的中心，日内瓦的出版工作也基本停止了。即使在革命失败后，在国外出版俄文版马克思主义著作的工作也没有恢复。

二、《共产党宣言》俄文 160 周年纪念版与苏联时期重要版本比较

十月革命胜利后，俄国人民迫切渴望读到马克思恩格斯的著作，因此，《共产党宣言》成为"最受欢迎、最畅销以及是所有有觉悟的工人

---

① Л. А. Левин. «Манифест коммунистической партии» в России. М.: Госкультпросветиздат, 1956: 151.

必备的书",这部著作仅在1917年就出版了不少于25版,从1917到1923年又出版了69版。相对于同时期的其他单行本来说,它的印数也非常可观,达到了10余万册。在此期间,《共产党宣言》的俄译本有9～10种,一般只有普列汉诺夫和沃洛夫斯基的译本才能在莫斯科和彼得堡的中央出版社出版①。

在苏联历史上,《共产党宣言》是版本最多的马克思主义经典著作之一。1923年,马克思恩格斯研究院编辑出版的第一本马克思主义经典著作就是由达·梁赞诺夫作序及注释的普列汉诺夫译本《共产党宣言》②。从这个版本开始,直至1986年出版的最后一版,在苏联时期,《共产党宣言》几乎3—5年要再版一次。如此高频次的再版并不是简单重印,而是经过专家认真修订的。2007年,时值《共产党宣言》问世160周年,《马克思恩格斯全集》历史考证版编委会主席格·亚·巴加图利亚和俄罗斯科学院哲学研究所"马克思主义研究中心"基金主席达·维·赵哈泽共同编辑出版了《共产主义者同盟的第一个纲领。历史语境中的〈共产党宣言〉》。这是苏联解体后《共产党宣言》第一个俄文本。关于在俄罗斯再版《共产党宣言》的原因,巴加图利亚在序言中指出:第一,将《共产主义信条草案》《共产主义原理》和《共产党宣言》三份文件放在一起进行对比分析,"可以使我们更深刻地理解《共产党宣言》的内容",并"使我们对马克思主义奠基人的这部名著有新的理解"。第二,新的历史考证版(MEGA^2)尽管已出版111册(58册正文卷,53册附属材料卷),但收录《共产党宣言》的那一卷还没有出版,因此,在新世纪,对《共产党宣言》的内容做新的注释以及对一些重要原理做新的评注是十分必要的③。可以说,巴加图利亚版《共产党宣言》问世的意义重大,它是新时期俄罗斯马克思主义学家根据全新的资料对《共产党宣言》所做的修订;巴加图利亚写的注释和评注为我们理解马克思主义基本理论提供了新思路。在此,我们将该版本与苏联时期的重要版本从版本结构及注释两个方面加以比

---

① Литературное наследство К. Маркса и Ф. Энгельса: История публикации и изучения в СССР. М.: Политиздат, 1969:94.

② Л. А. Левин. Библиография произведений К. Маркса и Ф. Энгельса. М.: Государственное издательство, 1948:163.

③ Г. А. Багатурия, Д. В. Джохадзе. Первая программа Союза коммунистов «Манифест коммунистической партии» в контексте истории. М.: Издательство ВИУ, 2007:8-9.

第七章 《共产党宣言》俄文版重要版本的比较研究

较分析，以梳理苏联及苏联解体后的俄罗斯各历史时期马克思主义学者对《共产党宣言》的理解。

1. 关于《共产党宣言》版本结构的比较

《共产党宣言》在苏联时期比较有价值的俄文版是梁赞诺夫版（1923年）、阿多拉茨基版（1932年）、马恩列研究院编译版（1939年），以及100周年纪念版（1948年）。除梁赞诺夫版外，其他单行本的结构相似，都没有卷末注释和附录，只有脚注。

1923年，正值《共产党宣言》发表75周年，梁赞诺夫主编了以普列汉诺夫译本为基础的俄文版《共产党宣言》，并为之作序。苏联学者认为，作为科学的俄译本起源的普列汉诺夫译本尽管与巴枯宁译本在性质上根本不同，但仍有许多曲解马克思恩格斯思想的地方，特别是与列宁的思想比较而言，一些错误的术语和不精确的表达，"由于普列汉诺夫转向了孟什维克的立场，而越来越成为他的机会主义观点的后盾"[①]。梁赞诺夫版再版了3次，编者每次都对脚注、评注和附录做新的修改和增补，并重新作序。尤其值得一提的是第3版，这一版为64开本，共388页。梁赞诺夫为该版《共产党宣言》设计了丰富的内容，收录了当时能够找到的一切与《共产党宣言》有关的历史文献，其中包括：《共产党宣言》第一、二版序言，梁赞诺夫撰写的《共产主义者同盟》，恩格斯的《1847年的运动》[②]，《共产党宣言》1872年、1883年及1890年德文版序言，1892年波兰文版序言，1893年意大利文版序言[③]，梁赞诺夫编写的63条注释[④]，附录、插图页及名称索引。附录里收录了《共产主义杂志》、恩

---

① И. Прейс. Юбилейное издание «Манифеста Коммунистической партии». Большевик, 1948（4）.

② 这两篇文章被梁赞诺夫称为"历史引言"（историческое введение）。

③ 恩格斯的波兰文版和意大利文版序言在梁赞诺夫版《共产党宣言》第2版中首次以俄文发表。

④ 梁赞诺夫曾在第2版序言中开篇声明："为了避免误会，我必须强调，我暂时还没有做评注（комментария），而只是做了一些注释（примечания）。……在与听众和学员的实际交往中对这部理论思想著作做些评注是一回事，而把评注写在纸上则又是另一回事。后者要求大量的、耐心细致的准备工作，不然许多论证就会根据不足，或引起争论，特别是在那些传统的解释需要重新认真斟酌的地方更是如此。"在第3版中，梁赞诺夫"根据C. 瓦西里契科同志的建议并在他的帮助下，为注释加上了标题，它们多多少少能够代替内容索引"。"这也是第二版与第一版相区别的地方"。

格斯的《共产主义原理》《共产主义者同盟章程》《共产党在德国的要求》等。梁赞诺夫认为,"只有把握《共产党宣言》产生的那个历史时代才能理解它"①,也就是说,只有依靠与之相关的历史文献才能更深入地理解《共产党宣言》的思想精髓。1929 年,梁赞诺夫版《共产党宣言》与《共产主义原理》的译文被收入《马克思恩格斯全集》俄文 1 版第 5 卷。

1932 年,阿多拉茨基主编的《共产党宣言》在莫斯科党内出版社出版。该版译文以 B. B. 沃洛夫斯基译本为基础,并参考德文版及 1888 年英文版《共产党宣言》做了认真的修订。阿多拉茨基版第一次采用了列宁翻译的《共产党宣言》的个别片段②。1932—1938 年,该版《共产党宣言》多次被重印。阿多拉茨基版与梁赞诺夫版相比较,整体内容较为精炼,基本不包括相关历史文献,此后苏联时期出版的《共产党宣言》单行本都沿袭此风格。阿多拉茨基版为 32 开本,共 47 页。具体内容包括:阿多拉茨基撰写的序言,1872 年、1883 年及 1890 年德文版序言,1892 年波兰文版序言,1893 年意大利文版序言,《共产党宣言》正文。本版无插图页,无卷末注释及附录。其脚注采用恩格斯为德文版和英文版做的注③。

1938 年 11 月 14 日,联共(布)中央委员会下发了《关于〈联共(布)党史简明教程〉出版后的宣传工作的决议》,向马恩列研究院提出了"翻译严谨科学的和完全精确的马克思主义经典著作的任务"。马恩列研究院实施这项重大任务是从 1939 年校译并出版《共产党宣言》修订版开始的。同时,马恩列研究院还出版了该译本的德俄文对照版。1939 年版《共产党宣言》和以前版本相比较,主要是大量采用了列宁的术语,即使"列宁的著作中没有字对字的直译,也必须尽量利用他间接反映和发展《共产党宣言》基本思想的译法"④。该版被 Л. А. 列文

---

① К. Маркс и Ф. Энгельс. Коммунистический манифест. Третье дополненное издание. М. Государственное издательство, 1923: 1.

② И. Прейс. Юбилейное издание «Манифеста Коммунистической партии». Большевик, 1948 (4).

③ К. Маркс и Ф. Энгельс. Манифест Коммунистический партии. М.: Партийное издательство, 1932.

④ 同②.

第七章 《共产党宣言》俄文版重要版本的比较研究

称赞为"马克思恩格斯天才著作已有的俄文译本中最准确的译本"。①该版除正文外,还收录了各版序言,附录中收录了恩格斯的《共产主义原理》和《共产主义者同盟章程》,马恩列研究院还专门作了序言。1939年版译文被收入1940年版的《卡尔·马克思文选》(两卷集)第1卷。1940—1945年苏联出版的《共产党宣言》单行本大都是根据《卡尔·马克思文选》的文本印制的。

1948年,《共产党宣言》问世100周年,马恩列研究院在国家政治文献出版社出版了《共产党宣言》纪念版,其形式为普及版和德俄文对照版两种版本。该版以1939年版的译文为基础,根据原文重新修订了正文和序言。100周年纪念版的主要特色为"在脚注中更充分地指出了《共产党宣言》第一版与马克思恩格斯在世时出版的各个版本的区别"②。1955年,100周年纪念版的译文被收入《马克思恩格斯全集》俄文2版第4卷,增加了卷末注释。此后,苏联马列主义研究院出版的各版《共产党宣言》单行本译文皆出自《马克思恩格斯全集》第4卷的文本,在结构上,基本为7个作者序言加正文。

2007年出版的巴加图利亚版《共产党宣言》收录了巴加图利亚为该书作的序言、恩格斯的《共产主义信条草案》和《共产主义原理》、正文、7篇作者序言、巴加图利亚撰写的85条注释和15条评注③、俄罗斯学者关于《共产党宣言》的5篇研究论文④、名目索引等。巴加图利亚版的价值在于:第一,它将《共产党宣言》的第一个文稿《共产主义信条草案》收录其中。1968年瑞士马克思学家伯尔特·安德列阿斯在汉堡的一个图书馆里发现了共产主义者同盟第一次代表大会的一系列

---

① ② Л. А. Левин. Библиография произведений К. Маркса и Ф. Энгельса. М.: Государственное издательство, 1948:187.

③ 15条评注分别是:工人阶级,暴力革命,革命的国际特征,阶级斗争,社会两极化,国家的本质,草稿中的一页,私有制的消灭,无产阶级专政,过渡的措施,国家的消亡,终极目标,第三章提纲,革命的前景,唯物史观的本质。

④ 5篇文章分别是:格·亚·巴加图利亚的《〈共产党宣言〉的理论内容形成与逻辑结构》,达·维·赵哈泽的《〈共产党宣言〉——反对人的奴役、压迫和社会剥削,反对现代世界文明的野蛮的国际抗议书》,阿·捷·德罗班的《〈共产党宣言〉是21世纪国际共产主义运动的纲领。永恒的真理和必然的复兴》,弗·奥·基谢廖夫的《一切人的自由——马克思主义的首要目的》,尤·孔·普列特尼科夫的《〈共产党宣言〉和劳动与资本的现代对抗》。

文献，其中包括恩格斯的《共产主义信条草案》①。这部反映《共产党宣言》最初阶段的重要文献对重新理解《共产党宣言》的思想内容具有重要意义。第二，巴加图利亚凭借深厚的马克思主义理论功底，为《共产党宣言》重新编写了85条注释和15条评注。历史上许多经典的文献还不曾像《共产党宣言》一样，在出版170多年之后，其理论意义和现实价值依然长青。但是，在当今时代，深入理解《共产党宣言》的意义，必须联系其产生的历史背景，还必须结合当代现实，这就需要编研者通过详尽的注释予以大量的补充和分析。巴加图利亚正是在这方面做出了学术努力。

2. 关于《共产党宣言》卷末注释的比较

梁赞诺夫认为，《共产党宣言》的"评注应满足以下要求：一是它应表明社会革命运动的历史背景，《共产党宣言》作为第一个国际共产主义组织纲领，是由这个运动的实际需要产生的；二是它应考察《共产党宣言》基本思想的起因，并以此确定这部著作在人类思想史上的地位，同时还应证明马克思恩格斯在《共产党宣言》中所反映出的前无古人的真实贡献；三是应当指出它在哪些方面经受住了时代的检验，哪些部分还需要修改和补充"。因此，梁赞诺夫拒绝给他所编辑的《共产党宣言》作评注，"而决定只限于做些必要的注释"②。

1932年阿多拉茨基版单行本《共产党宣言》没有注释和评注。1940年《卡尔·马克思文选》（两卷集）版中的《共产党宣言》共有注释25条，其中9条为恩格斯在1888年英文版和1890年德文版中做的注，16条为编者注。在编者注中，有11条为说明某个词句在其他版本中的表述或该版本较其他版本增加或减少的词句，还有2条后来直接收

---

① 《共产主义信条草案》是恩格斯为在伦敦召开的正义者同盟（共产主义者同盟）第一次代表大会撰写的纲领草案，写于1847年6月前，在发现之前被认为已遗失。1969年这部文献第一次用原文发表在《共产主义者同盟创立文件》上，1970年柏林出版的《共产主义者同盟。文件和资料》中再次发表了德文全文。同年，《苏共历史问题》杂志第1期发表了《共产主义信条草案》的俄译文。在1971和1972年，这部文献分别被译成英文和法文在纽约和巴黎发表。（Г. А. Багатурия，Д. В. Джохадзе. Первая программа Союза коммунистов «Манифест коммунистической партии» в контексте истории. М.：Издательство ВИУ，2007：8-9.）

② К. Маркс и Ф. Энгельс. Коммунистический манифест. Третье дополненное издание. М. Государственное издательство，1923：4，7.

第七章 《共产党宣言》俄文版重要版本的比较研究

入《马克思恩格斯全集》俄文 2 版第 4 卷①，另外 3 条"工人没有祖国""国家即组织成为统治阶级的无产阶级""关于未来国家的十条"的解释则带有强烈的 20 世纪 30 年代苏联政治色彩②，没有被收入《马克思恩格斯全集》俄文 2 版第 4 卷中。

巴加图利亚版《共产党宣言》卷末注释共 85 条，第 20 条至第 35 条（共 16 条）属于正文注释。在这 16 条中，有 5 条与《马克思恩格斯全集》俄文 2 版的注释（第 217~221 条）相同，其余新增 11 条中，除人名解释或专有名词解释外，比较有价值的为如下 4 条：

第一，在《共产党宣言》正文引言部分的最后一段，马克思写道："为了这个目的，各国共产党人集会于伦敦，拟定了如下的宣言，用英文、法文、德文、意大利文、佛拉芒文和丹麦文公布于世。"③ 巴加图利亚为这段话加了注释："在拟定的发表计划中，我们只知道 1848 年的第一个德文版和 1850 年的第一个英文版。1848 年还出版了书名有些改动的瑞典文版：Kommunismens Rost. Forklaring af det Kommunistiska Partiet, offentliggjord i Februari 1848. Stockholm 1848（共产主义宣言。1848 年 2 月出版的《共产党宣言》。斯德哥尔摩，1848）"④。

事实也是如此。1848 年 2 月，德文版《共产党宣言》第一次在伦敦出版，作者没有署名。继德文版《共产党宣言》之后，1848 年在斯德哥尔摩出版了第一个外文版，即瑞典文版。该版译者是谁现在还不清楚，一说是哥特莱克，一说是约博格。关于这些人与马克思恩格斯的关系也尚不清楚。目前可以确定的是，瑞典文版是根据同盟第二次代表大会的补充决议出版的，因此，马克思在正文中没有提到瑞典文的版本。但可以作为辅证的是，1848 年在伦敦的同盟成员中有若干瑞典人，哥

---

① 参见《马克思恩格斯全集》中文 1 版第 4 卷的《共产党宣言》中"劳动的价格"（注释第 219 条）和"青年英国"（注释第 220 条）。由于《马克思恩格斯全集》中文 1 版是以俄文 2 版为母版编译的，所以笔者下述有关《共产党宣言》在《马克思恩格斯全集》俄文 2 版的引文均引自中文 1 版。

② Карл Маркс. Избранные произведения. Т. 1. М.：Государственное издательство политической литературы，1940：154-156.

③ 马克思恩格斯文集：第 2 卷. 北京：人民出版社，2009：30.

④ Г. А. Багатурия, Д. В. Джохадзе. Первая программа Союза коммунистов «Манифест коммунистической парти» в контексте истории. М.：Издательство ВИУ，2007：137-138.

特莱克在1847年和1848年就了解了同盟的文件。他曾促进了在斯德哥尔摩的共产主义协会的成立①。

英文版《共产党宣言》1850年11月在英国宪章派的机关刊物《红色共和党人》上发表，它是第二个外文版。译者为艾琳·麦克法林。1848年4月，恩格斯曾试图将《共产党宣言》译成英文，但由于当时革命斗争激烈，翻译工作不得不搁置。艾琳·麦克法林在马克思恩格斯的同意和帮助下，比较忠实地翻译了《共产党宣言》，只是把书名改成了《德国共产党宣言》，删去了一些段落和章节的标题，第四章的内容也不全。《红色共和党人》杂志由宪章派领袖乔·朱·哈尼领导，他是马克思恩格斯的朋友，伦敦共产主义通讯委员会成员。在序言中，哈尼第一次指出了这本书的作者②。

从1850年《共产党宣言》英文版发表到1869年俄文版问世，在相隔近20年的时间里，《共产党宣言》没有出版过其他文字的版本。尽管立即将《共产党宣言》翻译成英文、法文、意大利文、佛拉芒文和丹麦文是共产主义者同盟第二次代表大会的决议，但要实现这个决议极其艰难。主要原因在于：首先，"在《宣言》发表后仅仅几天，1848年2月底，欧洲革命的爆发突出了许多全新的问题。中央委员会以及几乎全体盟员在短时间内多次变换了他们活动的地点，联系中断了，经费被用于其他的目的"③。其次，"翻译《宣言》是异常困难的"④，"因为涉及全新的内容，对于这些内容当时并不是各国的语言都有相应的概念。而且也因为这一新的内容极其紧凑，表达的语言又极其优美，因而还要加上翻译一种文学艺术作品所常有的一般困难"。"1848年至1850年参加把《宣言》翻成法文、意大利文和西班牙文的有艾韦贝克和德朗克以及其他在巴黎的同盟盟员，但却没有任何付印的可能。马克思和恩格斯提到过的那种《宣言》的法译本可能在1848年6月起义前不久在巴黎出版，现应视为业已佚失。关于译成佛莱米文（即佛拉芒文。——引者）的尝试已不可考，而在伦敦付印的丹麦文和波兰文译本迄今没有发现过一本。"⑤ 因此，《马克思恩格斯全集》第4卷关于《共产党宣言》的"题

---

① ② 赵小军.《共产党宣言》在世界各国的传播. 当代世界与社会主义，1984（2）.
③ 洪特.《共产党宣言》是怎样产生的. 北京：商务印书馆，1979：116.
④ 马克思恩格斯全集：第36卷. 北京：人民出版社，1975：46.
⑤ 同③116-117.

第七章 《共产党宣言》俄文版重要版本的比较研究

注"中有这样一段话:"1848年'宣言'同时又被翻译成许多种欧洲文字(法文、波兰文、意大利文、丹麦文、弗拉曼特文(即佛拉芒文。——引者)和瑞典文)。"① 巴加图利亚指出,"大概它们并不是在那时出版的"②。

第二,关于资本主义经济危机,《共产党宣言》指出:"只要指出在周期性的重复中越来越危及整个资产阶级社会生存的商业危机就够了"③。巴加图利亚认为:"这里可能指的是,恰恰是深刻的经济危机最终导致革命性的社会变革。马克思恩格斯观点的进一步发展使他们更加明确经济危机同革命之间的关系。在他们观点进化的基础上,存在着对1848—1849年欧洲革命和1857年第一次世界经济危机的经验分析,以及对资本主义生产方式结构的深入研究。他们的结论是:经济危机是资本主义基本矛盾、社会生产力发展与生产资料私人所有制之间的矛盾的表现;经济危机是资本主义生产发展的周期性特征的表现;它能够为革命过程的发展创造条件,但它不会自动导致社会的革命性变革。"④

第三,《共产党宣言》指出:"思想的历史除了证明精神生产随着物质生产的改造而改造,还证明了什么呢?任何一个时代的统治思想都不过是统治阶级的思想。"⑤ 巴加图利亚认为,马克思恩格斯在《德意志意识形态》中曾明确地表述和论证过这个原理:"统治阶级的思想在每一时代都是占统治地位的思想。这就是说,一个阶级是社会上占统治地位的**物质**力量,同时也是社会上占统治地位的**精神**力量。支配着物质生产资料的阶级,同时也支配着精神生产资料,因此,那些没有精神生产资料的人的思想,一般地是隶属于这个阶级的。占统治地位的思想不过是占统治地位的物质关系在观念上的表现,不过是以思想的形式表现出来的占统治地位的物质关系;因而,这就是那些使某一个阶级成为统治阶级的关系在观念上的表现,因而这也就是这个阶级的统治的思想。此外,构成统治阶级的各个个人也都具有意识,因而他们也会思维;既然他们作为一个阶级进行统治,并且决定着某一历史时代的整个面貌,那

---

① 马克思恩格斯全集:第4卷. 北京:人民出版社,1958:627.
② Г. А. Багатурия, Д. В. Джохадзе. Первая программа Союза коммунистов «Манифест коммунистической парти» в контексте истории. М.:Издательство ВИУ, 2007:136.
③ 马克思恩格斯文集:第2卷. 北京:人民出版社,2009:37.
④ 同②139.
⑤ 同③51.

么，不言而喻，他们在这个历史时代的一切领域中也会这样做，就是说，他们还作为思维着的人，作为思想的生产者进行统治，他们调节着自己时代的思想的生产和分配；而这就意味着他们的思想是一个时代的占统治地位的思想。"①

第四，巴加图利亚为"全世界无产者，联合起来！"这句话的出处做了一处注释："这句口号第一次出现在共产主义者同盟的章程草案中，在1847年6月9日共产主义者同盟第一次代表大会的最后一次会议上接受了这句口号；它第一次被发表，是在1847年9月的《共产主义杂志》的试刊号中。"② 1847年6月2—9日，共产主义者同盟第一次代表大会在伦敦召开，这次大会的主要目的是建立新型的政党，即第一个世界无产阶级革命政党的组织机构。"必要的、重大的变动首先反映在由代表大会所通过的章程草案上。作为第一个文件，这一章程包含有'共产主义者同盟'这一新名称，同盟新的口号不再是'人人皆兄弟'，而是'全世界无产者，联合起来！'"③ 这个口号是大会根据马克思和恩格斯的建议修改的，并将其写在了同盟新章程的开头④。《共产主义杂志》是共产主义者同盟第一次代表大会与会代表一致同意在伦敦出版的机关刊物，原定于1847年7月出版试刊号，但由于经费和其他方面的困难，试刊号的出版日期由7月改到8月，最后又改到9月。"在杂志的扉页上第一次出现了同盟第一次代表大会通过的口号'全世界无产者，联合起来！'"试刊号出版后，原定于1848年年初开始定期出版，但这个计划未能实现，原因不明⑤。

---

① 马克思恩格斯文集：第1卷. 北京：人民出版社，2009：550-551.
② Г. А. Багатурия, Д. В. Джохадзе. Первая программа Союза коммунистов «Манифест коммунистической партии» в контексте истории. М.：Издательство ВИУ，2007：142.
③ 洪特.《共产党宣言》是怎样产生的. 北京：商务印书馆，1979：81.
④ 马克思恩格斯全集：第42卷. 北京：人民出版社，1979：419.
⑤ 《国际共产主义运动史文献》编辑委员会. 共产主义者同盟文件和资料：Ⅰ. 北京：中国人民大学出版社，1989：766.

第八章　苏联学者对《反杜林论》的编辑、出版与研究

恩格斯在《反杜林论》中对杜林的批判以及反对杜林主义的斗争，捍卫和发展了马克思主义，不仅使德国社会民主党摆脱了杜林主义的影响，确立了正确的思想理论基础，还有力地推动了国际工人运动，促进了马克思主义在世界各国的迅速传播和发展。《反杜林论》一书在世界各国的广泛传播，甚至超出了恩格斯的意料。1884年4月11日，恩格斯获悉《反杜林论》在德国及其他国家，特别是在俄国产生了巨大影响后，写信给伯恩施坦说："对于随书寄来的《杜林》，我费了一点脑筋，后来认为是误寄给我的，也就放心地搁在一边了。我根本没有想到，这是暗示要出第二版。使我很高兴的是，事情果然如此，尤其是现在各方面都告诉我，这本东西产生了完全出乎我意料的影响，特别是在俄国。可见，尽管同不足道的对手进行论战不可避免具有枯燥的性质，但是我们百科全书式地概述了我们在哲学、自然科学和历史问题上的观点，还是起了作用。"① 140余年来，《反杜林论》以多种语言出版了各种版本，这些版本的传播在很大程度上反映了不同时代的人理解《反杜林论》的历史经验。特别是在俄国十月革命前后的传播，以及苏联马克思主义学者对《反杜林论》的研究和解读，对于我们更好地了解《反杜林论》的思想内涵及其在马克思主义哲学史上的重要地位具有启示意义。

---

① 恩格斯与伯恩施坦通信集（1879—1895年）. 北京：人民出版社，1982：326.

一、《反杜林论》在俄国十月革命前后的出版与传播

众所周知,马克思恩格斯十分重视俄国的革命运动,并与俄国革命家有着密切的联系。1878年7月16日,《反杜林论》刚刚出版一个星期,恩格斯就写信给 B. H. 斯米尔诺夫说,前一天已经寄给他了一本"反对杜林的著作",并请斯米尔诺夫告知他拉甫罗夫和洛帕廷的地址,恩格斯想把这本书也邮寄给他们[①]。最后,恩格斯从施米特那里得知了拉甫罗夫的地址,并于1878年8月10日写信给他说:"希望您已收到我昨天给您寄去的一本我的反对杜林的小册子。如果我有您现在的地址的话,我早就会把它寄出的。"[②] 一天后,拉甫罗夫回信说,"我刚刚收到您的令人愉快的信和您关于杜林的著作,我早就想看它了,并且已经在《前进报》上读了一半……"[③] 那时,杜林主义在俄国知识界,特别是在革命青年中间有很大的影响,传播十分广泛,被俄国的小资产阶级作家当作理论武器。如果恩格斯的《反杜林论》能在俄国翻译和传播,揭露杜林理论的庸俗社会主义的内核,对于促进俄国革命的发展和引导俄国进步青年的思想具有十分重要的意义[④]。因此,当拉甫罗夫读过《反杜林论》后,他就写信给俄国的革命家,让他们关注这本书,"请注意恩格斯刚刚出版的一本关于杜林的小册子;这是一个非常严厉的批判,但包含了许多关于一般性问题的理论"[⑤]。

与马克思主义奠基人有密切联系的另一位俄国革命家 M. 柯瓦列夫斯基从马克思那里得到一本《反杜林论》,他很快就将这本书转交给了 H. И. 季别尔。1879年,H. И. 季别尔在柯瓦列夫斯基主编的《批判评论》杂志第15期上发表了对《反杜林论》的评论,文章大部分是摘要。同年,《语言》杂志第11期也刊登了 H. И. 季别尔以《辩证法在科学中的应用》为题的评论性文章。这篇文章节译了《反杜林论》第一编

[①] 马克思恩格斯全集:第34卷. 北京:人民出版社,1972:310.
[②] 同①314.
[③] К. Маркс, Ф. Энгельс и революционная Россия. М.:Политиздат,1967:348-349.
[④] В. Шульгин. 《Анти-Дюринг》в России 70-х годов//Звенья:Ⅷ. М.,1950.
[⑤] А. И. Володин. 《Анти-Дюринг》Ф. Энгельса и общественная мысль России 19 века. М.:Издательство《Мысль》,1978:92.

第八章 苏联学者对《反杜林论》的编辑、出版与研究

和第二编前三章。Н. И. 季别尔发表的这两篇评论使得当时的俄国读者获得了了解马克思主义理论最核心的原理——唯物主义辩证法的可能，因此，Н. И. 季别尔也被评价为"《反杜林论》的第一个普及者、评论者和翻译者"①。1894年，《反杜林论》第3版在斯图加特出版。同年，沙皇俄国书报审查机关颁布法令禁止它在俄国出版和传播。禁止的原因是，恩格斯在其著作中"证明了由于现代资本主义生产方式所造成的不正常的社会经济生活，导致了社会主义革命的必然性"。因此，他们认为，《反杜林论》是一本"社会主义教义问答手册"，是民主党人进行宣传的"危险武器"②。尽管如此，19世纪80—90年代，《反杜林论》的部分章节还是在俄国被半公开地或秘密地发表过几次，并成为"首批俄国马克思主义者的思想武器"③。

19世纪80年代初，曾有一本缩略版的《反杜林论》译本在莫斯科的"翻译者和出版者协会"出版④。1884年，劳动解放社出版了由查苏利奇翻译的小册子《社会主义从空想到科学的发展》，《反杜林论》中的"暴力论"一章被作为附录收录其中。列宁高度评价了这个译本，认为查苏利奇这个工作是第一次尝试用俄语翻译《反杜林论》的理论财富。19世纪90年代初，莫斯科马克思主义小组成员翻译了一系列《反杜林论》的片段，并发表在杂志上⑤。彼得堡、喀山、莫斯科、萨马拉等许多城市的地下小组都学习和研究恩格斯这部著作，将其中的思想广泛地运用在理论斗争中。值得提及的是，1889年至1893年，列宁在萨马拉生活时期阅读了《反杜林论》，并撰写了关于这部著作的内容概要，但这份概要没能保存下来⑥。

1904年，《反杜林论》俄译本在彼得堡 В. 雅科温科出版社出版，印数为2 450册。该书的书名为《哲学、政治经济学、社会主义（杜林

---

① А. И. Володин. «Анти-Дюринг» Ф. Энгельса и общественная мысль России 19 века. М. : Издательство «Мысль», 1978：136.
② 同①196-197.
③ 同①184.
④ О. Калекина. Издание марксистской литературы в России конца 19 в. М. : Госполитиздат，1957：89.
⑤ Л. А. Левин. Библиография произведений К. Маркса и Ф. Энгельса. М. : Госкультпросветиздат，1948：131.
⑥ Ю. П. Шарапов. Ленин как читатель. М. : Издательство политической литературы，1983：39.

在科学中实行的变革)》，没有署译者的名字，实际上，它是由孟什维克Л·马尔托夫（Л. Мартов，策杰尔包姆）根据德文第3版翻译的。7月24日，已经印好的但之前没有进行审查的译著被报送给了彼得堡书报审查委员会。审查官索科洛夫很快就查明，这是一本伪装了书名，在1894年就禁止在俄国翻译出版的恩格斯著作。为了不承担这部书未经审查就被出版的责任，审查官向彼得堡委员会提交了一份审查意见。在意见中指出，马克思和恩格斯的思想和观念对于现代俄罗斯有教养的社会已经"不是什么新鲜事物了"，"马克思主义，特别是所谓的'正统的'马克思主义，即马克思和恩格斯的思想，已经失去了诱惑人的新鲜性，并分化为新的流派"，审查官由此得出结论，必须把马克思主义的"理论方面"和它的"可能有特别危害的实际结果"区分开。审查官确信，至于对现代资本主义制度的理论批判，它早就成为永久的新闻现象和文学现象，不是只有马克思主义的观点进行过这种批判。此外，恩格斯与杜林的论战依据最多的是《资本论》，后者被允许在刊物上发表。而且审查官还认为，杜林"也是一位更具革命性的社会主义者，因为他在资本主义制度的基础上看到粗陋的暴政"。因此，审查官没有找到把这本书归入"法令"第149条关于审查和出版的条款的根据（根据这一条款，内政部长有权向部长委员会提出禁止这部译著出版），在他看来，这只是一本未经批准擅自出版的图书。当然，审查官也发现了个别不能"通过"的地方和页码，其中涉及审查官在报告中提到的作者对基督教和基督教道德观的"猛烈抨击"，以及对人类社会主义未来的宣传。审查官认为，只有删除了这些地方（标出的近50页），它才可以在俄国出版[①]。

除了索科洛夫的报告，审查委员会又"从自己的角度发现了问题：第一，在纯粹科学辩论的幌子下，恩格斯的书带有为社会主义政党利益服务，并为消除由杜林理论所引起的内部分裂的实际目的。第二，这本书简短但非常明确地向读者大众阐述了马克思学说的主要原理，以及关于在社会主义初期现存的社会制度必然变更的道理。"考虑到"传播这部出版物可能产生特别的危害"，审查委员会决定对它适用"法令"第140条关于审查和出版的条款，批准 В. 雅科温科出版社出版这部书的

---

① А. И. Володин. «Анти-Дюринг» Ф. Энгельса и общественная мысль России 19 века. М.：Издательство «Мысль»，1978：198.

第八章 苏联学者对《反杜林论》的编辑、出版与研究

删节版。1904年10月,《反杜林论》俄文节译本出版①。列宁熟悉这个译本。1907年2月,列宁在《卡·马克思致路·库格曼书信集俄译本序言》中指出,"这本书有策杰尔包姆的俄译本,可惜这个译本翻译得很糟,不仅有许多遗漏,而且有不少错误"②。1907年,B.雅科温科出版社出版了完整译本的《反杜林论》,书名改为《反杜林论(欧根·杜林先生在哲学中实行的变革)》。

十月革命胜利后,由于《反杜林论》属于马克思恩格斯著作中较为大部头的,直至1945年,马恩列研究院才编辑出版了比较科学和准确的译本,这一版本共印行了10万册。在这个译本中,全部译文都是根据1894年出版的《反杜林论》德文第3版进行校订和修改的;"政治经济学"部分中马克思撰写的第十章也根据保存在马恩列研究院的手稿复印件进行了校订;被列宁在其著作中引证过的地方,全部采用列宁的译文,正文也都采用列宁的术语。在这个译本的附录中还收录了《反杜林论》的准备材料以及与该书相关的文献,其中包括恩格斯的《步兵战术及其物质基础》,该著作首次用俄文发表。1948年,这个版本被再版。到1960年前,苏联用18种文字出了63种版本的《反杜林论》,总发行量达2 461 000册③。

如前所述,尽管《反杜林论》在俄国产生了广泛的影响,但是,对于一部40余万字的大部头论战性著作来说,一方面,"多数人懒得读像《资本论》那样厚的书"④,另一方面,把它翻译成其他文字也极为不易。因此,1880年在法国出版的,由《反杜林论》中摘录的三章整理而成的小册子《空想社会主义和科学社会主义》⑤ 受到世界各国人民的欢迎。这部小册子用平铺直叙的方式阐明了科学社会主义的基本理论,用浅显易懂的语言说明了唯物史观和剩余价值学说的创立使社会主义从空想变为科学的发展过程。正是"这本书在许多优秀的法国人的头脑中引起了真正的革命"⑥。而《反杜林论》第一个不完整的法文单行本是在

---

① А. И. Володин. «Анти-Дюринг» Ф. Энгельса и общественная мысль России 19 века. М.: Издательство «Мысль», 1978: 198.
② 列宁全集:第14卷. 2版增订版. 北京:人民出版社,2017:375.
③ 艾福成,王育民. 马克思主义哲学名著评介. 长春:吉林大学出版社,1989:248.
④ 马克思恩格斯全集:第35卷. 北京:人民出版社,1971:394.
⑤ 1883年德文版书名改为《社会主义从空想到科学的发展》。
⑥ 马克思恩格斯全集:第35卷. 北京:人民出版社,1971:343.

1901年问世的，由保尔·拉法格和劳拉·拉法格翻译，巴黎拉克出版社出版。完整版则于1911年由贾尔和布里埃出版社出版。此外，1956年出版的法文版《马克思恩格斯全集》也收录了《反杜林论》。

《反杜林论》曾多次被译成英文出版，除了在莫斯科出版的《反杜林论》英文版外，在英美也出版过不少版本的《反杜林论》。例如，美国于1907年在芝加哥首先出版了由A.刘易斯翻译的《反杜林论》不完整版。直到1934年，《反杜林论》的全译本才在纽约面世。1936年，英国劳伦斯和威沙特（Lawrence & Wishart）出版社在伦敦出版了该书，1975年再版。此外，《马克思恩格斯全集》英文版和《马克思恩格斯读本》等文集几乎均收录了这部名著。

值得一提的是，1935年，MEGA¹编辑出版了《〈欧根·杜林先生在科学中实行的变革〉和〈自然辩证法〉》专卷（1935年莫斯科—列宁格勒版）。除收录了恩格斯在世时出版过的三个版次的《反杜林论》全文外，还发表了恩格斯《〈反杜林论〉的准备材料》和《步兵战术及其物质基础》①。1988年出版的MEGA²第Ⅰ部分第27卷是《反杜林论》卷。其中收录了《反杜林论》的三个版本的全文、《〈反杜林论〉的准备材料》、《空想社会主义和科学社会主义》，以及1883年德文版《社会主义从空想到科学的发展》。

此外，《反杜林论》还曾在波兰、罗马尼亚、阿尔巴尼亚、南斯拉夫、民主德国、朝鲜和其他一些国家被多次翻译出版。

二、苏联学者对《反杜林论》的解读

苏联马克思主义学者对《反杜林论》的解读主要源起于列宁对这部著作的重视和理解。列宁充分肯定了恩格斯在《反杜林论》中对马克思主义理论体系清晰而完整的阐释，以及对马克思主义哲学基本观点的阐

---

① 《步兵战术及其物质基础》一文原是《反杜林论》第二编第三章的五页手稿，后来恩格斯以较短的文字取而代之，而这几页手稿则加上了这个标题。该文写于1877年1月初到8月中旬之间，因为恩格斯在1月初已写完了第一编，而《前进报》在8月中旬已刊登了《反杜林论》第二编第三章。论文第一次发表在《马克思恩格斯全集》历史考证版的《〈欧根·杜林先生在科学中实行的变革〉和〈自然辩证法〉》专卷（1935年莫斯科—列宁格勒版）。（马克思恩格斯文集：第9卷. 北京：人民出版社，2009：594-595.）

第八章 苏联学者对《反杜林论》的编辑、出版与研究

述,"马克思和恩格斯最坚决地捍卫了哲学唯物主义,并且多次说明,一切离开这个基础的倾向都是极端错误的。在恩格斯的著作《路德维希·费尔巴哈》和《反杜林论》里最明确最详尽地阐述了他们的观点,这两部著作同《共产党宣言》一样,都是每个觉悟工人必读的书籍"①。列宁还多次指出,《反杜林论》全书是马克思和恩格斯共同合作的结晶,其中阐明的观点完全是马克思和恩格斯共同的观点,而且马克思还亲自参与了其中一章的写作,"弗·恩格斯在《反杜林论》一书(**见该书,马克思看过该书的手稿**)中完全以马克思的这个唯物主义哲学为依据,并阐述了这个哲学"②。"1876年马克思参加恩格斯《反杜林论》一书的写作,看过全书的手稿并写了论述政治经济学史的整个一章。"③ 列宁认为,马克思和恩格斯在思想上始终是一致的,只是两人在分工上存在不同,"但是要找到对这个问题的回答是不难的。马克思一再把自己的世界观叫做辩证唯物主义,恩格斯的《反杜林论》(**马克思读过全部手稿**)阐述的也正是这个世界观。就是瓦连廷诺夫先生们也能从这里想到:约·狄慈根的**混乱**只能在于**他背离**对辩证法的彻底应用,**背离**彻底的**唯物主义**,特别是**背离**《反杜林论》"④。因此,作为论战性的著作,《反杜林论》,"是一部内容十分丰富、十分有益的书","马克思致力于分析资本主义经济的复杂现象。恩格斯则在笔调明快、往往是论战性的著作中,根据马克思的唯物主义历史观和经济理论,阐明最一般的科学问题,以及过去和现在的各种现象。"⑤。列宁以《反杜林论》为主要思想来源,继承和发展马克思主义,1913年他吸收了这部著作的核心思想,撰写了《马克思主义的三个来源和三个组成部分》,从根本上确立了马克思主义三个组成部分在科学社会主义学说中的核心地位。

列宁力图运用《反杜林论》的观点分析具体问题,例如,他在《国家与革命》中对国家"自行消亡"理论进行了详细考察。列宁认为,一些"现代社会党"的社会主义思想引用恩格斯的"国家是'自行消亡'的"观点,"削剪"和"解释"马克思主义,这"无异是把马克思主义

---

① 列宁专题文集:论马克思主义.北京:人民出版社,2009:67.
② 同①8.
③ 同①43.
④ 列宁全集:第18卷.2版增订版.北京:人民出版社,2017:258.
⑤ 同①57.

变成机会主义"①，是对马克思主义"最粗暴的"歪曲。"因为这样来'解释'，就只会留下一个模糊的观念，似乎变化就是缓慢的、平稳的、逐渐的，似乎没有飞跃和风暴，没有革命"②。列宁认为，恩格斯说的无产阶级在取得国家政权的同时"也消灭了作为国家的国家"，实际上指的是，必须用也只能用革命的手段来"消灭"资产阶级国家，只有无产阶级国家或半国家才可以"自行消亡"。无产阶级国家的政治形式是最完全的民主，因此，国家的"自行消亡"就是民主的"自行停止"和"自行消亡"。恩格斯这个著名原理的提出，除了反对无政府主义者外，最主要的是反对机会主义者，而这一点完全被人们忽略了。恩格斯在《反杜林论》中写道："国家不是'被废除'的，**它是自行消亡的**。应当以此来衡量'自由的人民国家'这个用语，这个用语在鼓动的意义上暂时有存在的理由，但归根到底是没有科学根据的；同时也应当以此来衡量所谓无政府主义者提出的在一天之内废除国家的要求。"③ 列宁对这段话做了详细的解读，他指出，"自由的人民国家"是19世纪70年代德国社会民主党人的要求和口号。由于当时用这个口号来暗示民主共和国，恩格斯也就同意"暂时"为这个没有任何政治内容的口号"辩护"。但是，这个口号粉饰了资产阶级民主，因此是机会主义的④。

乌里曼同样强调《反杜林论》在德国工人运动乃至世界工人运动中所起的作用。他指出："这部著作是在国际工人运动的这样一个历史时期写成的：在所有最主要的国家中业已形成了工人阶级的政党，并极端尖锐地提出了关于制定彻底的无产阶级纲领的问题、关于无产阶级政党的革命战策和教育社会主义战士的问题。"⑤《反杜林论》为工人阶级及其政党提供了新的斗争形式和革命战略，为合并和改组后的德国社会民主党奠定了理论基础，使该党的理论水平逐渐趋于成熟。Г. С. 乌里曼认为，"暴力论"使德国社会民主党从《反杜林论》中吸收到了重要的斗争手段，"德国社会民主党从这部著作中得出这样的结论：暴力在历史上不仅起着反动的作用，而且也起着革命的作用；暴力是一种工具，无产阶级用这种工具给自己铺筑道路，并打碎那僵化了的政治

---

① ② 列宁专题文集：论马克思主义. 北京：人民出版社，2009：189-190.
③ 马克思恩格斯文集：第9卷. 北京：人民出版社，2009：297-298.
④ 同①191-192.
⑤ 乌里曼. 论恩格斯的经典著作《反杜林论》的创作史. 新建设，1953（8）.

第八章 苏联学者对《反杜林论》的编辑、出版与研究

形式"①，而这种工具对苏俄革命的意义是毋庸置疑的。

从20世纪70年代开始，在苏联出现了研究恩格斯哲学思想及其历史贡献的热潮，苏联哲学界对《反杜林论》《自然辩证法》《路德维希·费尔巴哈和德国古典哲学的终结》等恩格斯重要著作的研究取得了丰硕成果。这主要是由于：其一，苏共二十大以来，社会思潮的新情况和新变化要求对马克思主义理论有新的认识和新的研究，特别是第三次科技革命给世界带来了翻天覆地的重大变革，这要求苏联哲学界对哲学与自然科学的关系、唯物主义方法论、科学技术的作用和影响等问题给予科学的回答，对恩格斯的著作，尤其是对《反杜林论》和《自然辩证法》的研究成为苏联学术界研究的重心；其二，苏联哲学界把西方马克思学家制造的关于马克思和恩格斯对立的争论看作是两种意识形态的斗争，要驳斥西方马克思主义者的言论首先就要对恩格斯思想进行全面深刻的研究；其三，1970年苏联共产党和理论界开展的关于纪念恩格斯诞辰150周年的活动，以及1978年举行的《反杜林论》出版100周年纪念活动，将苏联哲学界对恩格斯的研究推向了高潮②。

因此，20世纪70年代，苏联关于《反杜林论》研究的专著和论文层出不穷，这里主要介绍三个有代表性的文本：

一是由 Л. Ф. 伊利切夫主持撰写的《恩格斯的〈反杜林论〉与现时代》一书，这是当时较有学术价值的研究《反杜林论》的专著。该书分为三大部分十一章，每章都由在该领域具有权威地位的学者撰写。第一部分主要研究"恩格斯反对杜林主义和其他一些小资产阶级流派的斗争"，其主旨是以古喻今，说明恩格斯反对杜林主义和其他各种虚假社会主义的斗争在"当代仍是争取现实的社会主义和共产主义、反对反共主义意识形态和阴谋的斗争的一个组成部分"③。在 Т. И. 奥伊则尔曼所写的第二章"恩格斯与辩证唯物主义的最新颠覆者"中，作者对西方马克思学者在解释马克思主义哲学时表现出的两种基本倾向进行了分析。一种倾向是关于作为哲学家的"青年马克思"的讨论，另一种倾向是对马克思主义否定的旧哲学的虚无主义解释。奥伊则尔曼指出，这两种倾向看起来是对立的，但就其思想实质来说是

---

① 乌里曼. 论恩格斯的经典著作《反杜林论》的创作史. 新建设，1953（8）.
② 朱传棨. 恩格斯哲学思想研究论稿. 北京：人民出版社，2012：435-437.
③ «Анти-Дюринг» Ф. Энгельса и современность. М.：Издательство «Мысль»，1978：32.

一致的①。该书的第二部分主要考察了唯物辩证法问题,揭示了《反杜林论》的方法论和逻辑对当代科学和哲学的意义。在 Б. М. 凯德洛夫所著的第三章"马克思主义哲学与自然科学的理论问题"中,作者分析了辩证法的要素及其问题间的相互联系,提出要把这个联系作为重要原则、规律和范畴的完整体系,以便将其运用到理论研究和共产主义建设的过程中。А. А. 索罗金所作的第四章"作为逻辑学的唯物辩证法的若干一般问题"、И. С. 纳尔斯基所作的第五章"作为认识论的唯物辩证法"和 В. А. 列克托尔斯基所作的第六章"作为认识方法的辩证法问题"等章节主要揭示了作为科学认识的逻辑和方法论的辩证法,分析了辩证法与认识论的辩证关系。该书的第三部分主要考察了《反杜林论》的历史哲学问题,其中鲍格丹诺夫和捷洛卡罗夫在第十一章中着重阐述了列宁对《反杜林论》中的哲学思想和社会政治思想的发展,指出"列宁在自己的著作中依据恩格斯在《反杜林论》中所形成的辩证唯物主义体系的全部基本原理,并进一步发展这些原理以适应新的时代条件"②。

二是马列主义研究院高级研究员维·维戈茨基的论文《马克思主义经济学遗产中的〈反杜林论〉》。维戈茨基认为,恩格斯的哲学—政治经济学—科学社会主义的结构不仅是为了批判杜林而"不能不"跟杜林展开论述的结果,而且"马克思主义在各个阶段上的发展,过去和现在都保持着哲学、政治经济学和科学社会主义的不可分离的统一。但是在十九世纪四十年代,亦即在马克思主义的最初发展阶段,这种统一曾是十分明显的,后来由于马克思和恩格斯的科学研究不可避免地分得更细而变得比较隐晦了"③。从政治经济学角度来说,这种统一性就表现在辩证唯物主义历史观是马克思主义政治经济学的方法论,也就是它的哲学基础,而政治经济学是对科学共产主义理论的论证。应当指出的是,《反杜林论》将这种统一性以具体化的形式表现了出来:"首先,把唯物主义辩证法具体化,把它作为政治经济学的方法加以阐释;其次,把经济学理论本身具体化,把由它得出的那些结论表述出来,而这些结论的总和就是对科学共产主义理论的经济学上的论证。"④ 因此,维·维戈

---

① «Анти-Дюринг» Ф. Энгельса и современность. М.: Издательство «Мысль», 1978: 33.
② 同①299.
③ 维戈茨基. 马克思主义经济学遗产中的《反杜林论》. 经济学译丛, 1979 (1).
④ 同③.

第八章 苏联学者对《反杜林论》的编辑、出版与研究

茨基认为,《反杜林论》实际上是对马克思主义的三个组成部分在 30 年间发展的总结。

三是巴加图利亚在《理论家恩格斯》一书中的相关论述。他持有与维·维戈茨基相同的观点,在该书第三章"唯物主义历史观制定中恩格斯的作用"中,他将《反杜林论》的内容分为三个部分:其一,《反杜林论》是对马克思主义理论成果的总结和概括。他指出,《反杜林论》是"马克思主义的百科全书","这部书是三十年来马克思主义发展的独特结晶,在这里存在着一些只是重复过去的成果的部分。例如,关于理想与现实相一致的主张、工业革命的历史意义与大工业、国家的规定与资本主义国家、作为'以生产为目的的社会结合的最简单的和最初的形式'的家庭的规定、阶级暂时存在的历史必然性的论述、无产阶级革命不可避免的论述,以及这样的论题'要不是每一个人都得到解放,社会也不能得到解放',——事实上,这个论题重复了《共产党宣言》著名的论点'每个人的自由发展是一切人的自由发展的条件'"①。其二,《反杜林论》是对马克思主义理论的深化和发展。"在这部书中还存在另外一个系列,这些内容早些时候就在恩格斯的著作中存在了,但在这里,在《反杜林论》中得到了进一步的研究、深化,获得了实际发展或成为经典表述。例如,规定了作为关于包括人类社会在内的全部世界一般发展规律的科学的辩证法,揭示了人类社会历史中基本辩证规律的作用——质量互变规律、否定之否定规律,发展了像永恒的真理、平等、道德、政治经济学对象等这样一些历史主义原理,批判了暴力理论,揭示了军事的物质基础"②。其三,是在《反杜林论》中形成的马克思主义理论新见解,主要是关于阶级形成问题的观点。巴加图利亚指出,恩格斯说明了形成这个过程的两条路径:"(1)原始公社内部分工,代表共同利益的特殊人员的分离,独立社会职能对社会的独立化上升为对社会的统治;(2)当生产已经发展到这样一种程度,人的劳动力所能生产的东西超过了单纯维持劳动力所需要的数量,战俘就转用于奴隶制了"③。

---

① ② Ни-т марксизма-ленинизма при ЦК КПСС//Энгельс-теоретик. М.: Политиздат, 1970:200.

③ 同①205.

结　语

对马克思主义经典著作进行翻译、出版、普及，这是传播和研究马克思主义经典著作的必经之路，因此，马克思恩格斯重要著作编纂研究之重要性毋庸置疑。文献编纂与文本解读是不可分割的。梳理苏联时期马克思恩格斯重要著作编纂的历史，总结其内在特质，对于开展中国马克思主义经典著作编译工作，以及形成中国马克思学研究的总体思路具有重要的借鉴意义。

早在十月革命以前，马克思主义创始人的部分经典文献就已经在俄国得到了传播和普及，这是俄国马克思主义者，特别是列宁、普列汉诺夫和梁赞诺夫等人的巨大功勋。然而，在俄国真正意义上的马克思恩格斯文献学研究肇始于1921年1月11日，即苏维埃政权建立之后马克思恩格斯研究院的成立。作为国家领导人、布尔什维克党的领袖，列宁切实地推动了该研究院的创建及发展，并倾注了大量的心血。这主要体现在：第一，是决策上的事无巨细。凡涉及研究院工作的问题，列宁都亲自过问和处理，甚至具体到告诉研究人员搜集、组织和保存材料的具体方法①。第二，是物质上的坚实保障。列宁不仅为研究院提供了一座"宫殿"——多戈尔鲁基宫，作为研究马克思主义文献的基地，而且在当时苏维埃财政颇为困难的情况下，先后批示下拨共125 000金卢布给

---

① 列宁全集：第50卷. 2版增订版. 北京：人民出版社，2017：105-106.

结　语

马克思恩格斯研究院院长梁赞诺夫，作为购置马克思恩格斯遗著及相关文献资料的资金[①]。第三，是学术资源上的优先考虑。不仅力主以颁布决议的方式向全苏境内征集文献材料，而且要求在所有党和国家机关刊物上，优先刊登有关马克思恩格斯的新文献及对其研究的文章，并往往占头版位置。第四，是人才培养和使用上的公正科学。列宁坚持唯才是用的原则，哪怕是在十月革命中持孟什维克立场的学者，如果其对马克思恩格斯文献考据十分熟悉，他也坚决起用。在这个意义上，苏联马克思恩格斯文献编纂是倾全苏维埃联邦共和国及俄共（布）全党之力建设起来的重要事业，因而也是整个苏联时期发展马克思主义的主要系统工程。我们可以将其大致分为三个阶段：

第一阶段：艰辛开创、成就卓越。

1921年至20世纪20年代末30年代初是苏联时期马克思恩格斯重要著作编纂工程的第一阶段，这是在苏维埃政权刚刚建立，学术资源"一穷二白"的情况下开始的。但是，条件的制约并不等于研究开端的简陋和落后。恰恰相反，苏联马克思恩格斯重要著作编纂在一开始就因为有列宁的高度重视和马克思恩格斯研究院院长梁赞诺夫的尽心竭力而成为国际马克思主义文献编纂的典范。在近10年中，梁赞诺夫搜集了15 000多件马克思恩格斯文献原件，掌握了175 000份有关国际共运史和社会主义思想史的文件复印件[②]；建立了世界上拥有马克思列宁主义理论、历史方面书籍以及国际共运史方面书籍最为丰富的图书馆和档案馆；创办了《马克思恩格斯文库》《马克思主义年鉴》等著名的且颇有价值的马克思主义文献研究期刊；启动了《马克思恩格斯全集》俄文1版的编纂工作，特别是策划并坚决执行了《马克思恩格斯全集》历史考证版（MEGA¹）的编纂工作；首次发表了《〈德意志意识形态〉第一卷第一章》（1924年）、《黑格尔法哲学批判》（1927年）、《1844年经济学哲学手稿》的部分章节（1927年）、恩格斯的《自然辩证法》（1925年）等马克思主义经典作家的重要文献遗产；留下了《从〈莱茵报〉到〈神

[①] 列宁全集：第51卷. 2版增订版. 北京：人民出版社，2017：360；Е. Кандель составил. Опубликации литературного наследства К. Маркса и Ф. Энгельса. М.：Государственное издательство политической литературы，1947：25.

[②] 蒋仁祥. 达·梁赞诺夫和《马克思恩格斯全集》历史考证版第1版. 马克思恩格斯研究，1995（20）.

圣家族》》①、为《德意志意识形态》第一章发表而撰写的"编者导言"等十分珍贵的研究论文。

可以说，苏联时期马克思恩格斯重要著作编纂工程基本是在学术氛围宽松、思想表达自由的环境中诞生的。起步不久，它的研究基础就基本形成，研究范围及内容初具雏形，其编纂工作取得的成就也极为可观。从苏联马克思恩格斯重要著作编纂工作的整体发展过程来看，初创时期的影响是颇为深远的。从世界范围来看，当时苏联马克思主义文献学研究水平确实远高于其他国家的水平，甚或可以说，当时在其他国家还没有这样大规模地开展马克思主义文献学研究的机构和学者团队，苏联专家的工作为世界马克思主义文献学研究提供了借鉴和启示。

第二阶段：艰难前行、影响深远。

20世纪30年代至50年代中期是苏联马克思恩格斯重要著作编纂工程的第二阶段，这个阶段的编纂工作在曲折中前进。主要原因在于：一方面，苏联的政治环境和学术氛围发生了变化，导致文献编纂和理论研究的侧重点有所改变；另一方面，第二次世界大战的爆发使文献编纂工作有所停滞。1931年年初梁赞诺夫被撤职并遭到逮捕，在马克思恩格斯研究院中曾属于孟什维克的专家及国外学者也被清理。1931年4月5日，联共（布）中央委员会政治局决议将马克思恩格斯研究院与列宁研究院合并为"马克思恩格斯列宁研究院"，并对研究院的主要工作任务做出重大调整，使之成为普及马列主义，宣传斯大林主义，为政治决策服务的最高学术机构。任命В.В.阿多拉茨基为马恩列研究院的院长，同时也换上了一批"理论水平很强的"研究人员。在这种研究条件下，对业已发现的马克思早期文献及晚期笔记进行系统全面的编纂几乎是不可能的。马克思恩格斯著作的发表、出版和研究都要面向在现实斗争中有利于联共（布）理论宣传的著作，特别是那些能够为普通民众理解的、通俗的、战斗性强的篇章。1941年后，在苏联卫国战争时期，马克思恩格斯遗著编纂和理论研究要服从动员全体苏联人民与法西斯侵略者进行斗争这个迫切的任务。马恩列研究院中许多专家和研究人员义无反顾地奔赴前线，即使留在后方的学者也要肩负宣传鼓动工作，因此，当时的科学研究活动极大地减少，甚至停滞。第二次世界大战后的

---

① Д. Рязанов. От «Рейнской газеты» до «Святого семейства»//Под ред. Д. Рязанов. Архив К. Маркса и Ф. Энгельса：Ⅲ. 1927.

结 语

马克思主义科研工作主要是与共产主义建设任务、与同资产阶级意识形态做斗争紧密相联,"在中央刊物上占有显著地位的是科学普及文章和宣传文章,以及对出版的科学共产主义奠基人的作品和专题汇编所做的评论。而未发表过的新材料在许多马克思主义史的研究著作中只为学术界所使用"[①]。

尽管这一时期马克思主义重要著作编纂工作受到许多条件的限制,但苏联马恩列研究院还是取得了不凡的成就。在这个阶段,首次全文发表了许多马克思遗著中的重要文本,例如《1844年经济学哲学手稿》(1932年)、《德意志意识形态》(1932年)、《数学手稿》(1933年)、《〈法兰西内战〉草稿》(初稿、二稿)(1934年)、《政治经济学批判大纲》(1857—1858年经济学手稿)(1939—1941年)、《编年摘录》("历史学笔记")(1938—1940年、1946年)、"摩尔根笔记"(1946年)等。在这个阶段,研究院还完成了《马克思恩格斯全集》俄文1版(29卷,1928—1947年),以及《马克思恩格斯选集》(两卷本)(《卡尔·马克思文选》,1933年)的编纂工作。虽然《马克思恩格斯全集》俄文1版存在较多缺陷,普及和流传范围也不是十分广泛,但它毕竟是世界上第一部马克思主义创始人著作的全集,因此具有珍贵的历史价值。同时,也为《马克思恩格斯全集》俄文2版的编纂工作提供了宝贵经验并打下了良好的基础。在此期间最为遗憾的是,由梁赞诺夫开创的《马克思恩格斯全集》历史考证版(MEGA¹)编纂工作被迫中断和停止,这当然有战争的原因,但更为主要的原因是,一般群众和党员基本上不会阅读用原文发表的同时又具有严肃学术性的 MEGA¹。耗费大量的人力和物力编纂这样一部不能供普及马克思主义思想之用的学术巨著,对当时的苏联来说,在一定程度上是有些得不偿失。

第三阶段:曲折进步、重视考据。

20世纪50年代下半期至90年代初是苏联马克思恩格斯重要著作编纂工程的第三阶段,在这个阶段,斯大林逝世后,先是经历了赫鲁晓夫的"解冻时期"和改革年代,继而又陷入勃列日涅夫的"停滞时期",最后以戈尔巴乔夫改革的失败而告终,作为国家系统工程的马克思恩格斯重要著作编纂工作也随着苏联解体而瓦解。一般说来,苏

---

① Литературное наследство К. Маркса и Ф. Энгельса: История публикации и изучения в СССР. М.: Политиздат, 1969: 287.

苏联时期马克思恩格斯重要著作编纂研究

联马克思恩格斯重要著作编纂工作紧密围绕对马克思列宁主义进行宣传和同资产阶级改良主义的"马克思学者"做斗争的工作中心。在苏联马克思主义学家的努力下，马克思恩格斯重要著作编纂工作取得了新突破，在版本考证和文本考据方面成果丰硕。

在这个阶段，苏联马列主义研究院完成了《马克思恩格斯全集》俄文2版（50卷，1954—1975年）、《马克思恩格斯选集》（三卷集）（1966年）和《马克思恩格斯选集》（九卷集）（1984—1988年）的编纂工作，启动了新的《马克思恩格斯全集》历史考证版（MEGA^2，1975年出版第Ⅰ部分第1卷）的编辑工作，发行了大量的马克思主义创始人文献的单行本。这些工作为在全苏境内宣传和普及马克思主义理论、统一思想认识做出了重大贡献。最为重要的是，《马克思恩格斯全集》俄文2版的成功出版为马克思恩格斯的著作遗产在全世界传播创造了条件，它成为10余种语种《马克思恩格斯全集》的母本，对德文版、英文版、日文版、意大利文版和法文版有相当大的影响。在文本研究方面，在斯大林时代很少涉及的马克思主义形成时期的重要著作成为苏联马克思主义学家和哲学理论家研究的主要对象。《1844年经济学哲学手稿》《德意志意识形态》等著作以及相关手稿得到了深入的考证研究，苏联马克思主义学者取得了至今难以超越的研究成果。一大批卓越的马克思主义学者，例如 Н. И. 拉宾、Т. И. 奥伊则尔曼、Г. А. 巴加图利亚、И. С. 纳尔斯基、В. С. 维戈茨基取得的成就为国际学界所公认。值得一提的是，在这个时期，不仅在学术文章中非常重视极为严谨的文本考据，而且在宣传和普及读物中也都注意研究第一手资料[1]。不得不说这是苏联马克思主义研究的一大进步。

考察和梳理了苏联时期马克思恩格斯重要著作编纂工作的发展历程之后，笔者进一步从总体上总结概括苏联马克思主义文献编纂的特点和得失。概言之，苏联时期马克思恩格斯重要著作编纂工作有以下特点：

第一，马克思恩格斯重要著作编纂工作是国家系统工程，是马克思主义思想传播的基石。首开把搜集、整理、翻译、编纂、考证、出版、研究马克思恩格斯的重要著作和手稿作为"国家行为"以及党的重要职

---

[1] Литературное наследство К. Маркса и Ф. Энгельса: История публикации и изучения в СССР. М.: Политиздат, 1969: 414.

结 语

能之先河，即使是作为马克思恩格斯遗产主要继承者的德国社会民主党，由于种种原因也没能做到。正是苏联马列主义研究院大规模的编纂与研究工作，才使得许多马克思主义文献资料发表面世，先后被翻译成多种语言的文本，然后在世界上流传开来，并形成对马克思主义理论的多种诠释。

第二，马克思恩格斯文献遗产普及与重要文本研究有机结合。将文献编纂工作和文本研究融为一体，是苏联马克思恩格斯重要著作编纂的重要特点。经典文献的普及是马克思主义俄国化的重要步骤和措施。作为国家领导人，列宁和斯大林这两位马克思主义经典作家的思想学说与政治活动是融为一体的，他们十分重视在普通民众中普及马克思主义，这体现了马克思主义政治家应有的思路和视角，这种倡导使马克思主义更切合苏联实际①。从苏联马克思主义学者的角度看，要探究真正的马克思恩格斯的思想和马克思主义理论，需要对每一份马克思恩格斯文稿进行仔细的整理、考证、辨析和研究，挖掘其深层的内容，还原马克思和恩格斯思想的本真样态。苏联马克思主义文献编纂学家将这两方面结合得很好，基本上既做到了对马克思主义经典文献的广泛传播和普及，也做到了具有"经典"性质的文本研究。

第三，苏联时期马克思恩格斯重要著作编纂工作具有意识形态化和政治化的特征。这是苏联时期马克思恩格斯重要著作编纂为西方学术界诟病最多的地方。这一事实可以在《马克思恩格斯全集》俄文2版每卷的"编者导言"中看到，可以在苏联时期出版的 MEGA² 的"编者前言"中看到，还可以在苏联学者研究具体文本的诸多文章中看到。批判对马克思主义理论理解的异己观点，强调经典文本的"论战"色彩和至尊地位，断章取义、生搬硬套可以为政策做论证的语句，等等，都是其意识形态化、政治化的反映。但是，这是形势和国家发展的需要，我们不能因此对苏联时期马克思恩格斯重要著作编纂工作做否定性的评判。

历史客观存在，经典不可更改。梳理、概括苏联时期马克思恩格斯重要著作编纂工作的具体状况和发展历程，是为了从中获得有益的经验与借鉴。在21世纪经典文献编纂和研究的手段和工具更先进、更科学的情况下，马克思恩格斯重要著作编纂工作应当有更进一步的突破和深

---

① 聂锦芳. 马克思文本研究史的初步清理与方法论省思. 哲学研究，2002（6）.

化，有更高的超越和发展。梳理和总结苏联时期马克思主义重要著作编纂史，反思和更新研究方法，对当代中国马克思主义经典著作编译及文献学研究具有重要的借鉴意义，这主要表现在：

第一，经典文献普及与文本研究并行不悖。每一个对文本进行深入学术研究的学人都是从阅读普及性经典文献开始的。经典文献的普及仿佛是一把打开马克思主义理论之门的钥匙，没有它我们只能在理论之门外徘徊，永远都不可能真正进入。当理论之门打开之后，我们又会发现，门内的文本世界犹如金山一样令人感喟，犹如大海一样无边无际。此时，被这个理论深深吸引的人就会自觉地去探索更多的知识。同时，在文本研究中获得了更多启示的人，不应当只沉浸于自己的发现与挖掘，而应当通俗地向其他迫切渴望了解理论之门背后情形的人介绍这个世界，从而使更多的人理解这一伟大理论的真正意义和价值。

第二，发掘经典著作的现实意义，需要真正从文本本身的思想意境和编纂历程出发。在梳理和总结苏联马克思恩格斯重要著作编纂工作过程中，笔者发现一个有趣的现象：苏联学者对马克思恩格斯重要著作写作过程的还原、手稿的甄别、版本的考证以及结构内容的分析是颇为客观的，他们力求完整而准确地把握文本本身，但是，在阐发文本的现实意义时，他们却往往脱离了自己的考证，而将自己的主观想法牵强附会。这个现象值得中国学者深思。其实，对文本解读的真正意义在于挖掘其背后的思想和方法论，那种本末倒置的研究方式难以使理论的生命之树长青。

综上所述，探究苏联时期马克思恩格斯重要著作编纂工作的历程及其得失具有重要的理论意义和现实价值。这一编纂工作历时长久，对中文版《马克思恩格斯全集》《马克思恩格斯选集》以及马克思恩格斯著作集和单行本等的编辑出版产生了深远的影响，也得到德国、法国、英国、美国、日本等国马克思学学者的持久关注。由此产生的马克思恩格斯重要著作的传播研究也在马克思恩格斯文献编纂史上产生过重要影响。充分认识苏联学界在编纂马克思恩格斯重要著作方面的成就和缺憾，充分借鉴苏联学界在研究马克思恩格斯重要著作方面的经验和失误，对我们在 21 世纪加强马克思恩格斯著作中文版编译工作具有重要意义，有助于我们在新的时代条件下更好地理解马克思恩格斯重要著作的思想内涵，也可以为发展当代中国马克思主义提供有益的参考。

附录　马克思主义产生的自我批判[*]

——关于 Т.И. 奥伊则尔曼《马克思主义的产生》
　　一书出版的思考

[俄] Н.И. 拉宾[①]

摘要：出版于1962年的《马克思主义哲学的形成》是 Т.И. 奥伊则尔曼教授的名著，几乎半个世纪后，Т.И. 奥伊则尔曼以《马克思主义的产生》为名于2011年修订再版该书。俄罗斯著名马克思主义学家 Н.И. 拉宾教授在发表于2011年第12期《哲学问题》的书评中分析了 Т.И. 奥伊则尔曼的理论原则，即马克思主义的自我批判，并分三个层次展开评述。这些评述涉及对马克思主义发展的历史反思，以及对马克思主义文献与基础理论形成过程的细节考量，从而呈现了俄罗斯马克思主义学家的理论视野和分析视角。

大部分老一代俄罗斯人文科学家都是马克思主义者。对于他们中的很多人来说，Т.И. 奥伊则尔曼的《马克思主义哲学的形成》（1962年）一书是研究马克思主义形成的参考书目。这本书是作者在1947—1955年为莫斯科大学哲学系的学生们讲授同题课程的基础上准备的。当时，奥伊则尔曼是一位正统的马克思主义者、副教授，然后成为教授和西欧

---

[*] 本译文系国家社会科学基金青年项目"苏联时期马克思恩格斯重要著作编纂研究"（项目编号：10CKS001）的阶段性成果，由课题组负责人姚颖翻译，分上下两部分发表于《党政干部学刊》2013年第4期和第6期上。

[①] 尼古拉·伊万诺维奇·拉宾（1931—　），男，俄罗斯科学院通讯院士，俄罗斯著名马克思主义学家，曾以《马克思的青年时代》一书闻名于世。——译者注

哲学史教研室主任。

尽管具有正统性,这本教程因为打算寻求青年马克思和恩格斯那些被逻辑矛盾所充斥的活动——从唯心主义到唯物主义,从民主激进主义到革命共产主义,到《共产党宣言》的作者和这个党的组织者——生活事实和思想演变的真实性而显得与众不同。作为哲学系的学生,我曾在1952—1953学年听过这门课。与其他许多听众一样,马克思主义形成的那种图景给我留下了深刻印象,特别是其哲学学说,充满着尖锐的、时而是紧张的反对某些理论思想流派的斗争,长期与原来的同路人分道扬镳……这就是年轻的教授所描述的确凿而清晰的图景。

这部著作得到了学术界和社会各界的高度评价:肯定性的评论文章刊登在《共产党人》《哲学问题》等杂志上。不久,又出版了俄文第二版(1970年)和第三版(1986年)。这部著作被列为大学教程,还被评为罗蒙诺索夫奖(莫斯科大学,1965年)和国家奖(1983年)。它还被翻译到日本、波兰、民主德国、捷克斯洛伐克、匈牙利、韩国;苏联"进步"出版社还用英文出版过该书。这部书的作者被从莫斯科大学调到了苏联科学院哲学研究所从事研究工作,晚些时候,到俄罗斯科学院工作,在那里出版了一系列关于西欧哲学史和历史哲学发展进程的著作,他主管哲学史部近20年,是俄罗斯科学院院士,现在是顾问。

那么,现在几乎经过了半个世纪,Т. И. 奥伊则尔曼院士将其1962年版的专著修改后出版,书名定为"马克思主义的产生"。他为自己提出了怎样的目的和任务呢?作者在序言中写道:首先,在新的历史条件下,把以前的专著"从整个教条式的论断和教条式的叙述样式中"解放出来,作为自己的目的①。不能认为,这仅指的是文体的风格和对局部的准确说明。当然,这些少不了,同时还增加了现实的观点和新文献的评述。新专著的结构,它的章节在原书的基础上扩大了:共分两部分,有五章和若干节;当然,部分章节的措辞和排列发生了某些变化。笔者注意到,作者最彻底地修改了《共产党宣言》的最后一个小节。这不是偶然的。

事实上,Т. И. 奥伊则尔曼重新思考了自己对马克思主义及其形成过程,以及对其内容和阶段的评价性理解。他以他在最近20年里制定的**在原则上是新的理论立场**来进行这项研究,努力摆脱过去的、真诚地

---

① Т. И. Ойзерман. Возникновение марксизма. М.: "Канон+" РООИ "Реабилитация", 2011: 20.

附录　马克思主义产生的自我批判

接受了神话和外来的意识形态的限制。这允许作者在哲学史和整个哲学的各种领域中获得新的科学结论。它们汇集成一系列文章和专著发表：《作为哲学史的哲学》（1999年）、《马克思主义和乌托邦主义》（2003年）、《为修正主义辩护》（2005年）、《问题域：社会政治学和哲学概论》（2006年）、《元哲学》（2009年），这些研究专著成为新的科学结论。在上述著作中，作者善于从本质上更深入地、更客观地评价马克思和恩格斯真实的成就和错误的认识，同时保持了马克思主义的文化历史意义，并捍卫了其科学地位。包括以前对列宁评价马克思主义形成阶段的辩护性评论明显被这些评价的批判性所代替，列宁的评价往往夸大和强调马克思在革命活动中似乎热衷于暴力（突出无产阶级专政等主题）这一点。

说得更明白些，对 Т. И. 奥伊则尔曼这部专著无论做多少详细的评论都不是简单的任务。我指的不是简介性的评论文章，而是充分（内容丰富的）对待书中有代表性的新结论。尤其考虑到这些结论，一方面，很大程度上是基于作者在过去15～20年所取得的成果的总和，以及在这些专著中已阐述过的——这是我们有必要直接或间接地考虑到的。另一方面，这部新著中结论的实质部分不仅与马克思主义的产生阶段有关，而且还与其后续阶段的演变有关，包括其创始人逝世后，直至目前阶段的自我批判及其支持者和反对者的看法。当然，并不是要对这些看法进行某种详细的研究，但至少要考虑它的现实性。最后，作为马克思的青年时代①的研究者，我觉得甚至有自我批判地对待自己的研究的补充性义务；但是，在建议性的"思维"下，为了避免风格的混淆，我不得不放弃这种意图。不过，我真的感激我的老师，他激发了我新的思考的可能性和更系统地思索使我激动的广泛的问题域。

在这部新著的序言中，Т. И. 奥伊则尔曼写道："至于涉及我自己的理论原则，我在2006年就给它们下过定义，即马克思主义的自我批判②。

---

① 参见 Н. И. 拉宾：《马克思的青年时代》，莫斯科：政治书籍出版社，1968年版；第2版，1976年版；第3版，补充版，1986年版。这部著作的第2版被授予1983年的国家奖，它与 Т. И. 奥伊则尔曼的《马克思主义哲学的形成》、В. П. 库兹明的《马克思学说中的系统方法原则》一起组成了马克思哲学学说形成和发展的系列书籍。

② Т. И. 奥伊则尔曼引用了自己的论文集《问题域：社会政治学和哲学概论》（2006年）中的一篇题为"马克思主义的自我批判——精神诚实的绝对命令"的文章。还要补充的是，以此为题的文章曾发表在《马克思主义的理论和实践》集子中，更早时期他还在1993年第3期及1994年第11期《自由思想》杂志上发表过论文《马克思主义自我批判的原则基础》。

这项研究就是这个自我批判的延续。"① 相应地，我们可以评价他的著作是马克思主义产生的自我批判的经验。在这个自我批判的内容上，可分为三个层次：（1）随着自己早期观点向观念的新阶段过渡，由马克思和恩格斯所做的批判式的自我评价；（2）马克思和恩格斯吸收了由历史过程自身进程、新理论、意识形态、社会政治和经济事件对其观点形成所提出的客观"批判"；（3）由 Т. И. 奥伊则尔曼用其"自我批判"原则所研究的马克思主义的产生过程，首先包括这个过程研究结论的自我批判式的评价。我们将简要地评述这三个层次，重点关注其中的第三个层次。

马克思和恩格斯时常不得不公开批判自己之前的观点，尽管讽刺性的批判立即被意识形态的反对者所仿效。这种自我批判的例子在他们彼此之间的书信中或与与之在思想上亲近的人的书信中并不少见。在他们的著作中这种情况也比较多。就像恩格斯所证实的，马克思在创作《资本论》时对自己的文本进行了严格的批判，"力求在公布他的经济学方面的伟大发现以前，使它们达到最完善的程度"②。自我批判证明了马克思主义创始人意识到自己观点的演变，以及向新观点的转变的程度。

这种意识落后于事实上的转变并不少见。Т. И. 奥伊则尔曼通常注意到类似于其中所表现出来的新内容和旧表述之间的不相适应的落后。与此同时，在某些情况下，他会强调自发的、没有被马克思和恩格斯立即意识到的其观点演变的内容，对于创作过程来说，这是很自然的。在讨论马克思未完成的手稿《黑格尔法哲学批判》的创作时间问题上，Т. И. 奥伊则尔曼提出了一个有趣的假设：基于马克思在 1842 年信中提到的关于撰写文章的话，这篇文章是对黑格尔自然法的批判，他认为，马克思开始写作上述手稿是在 1842 年，并于 1843 年继续这一写作。这个假设还需要进一步研究③。

---

① Т. И. Ойзерман. Возникновение марксизма. М.：" Канон＋" РООИ " Реабилитация"，2011：20.

② 马克思恩格斯全集：第 44 卷. 2 版. 北京：人民出版社，2001：893.

③ 在《马克思的青年时代》一书中我曾指出，马克思写过一篇相关文章，"这篇文章原作为《末日的宣告》的一个部分，后来，做了修改，供给《德国年鉴》。文章的命运不得而知；大概马克思在写 1843 年手稿时使用了它"（拉宾. 马克思的青年时代. 莫斯科政治书籍出版社，1986：185.）

附录　马克思主义产生的自我批判

总之，由马克思主义创始人所实行的对马克思主义产生的自我批判的第一个层次，远远不能简化为他们对自己观点进行公开的批判式的自我评价。它具有潜在的，更多的是心理学方面的，但也有方法论上的意义。

自我批判的第二个层次——马克思和恩格斯吸收了由历史过程自身的进程、新理论、意识形态、社会政治和经济事件对其观点形成所提出的客观"批判"。关于这些问题，Т. И. 奥伊则尔曼列出了丰富的材料：无论是 pro（对新事件建设性的回答），还是 contra（与自己原来的观点和现在的支持者相脱离的回答）。按照专著作者的评价，"马克思主义形成过程的最重要的特点之一是经常与各种类型的同路人划清界限：开始是同资产阶级自由主义，然后同小资产阶级民主，包括小资产阶级社会主义"[①]。

现在转到第三个，也是对这篇文章的任务来说主要的自我批判的层次——Т. И. 奥伊则尔曼对马克思主义的产生过程的批判性研究，包括对以前他从不同的原则立场出发研究这个过程所得出的结论的自我批判性评价。首先强调，奥伊则尔曼仍然继续从前的正确对待马克思和恩格斯文本的方法：认真地弄明白经典作家写进研究文本中的具体内容。

真实性并不与对对象的批判相矛盾，也不和教条主义或辩护相同。今天，Т. И. 奥伊则尔曼认为，马克思主义创始人的主要错误认识之一是对废除生产资料私有制必然性的坚信。作者指出，马克思在巴黎《德法年鉴》杂志时期（1843 年底—1844 年初）的活动可以说明这一特征，当时马克思已经强调废除私有制的必然性，虽然他不接受共产主义者的乌托邦主义，这些共产主义者将此任务简化为在保持生产水平的基础上公平分配生产出来的财富[②]。

在《1844 年经济学哲学手稿》[③] 中，私有制问题被马克思看作是异化劳动的产物，这是私有制问题具有历史性过渡特征的理论根据。奥伊则尔曼在自己的新书中指出："如果马克思承认各种所有制形式在质上

[①] Т. И. Ойзерман. Возникновение марксизма. М.："Канон ＋"РООИ "Реабилитация"，2011：489.

[②] 同①236-237.

[③] 在最新的马克思著作原文版中，这部著作是被这样命名的：从以前的标题中删去了"1844 年"（Marx-Engels-Gesamtausgabe（или MEGA²），Vierte Abt., Bd. 2. Berlin, 1981）。

并存的必然性，这个原理是完全正确的。但糟糕的是，对于马克思和恩格斯来说，就像对于他们的先驱者——乌托邦社会主义者（和共产主义者）来说——**废除**私有制是**绝对**必然的。"① 接下来，就马克思关于"积极废除"的必然性论题，奥伊则尔曼解释道：这必须以生产力的资本主义社会化的高水平为前提，例如，在聚积了千百万股东的资金的股份公司的形式中。"所以，在《资本论》中，马克思评价这些股份公司是在资本主义框架内消灭了生产资料私有制。"②

作者强调，马克思同时把自己的立场描述为**现实的人道主义**，共产主义和社会主义被看作是实现它的途径。Т. И. 奥伊则尔曼得出结论："正是这一情况，即现实的人道主义是马克思主义的共产主义的本质，并构成马克思主义的真正内容，尽管关于人类未来的乌托邦观念并无说服力"③。

我同意到这一阶段结束，马克思确实论证了**现实的人道主义是世界观理想**，或者是**基本的价值观点**，在这个意义上，也是马克思主义的本质，但并不是它全部真正的内容。我认为，四种价值组成了这一立场：人，他应有的生活是最高价值，自我价值；**自由**是每一个只限于同他人一样拥有平等自由的人的生命活动不可剥夺的属性；**科学**是探寻实现人有尊严的生活和自由的有根据的路径的手段；在整个人类生活中为反对任何人的压迫，争取这些最终价值（终极目标）的**实现**而进行的**斗争**。斗争依赖于这一活动的科学上健全的方法，例如工具价值，符合终极价值的基本行为规则。

马克思主义奠基人随后的一切活动事实——理论的和实践的——都证明了他们对这个世界观理想的坚持。绝不是说教的观点，而是文化的人道主义核心，包括在科学上为实现人的尊严和自由进行的有理有据的斗争，构成了马克思主义的基础因素、与启蒙人道主义的原则性区别，以及它对劳动者和整个人类生活产生巨大影响的根源。我认为，马克思主义的这个文化基础在各种具体历史形式中得到体现。显然，于1848年形成的无产阶级共产主义是现实的人道主义体现的第一个形式。

---

① Т. И. Ойзерман. Возникновение марксизма. М.："Канон＋"РООИ "Реабилитация", 2011：275.
② 同①290.
③ 同①318.

附录　马克思主义产生的自我批判

　　Т. И. 奥伊则尔曼著作的第二章真正地揭示了这个形式（1845—1848年）的形成。正像作者所指出的，在这一时期，马克思主义的唯物主义历史观（但还没有唯物辩证法）和以"科学共产主义"为基础的（但还没有经济理论）政治学说的形成基本完成。随着马克思主义奠基人的思想向新世界观转变和自我批判的增长，一方面，他们相应地部分地否定了自己过去的观点、看法，另一方面，他们更接近于社会主义者和共产主义者。同时，研究者还重新评价了他原先对这个过程的理解的一些方面。我们首先研究这一阶段的哲学部分，然后是经济学部分。

　　就像在以前的著作中 Т. И. 奥伊则尔曼详细指出的，在第一部合著——《神圣家族，或对批判的批判所做的批判。驳布鲁诺·鲍威尔及其伙伴》（1845年）——中马克思主义奠基人同鲍威尔的唯心主义思辨彻底决裂，赞同费尔巴哈的唯物主义人本学，但把"现实的人道主义"同工人阶级的解放运动结合起来。被剥夺了劳动资料所有权的无产阶级的生存状态本身，预先揭示了其历史使命——彻底消灭私有制。这将成为作为通向现实的人道主义路径的社会主义革命不可避免的结果。

　　为了反驳马克思，鲍威尔宣称，无产阶级历史使命的观点对于工人来说毫无批判力，因为单调的体力劳动，工人们不能接受共产主义革命的广阔眼界。在新的著作中，奥伊则尔曼补充道，鲍威尔和他的追随者不善于评价无产阶级发展的历史前景、阶级意识，以及同剥削和政治压迫做有组织的斗争的能力。作者补充说："然而，在断言无产阶级世界历史使命的信仰在原则上带有乌托邦的特征时，他们是正确的"①。

　　还是在1962年的著作中，作者就提醒专业研究者注意在《神圣家族》中描述的历史哲学概念，而现在，在新的著作中作者援引了其被修正了的评述。事实上，概述性的回顾是很有趣的：从青年黑格尔派到黑格尔和德国古典唯心主义，在整体上就是17世纪形而上学的重建；在这个形而上学中实现了同在18世纪初就已经被撤销的实证科学的联系，当实证科学从形而上学中分离出来就会显露出，形而上学体系就开始同科学知识的发展发生冲突，并丧失了以前的威望，然后18世纪法国唯物主义就胜利了。"正是在唯物主义中，马克思和恩格斯看到了形

---

① Т. И. Ойзерман. Возникновение марксизма. М.："Канон+" РООИ "Реабилитация"，2011：346.

而上学创造体系真正的、不可调和的反对者。"① 在19世纪40年代，唯物主义再次反对黑格尔哲学和青年黑格尔派的哲学——这一次是费尔巴哈的人本学。在总结这一历史哲学过程的概要时，Т. И. 奥伊则尔曼总结说，"马克思和恩格斯论证了自己的否定哲学（在旧的话语意义上），也就是说，否定了现实与似乎独立于它的理性的对立。这个观点成为了对哲学的一般否定"②。

我承认，我曾经期待，在这个方面，作者能利用哲学理论的多元论概念，作为在其著作《作为哲学史的哲学》中所论述的特定的认知过程。在导言中，作者曾清楚地说："哲学区别于其他科学，无论它发展的历史水平如何，可以说，都存在复数。"③ 并总结说："多元论存在于每一个基本哲学流派的框架内——无论是唯物主义，还是唯心主义。"④ 他做出结论："哲学理论的多元论是认识的特定形式，是哲学知识的发展，它被新思想、新问题、新结论所丰富……这里直接体现了作为历史哲学过程的哲学的统一。"⑤

这些校正性的观点是否适用了马克思主义哲学及其形成过程？我认为，毫无疑问，是有用的。依据我对青年马克思观点发展的研究经验，我看到了多元论方法在研究唯物主义辩证法及相应历史观的形成时巨大的启发式潜力。马克思在康德和黑格尔之间的最初选择，他进入青年黑格尔派又从其中脱离，从崇拜费尔巴哈到对其不包含人的社会属性的人本主义失去信心，——这是马克思在当时基本哲学概念多元主义领域内的值得赞扬的话动，这个时期完成了对作为理解人、社会和自然的方法的唯物主义辩证法的研究，虽然它不是唯一正确的方法，但却是我们时代与他人相互作用的主要方法之一。因此，在哲学理论多元论的语境中研究马克思和恩格斯的哲学观点的形成过程，是极有意义的研究任务。

对这一过程研究的空白是真实性的一面：它通常在马克思主义创始人（他们的著作和实践活动）身上得到充分实现，而在很小的程度上是

---

① Т. И. Ойзерман. Возникновение марксизма. М.："Канон＋" РООИ "Реабилитация"，2011：347.

② 同①357.

③ Т. И. Ойзерман. Философия как история философии. М.：1999：5.

④ 同③54.

⑤ 同③417.

附录　马克思主义产生的自我批判

针对他们所批驳的人。从脚注的特点就可以看出这一点：阐述鲍威尔、施蒂纳、蒲鲁东和其他人的观点，或者是从马克思和恩格斯的著作中引用的（也就是借用二手材料），或者完全没有引用的来源出处。而关于他们的实践活动，几乎没什么可说的。必须恢复平等的真实性。甚至应当从对马克思主义的反对者的粗陋评价中解放出来，例如"实现了思想的粉碎"，"从他那里就终结了"，"他没有被认定"，"完全忽略"，等等。

在1845年年初，马克思被驱逐出法国，移居布鲁塞尔。这年春天，当他再次和恩格斯会面时，他们已经能感觉到欧洲革命形势的成熟。两位志同道合的战友致力于统一分散于各个国家的共产主义小组。这需要马克思和恩格斯提供新的论据，进行更多理论化的同时能让进步工人理解的，也就是更具体的、贴近于日常生活的、能够战胜"真正的社会主义者"和共产主义宗派主义者错误立场的论证。总之，马克思自我批判地意识到，需要更加深入地和更加详细地制定其新的历史观。

在弄清了这个研究指向后，马克思为自己起草了著名的关于费尔巴哈的十一条提纲（恩格斯在马克思逝世五年后才发表了它们）。我们讨论的这部著作详细地分析了它们。作者运用了大量历史哲学材料指出，提纲在准备唯物主义历史观原理时具有的启发性意义：提出了作为认识论和社会理论的基本概念之一的实践作用，提出了作为全部社会关系总和的人的本质的认识，确定了将"**人类社会**"而不是"市民社会"作为"新唯物主义"立脚点；弄清历史任务不仅是解释现存世界，而且也是改变现存世界。

这一提纲的指向贯穿《德意志意识形态》（1845—1846年）——马克思和恩格斯第二本合著的著作。在这部著作中，他们将自己的新学说命名为共产主义（同时也是"实践唯物主义"）。根据奥伊则尔曼的评论，这"并不与现实人道主义脱节，而是它的新的名称，并再好不过了"①。的确，这并没有与现实人道主义脱节，而是一种补充，寻找作为真正地努力**实现**人道主义的政治力量的体现的第一个具体历史形式。

在这本著作中，奥伊则尔曼专门用了六节非常详细地考察了《德意志意识形态》。我们和作者一起注意到，在这部合著中马克思和恩格斯第一次使用了"唯物主义历史观"这个术语，并准确表达了这类范畴：

---

① Т. И. Ойзерман. Возникновение марксизма. М.："Канон＋"РООИ"Реабилитация"，2011：417.

生产方式、生产关系、生产力与生产关系之间的矛盾、经济基础和上层建筑、社会意识、意识形态、国家阶层等。我们将注意力转向论著的作者建议考察的某些新观点。

例如，Т. И. 奥伊则尔曼援引了《德意志意识形态》中关于革命是新生产力与旧生产关系之间矛盾产物的观点的内容。但是，作者确信，"与马克思恩格斯和他们的拥护者所相信的许多事情相反，资产阶级社会的生产力与资本主义生产关系之间的冲突并没有出现。可见，没有为了所谓的共产主义革命的经济基础，这些概念是马克思主义主要的空想特征之一"①。作为论据，作者注意到某些事实：一系列国家没有革命，就从封建主义过渡到资本主义；到目前为止，在资本主义条件下，生产力的发展同时伴随着相应的生产关系的改变，等等②。

我们发现，在这种情况下，作者谈及的不仅仅是哲学原理，还包括历史和现实的基本问题，因此不可能通过一般的判断就解决它们。但这对于问题的确立已经足够了。解决这些问题必须考虑在世界历史和经济科学中多样性研究的实现，研究结果在一定程度上（虽然不总是，也不是全部）证明了马克思主义列出的原理。即使说这只是马克思和恩格斯拥护者（如果不把一些教条的"历史唯物主义者"和"科学共产主义"辩护士看作是这样的拥护者）的"多种主张"，也不能否定这些原理。因此，重要的是强调认真进行科学研究的必要性，这种研究证明了那些反马克思学的研究（或者证明马克思正确性）的错误，并论证了在从一种社会形态向另一种社会形态过渡的情况下实现革命的其他原因，如果这些原因能够被发现的话。

再如，Т. И. 奥伊则尔曼对**意识形态**概念的研究具有狭义的哲学特征，马克思和恩格斯就是相对于**德国**哲学来运用它的（专用词汇的组合构成了《德意志意识形态》著作的名称）。作者断定："在《德意志意识形态》中，从康德到黑格尔和费尔巴哈哲学的特点就是**意识形态**。在确定了意识形态这一概念是虚假的、虚幻的意识之后，马克思和恩格斯运用了它的否定意义……

马克思和恩格斯将那些在经济和政治上占统治地位的有产阶级所拥

---

① Т. И. Ойзерман. Возникновение марксизма. М.："Канон+" РООИ "Реабилитация"，2011：465.

② 同①465-466.

附录　马克思主义产生的自我批判

有的社会意识称为意识形态"。这种对于作为哲学流派的德国古典哲学的态度即是"对于它的否定性态度的证明"。而且《德意志意识形态》的作者一般不去考虑这个流派中的"某些正确内容"①。总体来说，"在《德意志意识形态》中，马克思和恩格斯创立的对历史的唯物主义理解被解释为对所有哲学的彻底否定"②。但是，"在知识体系中所有哲学都享有某种地位"：知识综合了历史和自然发展的最全面的成果；在这个领域里"产生了**辩证唯物主义**"。辩证唯物主义不是马克思和恩格斯创造的（"马克思在任何地方都没有提到过辩证唯物主义"），而是普列汉诺夫和后来的德波林在"理解和普及《反杜林论》哲学篇的过程"中创造的，甚至是许多苏联和国外马克思主义哲学教科书的作者创造的③。

这些类似的评价允许假设，似乎作者也否定"辩证唯物主义"这个术语，同时他认为，马克思形成并一直保持了对一般哲学的否定态度。但是，这不符合 Т. И. 奥伊则尔曼在早先出版的《马克思主义和乌托邦主义》一书中对这个问题的详细论述。他在该书的"对辩证唯物主义批判性理解的尝试"一章中指出，狄慈根把"辩证唯物主义"这一表述引入学术界④。然后，一直考察到《资本论》马克思对辩证方法态度的演进，以及恩格斯在《反杜林论》和《自然辩证法》中对辩证规律的态度后，Т. И. 奥伊则尔曼得出结论："辩证唯物主义的对象不是赫赫有名的'辩证法规律'，而是被作为假说赋予普遍性的辩证过程，其内容是由自然界、社会和认识中的运动、变化、发展等被科学确定的事实所构成的。"⑤

这个结论直接关系到对马克思主义哲学产生的研究。第一，它包含了对关于马克思主义本身是哲学的肯定性回答，虽然从1845年起，哲学在马克思的某些著作中就被"否定"了。第二，这个结论重新提出了成熟的和晚期的马克思主义的哲学内容问题，并在实质上将这一哲学形成的完成推迟到马克思写作《资本论》第一卷的时期；无论如

---

① Т. И. Ойзерман. Возникновение марксизма. М.："Канон＋"РООИ"Реабилитация"，2011：428-429.
② 同①471.
③ 同①472.
④ Т. И. Ойзерман. Марксизм и утопизм. М.，2003：116.
⑤ 同④125.

何,这种假设都有被检验的权利①。第三,在马克思主义哲学形成的过程中,马克思向认定**辩证法是研究**社会经济过程的**客观矛盾的方法**的转变,获得越来越明显的特征,这种转变在《哲学的贫困》(1847年)中初步形成,但马克思是在《资本论》中完全弄清楚它的认识—方法论意义的②。

这样就要分析一下唯物主义历史观的地位问题。一方面,它的发现将唯物主义扩展到人类和社会,从而完成了唯物主义,同时也为作为万能认识方法的唯物主义辩证法的形成提供了前提条件。另一方面,这是一种**社会**学说,即它的对象只是辩证唯物主义的构成对象之一,它本身也需要辩证方法。这里存在矛盾。大概这也是辩证唯物主义或唯物主义辩证法的本质矛盾,解决这个矛盾就要承认唯物主义历史观是马克思主义的社会哲学,甚至面临着弄清其与其他现代哲学流派的社会哲学的关系问题。可能还有一种解答:在唯物主义辩证法(辩证唯物主义)的形成过程中,唯物主义历史观执行了自己的启发式功能,使辩证唯物主义具有完成性之后,就发展为一般的社会学说。希望能验证这个假设。

马克思写给19世纪中期俄国民主派著名的政论家安年科夫的信可以被认为是唯物主义历史观萌芽的开端,在巴黎时安年科夫就与马克思相识了。这封信注明的日期是1846年12月28日。一方面,它是《德意志意识形态》中众所周知的原理的摘要,另一方面也是"马克思主义的优秀著作《哲学的贫困》的轮廓"③。为了让大家理解接下来的评论,

---

① 奥伊则尔曼同时注意到,这个过程**开始**得相当早。在《神圣家族》和《德意志意识形态》的分析中,马克思和恩格斯"**辩证地论述了**,即深入考察了发展的过程,揭示了其矛盾的内在实质,指出了既相互排斥又相互依存的对立面的互为条件性。这能否解释为是对黑格尔辩证法的无意识地掌握?"Т. И. Ойзерман. Возникновение марксизма. М.:"Канон+"РООИ"Реабилитация",2011:452.

② 几代马克思主义者都没有意识到作为复杂客体的结构和变化知识的逻辑(从人到社会和宇宙)的辩证法的意义并不奇怪。到了20世纪50年代中期,苏联一些杰出的哲学家——Э. В. 伊里因科夫、А. А. 季诺维耶夫、Б. А. 格鲁申和他们的战友 В. А. 列克托尔斯基、В. Н. 萨多夫斯基、В. С. 什维列夫等才举起辩证逻辑的旗帜。从这时起,马克思主义奠基人对现代哲学的重要贡献才成为具有世界哲学意义的财富——被他们规定为唯物主义和唯心主义的成就统一的开端。

③ Т. И. Ойзерман. Возникновение марксизма. М.:"Канон+"РООИ"Реабилитация",2011:507.

附录　马克思主义产生的自我批判

我援引了这封信在这部论著中被再次表述的关键之处①：

"社会——不管其形式如何——是什么呢？是人们交互活动的产物。人们能否自由选择某一社会形式呢？决不能。在人们的生产力发展的一定状况下，就会有一定的交换［commerce］和消费形式。"② 接着，马克思集中论述了对社会结构的唯物主义理解。不难发现，这个论述接近于《〈政治经济学批判〉序言》的内容。

补充一点，"社会——不管其形式如何——是什么呢？"这一重要问题仍然在各种流派的社会理论中被讨论着。对它的回答都近似马克思所给出的答案，但并没有引用他的论述，例如 Ф. 捷尼斯的经典著作《共同性与社会》、G. 齐美尔的名著《社会的分化》、П. 索罗金的教材《社会学体系》③。这难道不是作为一般社会理论的唯物主义历史观效能的证明吗？一般社会理论的最初原理都类似于各种社会思潮流派最有代表性的思想。

时常有人把上述引用的马克思文本的逻辑评定为经济决定论。但是必须弄清楚"生产力""生产方式"概念与"文化"概念的相互关系。按照马克思的理论，生产力就是劳动活动的工具和其他资料，还包括进行劳动活动所必需的劳动者的知识、能力和技能的运用。在现代观念中，文化就是人类活动的价值和规范、方法和成果的总和，是精神和物质的统一：在实质上，它包括马克思所称的生产力（活动方式、知识、技能），但具有更广泛的内容。因此，生产方式就是在人类生命活动的基本生产领域中生产力和生产关系的辩证统一，文化和社会性（在人们活动过程中人与人之间的关系）的辩证统一。这种理解消除了关于生产方式业已形成的狭义的带有经济决定论内容的观念（若宽泛些的话，指人类活动方式），为马克思主义社会哲学（或一般社会理论）这一范畴赋予了启发式的特征。

现在我们简要地分析论著第二部分提出的关于马克思主义经济学说形成的某些观点。首先，马克思不得不应对蒲鲁东的新书《经济矛盾的体系，或贫困的哲学》。该书的作者将"坏的"资本主义所有权与"好

---

① Т. И. Ойзерман. Возникновение марксизма. М.："Канон＋"РООИ "Реабилитация"，2011：523.

② 马克思恩格斯全集：第47卷. 2版. 北京：人民出版社，2004：440.

③ Н. И. Лапин. Общая социология. Изд. 2-е. доп. М.，2009：23-26.

的"(公平的)手工业者私有权相比较,他把一群只善于盲目地发动暴动的赤贫者看作无产阶级。在用法语写成并出版于1847年年中的《哲学的贫困》这一小册子中,马克思指出蒲鲁东对黑格尔辩证法认识的表面性(学会的"只是他的语言")、他的经济矛盾"体系"概念的随意性和历史观的局限性,不允许他看到在无产阶级赤贫的背后作为革命力量的使命。

Т. И. 奥伊则尔曼的总结性补充值得注意:"马克思的著作《哲学的贫困》是一部杰出的小册子,它对唯物主义历史观进行了出色的具体化,对黑格尔辩证法做出了唯物主义的阐释……至于说这部天才著作对法国工人运动的**政治**影响,却因为一系列历史原因而不被人们注意……当然,这个非常重要的情况并没有削弱马克思这部著作在马克思主义史中的意义。"①

恩格斯的《英国工人阶级状况》(1845年)一书在论证革命的相似性上发挥了重要作用。首先,青年的作者大量的观察以及同曼彻斯特工人们的交谈为这本书提供了资料,1843—1844年,恩格斯按照父亲的委托,在那里的一家小工厂里担任办事员。但这本书是他从英国回来后写的,在他的故乡巴门,正像恩格斯写给马克思的信中说到的,他"正埋头钻研英国的报纸和书籍"②,研究了大量官方的和非官方的文献和史料③。

恩格斯描写了当时英国工人生活的贫困化和毫无尊严的令人难忘的景象。Т. И. 奥伊则尔曼指出,马克思主义的根本特征在这部书中被充分显露出来,即在获得理论结论的情况下否定先验的前提条件。其中重要的一点是:工人阶级不仅有能力消灭资本主义,还能建设无阶级的社会。"虽然真实的历史过程证明,无产阶级不追求消灭资本主义制度,恩格斯乌托邦的(共产主义的)结论,就像马克思主义的所有内容一

---

① Т. И. Ойзерман. Возникновение марксизма. М.: "Канон＋" РООИ "Реабилитация", 2011:526-527.

② 马克思恩格斯全集:第47卷. 2版. 北京:人民出版社,2004:328.

③ 许多事实都是恩格斯从这些书中搜集的:自由主义者盖斯凯尔医生的《英国工业居民,由于使用蒸汽机而形成其道德、社会和身体条件及变化。童工研究》;自由贸易主义者波特的《从19世纪初到现代民族的进步及各种社会和经济关系》,三卷;凯亚的《曼彻斯特棉纺织工业工人阶级的道德条件和身体条件》;尤拉的《工厂哲学》等。(А. И. Малыш. Формирование марксистской политической экономии. М., 1966:115-116.)

样,在相当程度上促使工人阶级开展为根本改善自己社会地位的有组织的斗争。"[1]

我们补充一下,这本书首次于1845年用德语在德国出版。根据恩格斯所讲的,过了40年,这个国家的局势才变得像英国一样。1885年[2],这本书第一次用英语在美国出版。而在英国本土,直到1892年才出现这本书,当时英国工人的生活已经有所改变——相对比半个世纪前好些,这主要是因为宪章运动和工会运动的影响。可以说,革命理论的辩证法和社会实践的进化就是这样的。

让我们再看看论著结尾章,其中主要讨论马克思主义政治观念形成的实现阶段——《共产党宣言》(1848年2月)。根据作者的评价,正是在这个章节中包含了他带有自我批判立场的对马克思主义形成过程的新的评价和看法。

Т. И. 奥伊则尔曼赞成普遍的观点,认为《共产党宣言》是一部天才的著作的观点。但他反对列宁评价它是马克思主义成熟的著作的观点。他认为,这是一部"马克思主义的**早期**著作",因为当时马克思主义政治经济学还没有创立,而唯物主义历史观"更像一个草图",就像在《德意志意识形态》中的一样。总之,根据 Т. И. 奥伊则尔曼的看法,"共产党还没有成立",而《共产党宣言》中的真理与错误并存[3]。

与列宁的评价相反,在《共产党宣言》中,无产阶级革命被看作是民主的确立,而不是专政的确立[4]。但是,作者对于社会主义革命的紧迫性的理解还没有根据。在只是拥有有限的关于资本主义经济的概念时,马克思和恩格斯错误地认为,资本主义已经起到了其历史作用。像西斯蒙第一样,他们把经济危机看作资本主义软弱无力和临近灭亡的证据[5]。他们还把在当时显现的工人阶级生活水平的降低看作资本主义的软弱无力[6]。

---

[1] Т. И. Ойзерман. Возникновение марксизма. М.: "Канон＋" РООИ "Реабилитация", 2011: 395.
[2] 应为1887年在美国出版的英文本。马克思恩格斯文集. 北京:人民出版社,2009: 797. ——译者注
[3] 同[1]536-538.
[4] 同[1]543-544.
[5] 同[1]544-545.
[6] 同[1]546.

按照专著作者的评价,《共产党宣言》的结论是空想的:资本主义生产关系已经变得太狭小,以致容不下由其所创造的财富,资本主义统治的终点就要来临。同时,作者强调,《共产党宣言》"对世界历史的发展做出**预见性**的分析,天才地预言了经济和文化的**全球化**。"①

《共产党宣言》在伦敦出版,因为那里没有书报检查制度。但是,运往德国的那些在边境就被没收了。然而,《共产党宣言》得到了传播,并产生了精神闪电般的影响。巧的是,它出版一个星期后,资产阶级民主革命的炮声果真在欧洲大陆国家响起。恩格斯成为德国斗争战线上的炮手之一。马克思和恩格斯把后来革命失败解释为革命不是以不断发展成社会主义革命为目标的结果。

马克思主义奠基人直至逝世都确信《共产党宣言》原理的正确性。这引起著作作者的不解,"因为20世纪70年代,在一些最重要的问题上马克思主义奠基人的观点都被**完全实质地改变了**"②。他做出一系列关于马克思和恩格斯为什么坚信这些不能被历史进程所证实的原理的原因的推测,并用一些事实来证明自己的观点。

这些问题完全具有现实意义,但距"马克思主义产生"这个题目有些远。由于对 Т. И. 奥伊则尔曼这部新书结论的思考,我想再次对他的这个"自我批判"表示感谢。"自我批判"意味着创造性地反思马克思主义的产生过程,并促使我们以新的和现代的观点研究这一过程。

---

① Т. И. Ойзерман. Возникновение марксизма. М.:"Канон+" РООИ "Реабилитация", 2011:549.

② 同①546.

参考文献

外文文献

Сочинения К. Маркса и Ф. Энгельса： т. Ⅲ. М.-Л.： Государственноеиздательство，1929.

Сочинения К. Маркса и Ф. Энгельса： т. Ⅴ. М.： Государственноеиздательство，1929.

К. Маркс и Ф. Энгельс сочинения： т.46 ч. Ⅰ. Издание второе. М.： Издательство политической литературы，1968.

Карл Маркс. Избранные произведения в двух томах： том Ⅰ. М.： Партийное издательство，1933.

Карл Маркс. Избранные произведения в двух томах. М.： Государственное издательство политической литературы，1940.

К. Маркс и Ф. Энглс. Извранные произведения в двух томах. М.： Государственное издательство политической литературы，1948.

К. Маркс и Ф. Энгльс. Извранные произведения в 3-х томах. М.： Политиздат，1966.

К. Маркс и Ф. Энгельс. Избранные сочинения в 9 томах： том 1. М.： Издательство политической литературы，1984.

К. Маркс и Ф. Энгельс. Избранные сочинения в 9 томах： том7. М.： Издательство политической литературы，1987.

К. Маркс и Ф. Энгельс. Избранные письма. М.：Госполитиздат，1947.

В. И. Ленин. Полное собрание сочинения：т. 42. М.：Государственное издательство политической литературы，1963.

Переписка К. Маркса и Ф. Энгельса с русскими политическими деятелями. М.：Госполитиздат，1947.

Переписка К. Маркса и Ф. Энгельса с русскими политическими деятелями. Изд. 2-е. М.，1951.

К. Маркс. Нищета философии. С.-Петербургъ：Книгоиздательское Т-во «Просвещение»，1905.

К. Маркс. Нищета философии. М.：Государственное издательство，1930.

К. Маркс и Ф. Энгельс. Коммунистический манифест. третье дополненное издание. М.：Государственное издательство，1923.

К. Маркс и Ф. Энгельс. Манифест Коммунистический партии. М.：Государственное издательство политической литературы，1948.

Неизданные письма Ф. Энгельса. Л.：Колос，1924.

Ф. Энгельс. Политическое завещание. Из неопубликованных писем. М.：1923.

В. И. Ленин. Маркс-Энгельс-Марксизм. М.：Партиздат，1936.

И. П. Верховцев, З. А. Левина, Г. Д. Обичкин. Идейный арсенал коммунистов. М.：Политиздат，1979.

Литературное наследство К. Маркса и Ф. Энгельса：История публикации и изучения в СССР. М.：Политиздат，1969.

Хайнц Шмерн, Димер Вольф. Великое наследие-исторический репортаж о литературном наследии Карла Маркса и Фридриха Энгельса. М.：Издательство полической литературы，1976.

Т. И. Ойзерман. Формирование философии марксизма. М.：Мысль，1986.

Т. И. Ойзерман. Возникновение марксизма. М.："Канон＋" РООИ "Реабилитация"，2011.

Т. И. Ойзерман. Марксизм и утопизм. М.，2003.

А. И. Малыш. Формирование марксистской политической экономии.

М. : Издательство политической литературы, 1966.

Г. А. Багатурия, В. С. Выгодский. Экономическое наследие Карла Маркса. М. : Издательство «Мысль», 1976.

Г. А. Багатурия. К истории написания, опубликования и исследования «Немецкой идеологии» Маркса и Энгельса//Из истории формирования и развития марксизма. М. : Государственное издательство полической литературы, 1959.

Г. А. Багатурия, Д. В. Джохадзе. Первая программа Союза коммунистов «Манифест коммунистической партии» в контексте истории. М. : Издательство ВИУ, 2007.

В. С. Выгодский. История одного великого открытия К. Маркса. М. : Мысль, 1965.

Е. Кандель составил. О публикации литературного наследства К. Маркса и Ф. Энгельса. М. : Государственное издательство политической литературы, 1947.

Л. А. Левин. Библиография произведении К. Маркса и Ф. Энгельса, М. : Государственное издательство, 1948.

Л. А. Левин. «Манифест коммунистической партии» в России. М. : Госкультпросветиздат, 1956.

А. И. Володин. «Анти-Дюринг» Ф. Энгельса и общественная мысль России 19 века. М. : Издательство «Мысль», 1978.

Институт К. Маркса и Ф. Энгельса при ЦИК СССР. М. , 1930.

Пятый всемирный конгресс Коммунистического Интернационала. 17 июня-8 июля 1924. Стенографический отчет, ч. II, (приложения), М. -Л. , 1925.

Летописи марксизма I. М. -Л. : Государственное издательство, 1926.

Д. Рязанов. Деятельность института К. Маркса и Ф. Энгельса и его ближайшие задачи//Летописи марксизма V. М. -Л. : Государственное издательство, 1928.

Д. Рязанов. Институт К. Маркса и Ф. Энгельса при ЦИК СССР. М. , 1924.

Д. Рязанов. Институт К. Маркса и Ф. Энгельса при ЦИК СССР.

Отчет за 1924-1925гг. М. -Л., 1925.

Архив К. Маркса и Ф. Энгельса Ⅱ. М.: Партийное издательство, 1926.

Архив К. Маркса и Ф. Энгельса Ⅲ. М.: Партийное издательство, 1927.

Архив К. Маркса и Ф. Энгельса: т. Ⅰ(Ⅵ). М.: Партийное издательство, 1932.

ЦПА ИМЛ при ЦК КПСС, ф. 17, оп. 2, ед. Хр. 43.

В. А. доратский. Каркс Маркс. Даты жизнии Деятельности 1818—1883. М.: Партиздат, 1934.

М. М. Загорулько. Экономическая история Россия: проблемы, поиски, решения//Ежегодник. Моска-Волгоград, 2002.

М. Блауг. Экономическая мысль в ретроспективе. М.: Дело Лтд., 1994.

М. А. Маслина. Русская философия: Энциклопедия. М.: Алгоритм, 2007.

Н. И. Лапин. Молодой Маркс. М.: Политиздат, 1976.

Н. И. Лапин. Молодой Маркс. Издание третье. М.: Издательство Политической литературы, 1986.

Д. И. Розенберг. Очерки развития экономического учения Маркса и Энгельса в сороковые годы ⅩⅩ века. М.: Издательство академии наук СССР, 1954.

Б. Шнеерсон. Опыт библиографии произведений Карла Маркса и Энгельса в русских переводах. М.: Красная новь, 1924.

Страницы истории марксизма и международного рабочего движении в ⅩⅩ веке: часть Ⅰ. М., 1979.

В. С. Кружков. Раэвитие марксистско-ленинской философии в СССР за 40 лет. Свервдловск, 1958.

Г. И. Серебрякова. Маркс и Энгельс. М.: Мол. гвардия, 1975.

О. Корню. Карл Маркс и Фридрих Энгельс: Жизнь и деятельность. М.: Прогресс, 1976.

Редколлегия Н. Г. Краснова и др.. Всепобеждающая сила учения Карла Маркса: К 165-летию со дня рождения и 100-летию со дня смерти К. Маркса//Сборник науч. Статей. М.: Беларусь, 1983.

Р. П. Конюшая. Карл Маркс и революционная Россия. М.: Политиздат, 1985.

История философии в СССР: в 5-ти т. М.: Наука, 1988.

П. Н. Федосеев и др.. Карл Маркс: Биография. М.: Политиздат, 1989.

Маркс——историк. М.: Издательство «Наука», 1968.

Ни-т марксизма-ленинизма при ЦК КПСС//Энгельс Теоретик. М.: Политиздат, 1970.

«Анти-Дюринг» Ф. Энгельса и современность. М.: Издательство «Мысль», 1978.

К. Маркс, Ф. Энгельс и революционная Россия. М.: Политиздат, 1967.

М. В. Гаврилович. ИМЭЛ: цитадель партийной ортодоксии: из истории Института марксизма-ленинизма при ЦК КПСС 1921—1956. М.: Новый хронограф, 2010.

В. А. Смирнова. Первый директор института К. Маркса и Ф. Энгельса Д. Б. Рязанов, Вопросы истории КПСС, 1989 (9).

Г. А. Тихомирнов. Единый партийный арзив. Литературное наследство, 1932 (3).

Ю. Н. Амиантов, М. С. Веселина, И. Б. Русанова. Пополнение фондов Центрального партийного архива ИМЛ при КПСС 1968—1971гг. Вопросы истории КПСС, 1972 (7).

Б. Г. Тартаковский. Крупный вклад в теоретическую сокровищницу марксизма-ленинизма——О дополнительных томах ко второму изданию Сочинений К. Маркса и Ф. Энгельса. Вопросы истории КПСС, 1982 (1).

А. И. Малыш. Духовный арсенал коммунистов——К завершению второго издания Сочинений К. Маркса и Ф. Энгельса. Вопросы истории КПСС, 1982 (10).

Идейно-теоретический арсенал коммнистов. коммунист, 1981 (1).

В. Выгодский. Избранные произведения К. Маркса и Ф. Энгельса. Партийная жизнь, 1966 (17).

В. С. Выгодский. Из истории создания «капитала» К. Маркса.

Вопросы экономики, 1974 (2).

Р. П. Конюшая. Ученый марксист. Вопросы истории КПСС, 1963 (8).

Е. Степанова. О книге «Каркс Маркс. Даты жизнии Деятельности 1818—1883». Историк-марксист, 1935 (6).

А. И. Титаренко, Б. Н. Вороницов. О месте понятия отчуждения в системе категории марксизма, Вопросы философии, 1978 (11).

И. С. Нарский. Вопросы отчуждения в произведений К. Маркса. Философские науки, 1967 (4).

И. Ф. Ковалев. О запрении царской цензурой произведения К. Маркса «Нищета философии», Исторический архив, 1959 (2).

И. Прейс. «Манифеста Коммунистической партии» в русских перевадах. Вестник АН СССР, 1948 (2).

И. Прейс. Юбилейное издание «Манифеста Коммунистической партии». Большевик, 1948 (4).

Б. Козьмии. О первоьм русском переводе «Коммунистического Манифеста». Каторга и ссылка, 1933 (3).

А. Г. Хоменко. Ленин констект Переписки К. Маркса и Ф. Энгельса. Вопросы философии, 1960 (4).

В. Шульгин. «Анти-Дюринг» в России 70-х годов//Звенья Ⅷ. М., 1950.

К 140-летию со дня рождения Карла Маркса. Вопросы философии, 1958 (5).

А. П. Петрашик. Путь молодого Маркса к материализму и коммунизму. Вопросы философии, 1958 (3).

Н. И. Лапин. Об исследованим философского развития молодого Маркса. Вопросы философии, 1958 (3).

В. А. Капушин. Разработа К. Марксом материалистической диалектика в «Экономическо-философских рукописи» 1844 года. Вопросы философии, 1955 (3).

Второе издание Сочинений К. Маркса и Ф. Энгельса. Правда, 1955-01-12.

中文文献

马克思恩格斯全集：第1卷. 2版. 北京：人民出版社，1995.
马克思恩格斯全集：第2卷. 北京：人民出版社，1957.
马克思恩格斯全集：第3卷. 北京：人民出版社，1960.
马克思恩格斯全集：第4卷. 北京：人民出版社，1958.
马克思恩格斯全集：第13卷. 北京：人民出版社，1962.
马克思恩格斯全集：第18卷. 北京：人民出版社，1964.
马克思恩格斯全集：第19卷. 北京：人民出版社，1963.
马克思恩格斯全集：第21卷. 北京：人民出版社，1965.
马克思恩格斯全集：第27卷. 北京：人民出版社，1972.
马克思恩格斯全集：第30卷. 北京：人民出版社，1975.
马克思恩格斯全集：第34卷. 北京：人民出版社，1972.
马克思恩格斯全集：第35卷. 北京：人民出版社，1971.
马克思恩格斯全集：第36卷. 北京：人民出版社，1975.
马克思恩格斯全集：第37卷. 北京：人民出版社，1971.
马克思恩格斯全集：第38卷. 北京：人民出版社，1972.
马克思恩格斯全集：第39卷. 北京：人民出版社，1974.
马克思恩格斯全集：第40卷. 北京：人民出版社，1982.
马克思恩格斯全集：第42卷. 北京：人民出版社，1979.
马克思恩格斯选集：第1卷. 2版. 北京：人民出版社，1995.
马克思恩格斯选集：第2卷. 2版. 北京：人民出版社，1995.
马克思恩格斯选集：第3卷. 2版. 北京：人民出版社，1995.
马克思恩格斯选集：第4卷. 2版. 北京：人民出版社，1995.
马克思恩格斯文选：两卷集. 莫斯科：外国文书籍出版局，1954.
马克思恩格斯文集：第2卷. 北京：人民出版社，2009.
马克思恩格斯文集：第9卷. 北京：人民出版社，2009.
列宁全集：第1卷. 2版增订版. 北京：人民出版社，2013.
列宁全集：第3卷. 2版增订版. 北京：人民出版社，2013.
列宁全集：第14卷. 2版增订版. 北京：人民出版社，2017.
列宁全集：第18卷. 2版增订版. 北京：人民出版社，2017.
列宁全集：第24卷. 2版增订版. 北京：人民出版社，2017.
列宁全集：第38卷. 2版增订版. 北京：人民出版社，2017.

列宁全集：第49卷. 2版增订版. 北京：人民出版社，2017.
列宁全集：第50卷. 2版增订版. 北京：人民出版社，2017.
列宁全集：第51卷. 2版增订版. 北京：人民出版社，2017.
列宁全集：第52卷. 2版增订版. 北京：人民出版社，2017.
列宁全集：第58卷. 2版增订版. 北京：人民出版社，2017.
列宁选集：第1卷. 3版. 北京：人民出版社，1995.
列宁选集：第3卷. 3版. 北京：人民出版社，1995.
列宁专题文集：论马克思主义. 北京：人民出版社，2009.
斯大林选集：下卷. 北京：人民出版社，1979.
斯大林文集：1934—1952. 北京：人民出版社，1985.
马克思. 1844年经济学哲学手稿. 3版. 北京：人民出版社，2000.
马克思. 哲学的贫困. 3版. 北京：人民出版社，1961.
马克思，恩格斯. 共产党宣言. 北京：人民出版社，1992.
列宁. 马克思和恩格斯通信集（1844—1883年）提要. 北京：人民出版社，1982.
中共中央马克思恩格斯列宁斯大林著作编译局. 马克思恩格斯《资本论》书信集. 北京：人民出版社，1976.
中共中央马克思恩格斯列宁斯大林著作编译局. 马克思恩格斯生平事业年表. 北京：人民出版社，1976.
中共中央马克思恩格斯列宁斯大林著作编译局. 马克思恩格斯全集说明汇编. 北京：生活·读书·新知三联书店，1977.
中共中央马克思恩格斯列宁斯大林著作编译局. 《马克思恩格斯全集》目录、说明、索引（第四十至五十卷）. 北京：人民出版社，1993.
中共中央马克思恩格斯列宁斯大林著作编译局. 马克思恩格斯全集目录（第一至三十九卷）. 北京：人民出版社，1976.
人民出版社资料组. 《马克思恩格斯全集》的编纂工作. 北京：人民出版社，1977.
人民出版社资料组. 新发表的马克思恩格斯著作. 北京：人民出版社，1979.
中共中央马克思恩格斯列宁斯大林著作编译局. 马克思恩格斯书简. 2版. 北京：人民出版社，1973.

参考文献

中共中央马克思恩格斯列宁斯大林著作编译局. 研究马克思恩格斯著作和生平论著目录. 北京：书目文献出版社，1983.

人民出版社马列著作编辑室. 马克思恩格斯列宁斯大林著作中文本书目、版本、简介（1950—1983）. 北京：人民出版社，1985.

中共中央马克思恩格斯列宁斯大林著作编译局. 苏联共产党代表大会、代表会议和中央全会决议汇编：第二分册. 北京：人民出版社，1964.

《国际共产主义运动史文献》编辑委员会. 共产主义者同盟文件和资料：Ⅰ. 北京：中国人民大学出版社，1989.

马克思早期思想研究译文集. 熊子云，张向东，译. 重庆：重庆出版社，1983.

中共中央马克思恩格斯列宁斯大林著作编译局. 《1844年经济学哲学手稿》研究：文集. 长沙：湖南人民出版社，1983.

人民出版社资料组. 马克思主义史的研究. 北京：人民出版社，1978.

上海外国语学院列宁著作翻译研究室. 回忆列宁：第2卷. 北京：人民出版社，1982.

中国《资本论》研究会《资本论》研究资料和动态：第1集. 南京：江苏人民出版社，1981.

中国《资本论》研究会《资本论》研究资料和动态：第2集. 南京：江苏人民出版社，1982.

苏共中央马克思列宁主义研究院. 围绕马克思《资本论》所进行的思想斗争史概论（1867—1967）. 济南：山东人民出版社，1983.

恩格斯与伯恩施坦通信集（1879—1895年）. 北京：人民出版社，1982.

阿多拉茨基. 马克思年表. 北京：人民出版社，1982.

阿多拉茨基选集. 北京：生活·读书·新知三联书店，1964.

列文. 马克思恩格斯著作的发表和出版. 北京：生活·读书·新知三联书店，1976.

拉宾. 论西方对青年马克思思想的研究. 北京：人民出版社，1981.

拉宾. 马克思的青年时代. 北京：生活·读书·新知三联书店，1982.

奥伊则尔曼. 马克思的《经济学—哲学手稿》及其解释. 北京：人

民出版社，1981.

巴加图利亚. 马克思的第一个伟大发现：唯物史观的形成和发展. 北京：中国人民大学出版社，1981.

谢列布里雅柯娃. 马克思的青年时代. 北京：中国青年出版社，1959.

普罗杰夫. 恩格斯青年时代. 北京：中国青年出版社，1984.

费多谢耶夫，等. 卡尔·马克思. 北京：生活·读书·新知三联书店，1980.

巴日特诺夫. 哲学中革命变革的起源：马克思的《1844年经济学哲学手稿》. 北京：中国社会科学出版社，1981.

奇金，梁赞诺夫. 马克思的自白：卡尔·马克思对女儿20个问题的回答. 北京：解放军文艺出版社，1997.

科洛斯科夫. 苏联马克思列宁主义哲学史纲要（三十年代）. 北京：求实出版社，1985.

普列汉诺夫哲学著作选集：第2卷. 北京：生活·读书·新知三联书店，1961.

梁赞诺夫. 梁赞诺夫版《德意志意识形态·费尔巴哈》. 南京：南京大学出版社，2008.

梅林. 马克思传. 北京：人民出版社，1965.

卢森贝. 政治经济学史. 北京：生活·读书·新知三联书店，1959.

维戈茨基. 《资本论》创作史. 福州：福建人民出版社，1983.

洪特. 《共产党宣言》是怎样产生的. 北京：商务印书馆，1979.

尤班克斯. 马克思恩格斯著作目录和马克思主义参考书目. 北京：书目文献出版社，1987.

麦克莱伦. 马克思传. 3版. 北京：中国人民大学出版社，2005.

克利姆. 马克思文献传记. 郑州：河南人民出版社，1992.

沈真. 马克思恩格斯早期哲学思想研究. 北京：中国社会科学出版社，1982.

刘秋娴，杨贞兰. 马克思主义经典著作工具书名目简介. 郑州：河南人民出版社，1991.

蔡灿津. 马克思恩格斯列宁斯大林著作介绍（哲学）. 乌鲁木齐：新疆人民出版社，1989.

艾福成，王育民. 马克思主义哲学名著评介. 长春：吉林大学出版社，1989.

林利，张念丰，余源培. 马克思主义哲学史：第五卷. 北京：北京出版社，1996.

纳麒，陈国新，申有龙. 马克思主义著作和学说史. 昆明：云南大学出版社，1996.

安启念. 苏联哲学 70 年. 重庆：重庆出版社，1990.

聂锦芳. 清理与超越：重读马克思文本的意旨、基础与方法. 北京：北京大学出版社，2005.

韩立新. 新版《德意志意识形态》研究. 北京：中国人民大学出版社，2008.

王东. 马克思学新奠基：马克思哲学新解读的方法论导言. 北京：北京大学出版社，2006.

鲁克俭. 国外马克思学研究的热点问题. 北京：中央编译出版社，2006.

陆南泉，姜长斌，徐葵，等. 苏联兴亡史论. 北京：人民出版社，2002.

张大可，王继光. 中国历史文献学. 西安：陕西人民教育出版社，1991.

肖东波. 中国共产党理论建设史：1949—1956. 北京：中共党史出版社，2006.

贾泽林，王炳文，徐荣庆，等. 苏联哲学纪事：1953—1976. 北京：生活·读书·新知三联书店，1979.

贾泽林，周国平，王克千，等. 苏联当代哲学（1945—1982）. 北京：人民出版社，1986.

陈征，严正，林述舜. 评介国外部分学者对《资本论》的研究. 福州：福建人民出版社，1986.

雍桂良.《资本论》的写作与传播. 北京：求实出版社，1982.

赵玉兰. 从 MEGA^1 到 MEGA^2 的历程：《马克思恩格斯全集》历史考证版的诞生与发展. 北京：中国社会科学出版社，2013.

李惠斌，杨金海. 重读《共产党宣言》. 武汉：湖北人民出版社，1998.

马克思早期思想研究. 秦水, 等译. 北京: 生活·读书·新知三联书店, 1963.

朱传棨. 恩格斯哲学思想研究论稿. 北京: 生活·读书·新知人民出版社, 2012.

图书在版编目（CIP）数据

苏联时期马克思恩格斯重要著作编纂研究/姚颖著. —北京：中国人民大学出版社，2018.12
（马克思主义研究论库·第二辑）
国家出版基金项目
ISBN 978-7-300-26728-9

Ⅰ.①苏… Ⅱ.①姚… Ⅲ.①马恩著作-编制-研究-苏联 Ⅳ.①A811

中国版本图书馆 CIP 数据核字（2019）第 028572 号

国家出版基金项目
马克思主义研究论库·第二辑
苏联时期马克思恩格斯重要著作编纂研究
姚 颖 著
Sulian Shiqi Makesi Engesi Zhongyao Zhuzuo Bianzuan Yanjiu

出版发行	中国人民大学出版社		
社　　址	北京中关村大街 31 号	邮政编码	100080
电　　话	010-62511242（总编室）		010-62511770（质管部）
	010-82501766（邮购部）		010-62514148（门市部）
	010-62515195（发行公司）		010-62515275（盗版举报）
网　　址	http://www.crup.com.cn		
经　　销	新华书店		
印　　刷	北京联兴盛业印刷股份有限公司		
规　　格	160 mm×235 mm　16 开本	版　次	2018 年 12 月第 1 版
印　　张	15.5 插页 3	印　次	2018 年 12 月第 1 次印刷
字　　数	250 000	定　价	65.00 元

版权所有　侵权必究　　印装差错　负责调换